In Versuchung:
Autorin Gudrun Sachse und Fotograf Philipp Rohner ließen sich vom künftigen Patek-Philippe-Chef dann doch nicht auf die Warteliste für eine 700 000-Euro-Uhr setzen, obwohl sie deren mechanisches Schnurren im Innersten berührte

Liebe Leserin, lieber Leser,

DIE ERKLÄRUNG DER SCHWEIZ dauert länger als ihre Durchquerung, selbst wenn Stau am Gotthard ist. Grund genug also für die als beharrlich bekannte GEO-Special-Redaktion, pünktlich zur Fußball-Europameisterschaft wieder einen Blick auf das so komplizierte wie liebenswerte Nachbarland zu richten. Und ihm Überraschendes abzugewinnen. Oder wussten Sie zum Beispiel, dass sich die Schweiz das Mittelmeer als Bezugspunkt für die Meereshöhe gewählt hat und damit 27 Zentimeter tiefer als Deutschland (Bezugspunkt Nordsee) stapelt.

Typisches Understatement? Mitnichten! Nach 1996 und 2002 ließ GEO zum dritten Mal Schweizerinnen und Schweizer exklusiv befragen. Heraus kam: Es gibt – ab Seite 38 zu lesen – ein ganz neues Selbstbewusstsein im Alpenland! Aber wie sollten die Eidgenossen auch sonst auf die in Apfelschussschnelle wachsende Schweiz-Begeisterung im „großen Kanton" Deutschland reagieren?

2007 urlaubten 2 249 431 Deutsche in der Schweiz, ein Plus von fast sieben Prozent gegenüber dem Jahr zuvor. Dauerhaft ins gipfelreiche Nachbarland zog es 41 058 Deutsche, eine Steigerung um gänzlich unbescheidene 60 Prozent. Gar sieben von zehn Schweizern bevorzugen für Kurzurlaube das eigene Land. Wieso, weshalb, warum diese Anziehungskraft? Blättern Sie einfach weiter, und schon wird sich Ihnen diese Frage nicht mehr stellen. Herzlichst, Ihre

MEIKE KIRSCH

▶ **MITARBEITER DIESER AUSGABE**
Roter Lippenstift und zwei Papierstreifen – und schon hatte Yann Cherix, »Quoten-Schweizer« in der Hamburger Redaktion, seine Heimat fest in der Hand

 Internet-Special zu diesem Special? Unter www.geo-special.de

---

1000 Reisen und ein Ziel: Intensiver*leben*

Studiosus-Reisen: Sehenswürdigkeiten, Kultur, Märkte, Strände und die Menschen. Fordern Sie jetzt kostenlos unsere aktuellen Kataloge an.

Per Telefon 00 800/24 01 24 01
(Gebührenfrei für D, A und CH)

Oder Internet www.studiosus.com

Studiosus

W0034740

32

NUN MAL NICHT MECKERN: Der Pächter der Heidialp muss Nachhilfe in Legenden-Kunde erdulden – von Japanern

82

TANZ DER MURMELTIERE: Ein Besuch bei den ausgeruhtesten Bewohnern des Landes

THEMEN

RUBRIKEN

INTERNET-SPECIAL: Die besten Tipps für den Fußballrausch unter www.geo-special.de

dossier

service

TITEL: MATTERHORN; ULLSTEIN BILD, LAIF **MONTAGE:** BEATE MEDING   **REDAKTIONSSCHLUSS:** 8. MAI 2008

Herzlich willkommen im Alpenland: mit dem Lagh de Calvaresc
in den Bündner Bergen

IM KLEINEN GANZ GROSS

Die Liebe zum Detail ist den Eidgenossen eigen. Exakt festgehalten sei
deshalb: 62 Kilogramm bringt die Durchschnittsschweizerin auf die Waage, ihr Mann
zwölf Kilo mehr. Und gewichtige Kleinigkeiten gibt es in der Schweiz viele

DAVID UND GOLIATH

0,27 Die kleinste Schraube
einer mechanischen
Schweizer Uhr hat einen Gewindedurch-
messer von 0,27 Millimeter, mehr als
20 000 dieser Winzlinge passen in einen
Fingerhut. Die größte Uhr der Schweiz und zugleich Europas
schmückt den Kirchturm von St. Peter in Zürich – mit einem Riesen-
zifferblatt: Durchmesser 8,64 Meter. Die Spitze ihres Minuten-
zeigers erwandert sich 651 Meter am Tag. Damit legte sie in den
470 Jahren seit Installierung fast drei Weltumrundungen zurück.

CHINESISCHE VERHÄLTNISSE

16 Die Volksrepublik China hat 1,3 Milliarden Einwohner.
Das sind 16-mal mehr Menschen, als in Deutschland
leben. Der Zufall will es, dass Deutschland seinerseits exakt
16-mal mehr Einwohner hat als der deutschsprachige Teil der
Schweiz. Wenn sich also ein Deutscher in die Lage eines angesichts dieser Übermacht eingeschüchterten Deutschschweizers
versetzen möchte, dann möge er sich bitte vorstellen, im Osten
grenze sein Land nicht an Tschechien – sondern an China.

TIEFSTAPLER

27 Bei einem Neubau an der deutsch-schweizerischen
Grenze staunten Schaulustige nicht schlecht: Zwischen
zwei Brückenköpfen, die sich bei Laufenburg treffen sollten,
klaffte ein Höhenunterschied von 54 Zentimetern. Was war geschehen? Bei der Meereshöhe stapelt die Schweiz traditionell
27 Zentimeter tiefer als Deutschland, weil ihr das Mittelmeer
statt der Nordsee als Bezugspunkt gilt. Selbstverständlich
war den Ingenieuren dieser Umstand bekannt. Dumm nur, dass
sie ihr Höhenniveau genau falsch herum korrigiert hatten.

HOCHPREISINSEL

38 Kein Klischee: Die Schweiz ist tatsächlich ein teures Pflaster. Wer beim deutschen Aldi Nord 400 Gramm marinierte Geflügelsteaks besorgen will, zahlt dafür 2,72 Euro. Aldi Suisse verlangt für vergleichbare Poulet Grillies umgerechnet 3,89 Euro. Insgesamt liegen die Preise für private Konsumgüter in der Schweiz um 38 Prozent über dem EU-Durchschnitt. Konsumfreudige Kunden gibt es dennoch genug: 120 Milliardäre leben im Land, also jeder Achte weltweit. Auch lagert derzeit nirgendwo mehr Geld als in den Tresoren der Schweizer Banken – fast 5000 Milliarden Franken.

EXPORTSCHLAGER

191 Die Schweiz gibt es auf Erden gleich 191-mal. Und was den nationalbewussten Schweizer besonders ärgern dürfte: Die meisten Schweizen liegen auf deutschem Staatsgebiet. 67 insgesamt, darunter die Fränkische, die Holsteinische und die Mecklenburgische sowie die Sächsische Schweiz. Lateinamerika reklamiert für ein Dutzend seiner Landschaften Swissness, Haiti verlieh den gar nicht karibisch klingenden Namen „La Suisse" seinem grünen Norden. Und selbst das kalifornische Sacramento war einst Schweiz. Allerdings wurde das dortige Neu-Helvetien im Jahr 1848 umbenannt – nachweislich bevor mit Arnold Schwarzenegger ein Österreicher Gouverneur wurde.

EINGESCHLOSSENE GESELLSCHAFT

1445 Deutschland hat eine einzige Exklave: Büsingen. Die 7,6 Quadratkilometer große Gemeinde in der Nähe von Schaffhausen ist komplett von Schweiz umgeben. Damit die 1445 Büsinger nicht permanent in der Zollkontrolle festhängen, bekam das Dorf ein eigenes Autokennzeichen zur Früherkennung: BÜS. Andere Besonderheiten machen den Alltag eher kompliziert: Die freiwillige Feuerwehr muss gleich zwei Hydrantenschlüssel griffbereit haben, weil es sowohl eidgenössische als auch deutsche Löschwasserstellen gibt. Und Besucher stehen rätselnd vor einer roten und einer purpurfarbenen Telefonzelle – die erste ist für Anrufe in die Schweiz, die zweite fürs Plaudern mit Deutschland.

DIE BESSEREN JAPANER

2009 Mit der Eisenbahn durchquert man die Schweiz von Nord nach Süd in 4 h 21 min, von West nach Ost in 4 h 08 min. Zwischen den Palmen im Tessin und den Gletschern des Wallis liegt gar nur knapp eine Stunde. Trotz der beengten Verhältnisse: Exakt 2009 Kilometer fährt jeder Eidgenosse durchschnittlich pro Jahr mit der Bahn. Das sind 59 Kilometer mehr, als ein Durchschnittsjapaner zurücklegt – Weltrekord!

HEIDI HEISST JETZT LEONIE

17373 Manche Schweizer erkennt man sofort, weil sie eben so heißen: Schweizer (5773). Die meisten allerdings sind mit Namen wie Müller (43 356) und Meier (27 071) nur schwer von den Deutschen zu unterscheiden. Besonders beliebt scheint in der Schweiz eine Kombination mit Ruth oder Hans zu sein – Ruth und Hans Müller sowie Ruth und Hans Meier sind die Rekordhalter im Online-Telefonbuch. Bald allerdings wird die Namenslandschaft kaum wiederzuerkennen sein: Neugeborene heißen in der deutschsprachigen Schweiz nun am häufigsten Leonie und David. Italienischsprachige Kinder hören mehrheitlich auf den Rufnamen Sara oder Mattia, französischsprachige auf Emma und Théo. Und auch wenn noch 17 373 erwachsene Schweizerinnen Heidi heißen – Neugeborenen wird dieser Name mittlerweile vor allem in den USA gegeben.

FREMD ESSEN

93 501 Des Schweizers Liebling ist und bleibt seine Schoggi. 93 501 Tonnen an Tafeln, Konfiserien und Kuvertüren lässt er sich pro Jahr auf der Zunge zergehen – jeder nascht also 12,3 Kilogramm (Deutsche: 10,4 Kilogramm). Mehr und mehr Schokolade wird auch exportiert, was eidgenössische Schokofans offenbar einen Engpass fürchten lässt: Sie essen vorsorglich schon einmal fremd. Jedes dritte der im „gefühlten Mutterland" genossenen Schokoladenprodukte stammt nicht von dort.

WAFFE UM WAFFE

2 300 000 In jedem vierten Schweizer Haushalt liegt eine Schusswaffe, geschätzt werden 2,3 Millionen insgesamt. Im internationalen Vergleich „Waffen pro Privatperson" rangiert die Schweiz damit auf Platz vier, noch vor dem Irak. Eine Registrierung für Waffen gibt es nicht, sehr wohl aber eine für Kühe, Letztere in der Kategorie „Raufutter verzehrende Grossvieheinheiten" (RGVE).

10 GRÜNDE FÜR DIE SCHWEIZ

WARUM SIE UNBEDINGT BALD REISEN SOLLTEN

1 …weil vom 7. bis zum 29. Juni 2008 der Ball endlich wieder bei den Schweizern liegt: Basel, Bern, Genf und Zürich sind Austragungsorte der Europameisterschaft! Ausführliche Tipps für den **FUSSBALLRAUSCH** im Nachbarland unter www.geo-special.de.

2 …weil es den **SCHWEIZER ALPEN-CLUB** und seine Hütten gibt. Wander- und Kletterfreudige Freigeister schwören auf die in der ganzen Schweiz verteilten 153 Refugien: www.sac.ch.

3 …weil etwaige Sorgen beim **SOMMER AUF DER ALP** einfach ausgemistet werden. Die Caritas Schweiz vermittelt seit mehr als 20 Jahren Hobby-Älpler und -Älplerinnen an Berg-Bauernhöfe. Ausstieg über www.bergeinsatz.ch.

4 …weil vom 26. bis zum 29. Juni 2008 nicht weniger als 10 000 Schweizer ihre Stimme erheben – jodelnd. Und das in Hörweite von rund 200 000 Ohrenpaaren beim **EIDGENÖSSISCHEN JODLERFEST** in Luzern, www.jodlerfestluzern.ch. Weitere Anlässe zum Mitschunkeln: www.stubete.ch.

5 …weil die schönere Schwester der Berliner Loveparade in Zürich anzutreffen ist. Sie heißt **STREETPARADE** und lädt am 9. August 2008 zum Technotanz rund ums Seebecken ein, www.streetparade.ch. Auch andere Schweizer Festivals sind nicht von schlechten Eltern: www.openairguide.ch.

6 …weil sich der legendäre Eiger noch nie einfacher bezwingen ließ. Aus Anlass der **ERSTBESTEIGUNG** vor 150 Jahren zeigt das gut erreichbare Schweizerische Alpine Museum in Bern die Ausstellung „Wand und Wagnis" – noch bis zum 28. September 2008. Informationen: www.alpinesmuseum.ch.

7 …weil es Ihnen die Schweiz so leicht macht, mal aufs Auto zu verzichten. Man kann es ohnehin nirgendwo parken. Die Schweizer „parkieren". Und wer im Halteverbot parkiert, der wird „verzeigt". Glücklicherweise aber haben **RADLER** freie Fahrt – auf bestens für sie präparierten 8500 Kilometern. Mit www.velo land.ch und den dort beschriebenen Routen macht sogar das Klettern mit dem „Velo" Spaß.

8 …weil St. Gallen auch einmal tief blicken lässt: mit der Ausstellung „Secrets – **DESSOUS** ziehen an" im Textilmuseum. Noch bis 30. Dezember 2008, www.textilmuseum.ch.

9 …weil Urlaub in der Schweiz **KINDERLEICHT** ist. Die Website www.kinderland.ch gibt Eltern die nötigen Tipps für Familienferien.

10 …weil beim **ENGADINER SKIMARATHON** über 10 000 Menschen gleichzeitig spuren. Genug Zeit fürs Training bleibt in jedem Fall noch: Der zweitgrößte Volkslanglauf der Welt geht erst am 8. März 2009 übers Eis, www.engadiner.ch.

Vanessa mit Twin Bag und Punch.
BREE, offizieller Partner
von Germany's next Topmodel.
www.bree.com

GERMANY'S NEXT
top model

BREE

buro uebele

4001 Basel, Rümelinsplatz 7, Tel +41 (0)61-261 11 26
8001 Zürich, Limmatquai 74, Tel +41 (0)44-251 94 18
8001 Zürich, Rennweg 38, Tel +41 (0)44-212 11 61

BREE Collection GmbH&Co. KG,
Gerberstraße 3, 30916 Isernhagen,
Tel +49 (0)51 36-8 97 60, www.bree.com

REISEGEPÄCK

DIE FAVORITEN DER GEO-SPECIAL-REDAKTION:

Womit Sie sich gut auf die Schweiz einstimmen können

■ **Nationalspiel: Jass-Lern-Set,**
www.jassshop.de, 18 €
Eine Zugfahrt von Berlin, Hamburg oder Köln nach Basel dauert. Gelegenheit, sich in die Regeln des mit Abstand beliebtesten Kartenspiels der Schweiz zu vertiefen. Beim „Jass" wird – ähnlich wie beim Skat – immerzu gestochen, gepunktet und getrumpft. Mehr als 50 Jass-Varianten gibt es, dazu regional geprägte Spielkarten. Bei den bekanntesten Versionen sitzen zwei mal zwei Partner einander kreuzweise gegenüber, auch das ideal für den Gruppenspaß im Zugabteil.

1

■ **Nationalgetränk: Rivella, im Getränkefachhandel oder unter www.rivella.de, 2,30 €/l**
„Mit Rivella muss man auf die Welt gekommen sein, um es zu mögen", sagen die Deutschen angeblich. Da das mit Milchserum angereicherte Getränk in der Schweiz omnipräsent ist, sollten sich Gäste frühzeitig mit seinem Geschmack anfreunden. Drei Varianten stehen zur Auswahl: rot (original), blau (kalorienarm) und grün (mit Grüntee-Extrakt), Letztere allerdings nicht in Deutschland. Der nördliche Nachbar scheint im Schweizer Marketing offenbar eher für „sportlich" (rot) als für „geistig aktiv" (grün) zu stehen.

2

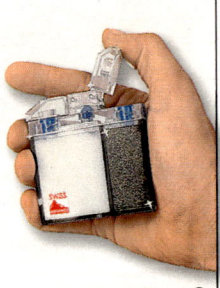

■ **Nationalqualität: Swiss Spice Classic Shaker von Think Industry, 18,95 €**
Beim Fachsimpeln über eidgenössisches Design können Sie künftig nicht nur mit Ikonen wie der Corbusier-Liege punkten – sondern auch mit diesem Salz- und Pfefferstreuer. Seine 14 Teile wurden per Hand montiert, per Ultraschall verschweißt und vom Schweizer Alpen-Club zwei Jahre lang auf helvetischen Gipfeln erprobt. Unscheinbar, ästhetisch, funktional, hat es das Leichtgewicht längst in Designmuseen weltweit geschafft.

3

■ **Nationalmusik: Soundtrip Switzerland,**
Audio-CD von Reise Know-How, 15,90 €
Pop mit Jodlern? Chansons mit Alphorn, Zither und Tuba? Eine krude Mischung, sollte man meinen. Aber der Stilbruch funktioniert, und das ohne Kitsch, der aus der Stereoanlage trieft. Die alpenländischen Volksklänge auf der CD sind prägnant genug, um selbst rauchigem Jazz eine neue Dynamik abzugewinnen. Und im Gegensatz zum provenzalischen Landwein lässt sich diese Musik auch nach dem Urlaub noch genießen.

4

FUNDSTÜCK

EDELWEISS

HELVETIA HAT STIL – ihren schlanken Stängel reckt sie gekonnt, galant schmiegt sich ein Pelz um ihre Blätter. Die Bergschönheit, das Edelweiß, ist der neue Stern im Blumenstrauß. Besser gesagt, wächst sie in diese Rolle gerade hinein. Das wünschen sich zumindest die Forscher des Instituts Agroscope Changins-Wädenswil aus Conthey. Sie nämlich versuchen, die ursprünglich fast stiellose Alpenkönigin für die kommerzielle Zucht zu zähmen. Mit Erfolg: Edelweiß der Sorte „Helvetia" gedeiht seit Kurzem unter Glas, aber auch als genügsamer Freilandwuchs prächtig. Und schießt blumenstraußtauglich bis zu 30 Zentimeter in die Höhe. Erste großflächige Anbauversuche der äußerst seltenen Pflanze sind seit Frühjahr 2008 im Gange. Vorbei also die Zeiten, da unerschrockene Burschen ins Gebirge kraxelten, um ihrer Angebeteten ein Edelweiß zu zupfen? Nicht ganz. Bis das Wahrzeichen der Schweizer Alpen im wortwörtlich großen Stil beim Floristen zu haben sein wird, ziehen wohl noch ein paar Monate oder gar Jahre ins hügelige Land. So lange müssen Verliebte auf gängige florale Sympathieerklärungen zurückgreifen: rote Rosen beispielsweise. Aber vielleicht erspart gerade das so mancher zarten Beziehung die erste veritable Krise. Denn der markante flauschige Silberstern des Edelweiß ist nur eine – der großen Liebe nicht eben würdige – Scheinblüte. Die echten Blüten von „Helvetia" sitzen in der Mitte, sind winzig und ganz blass.

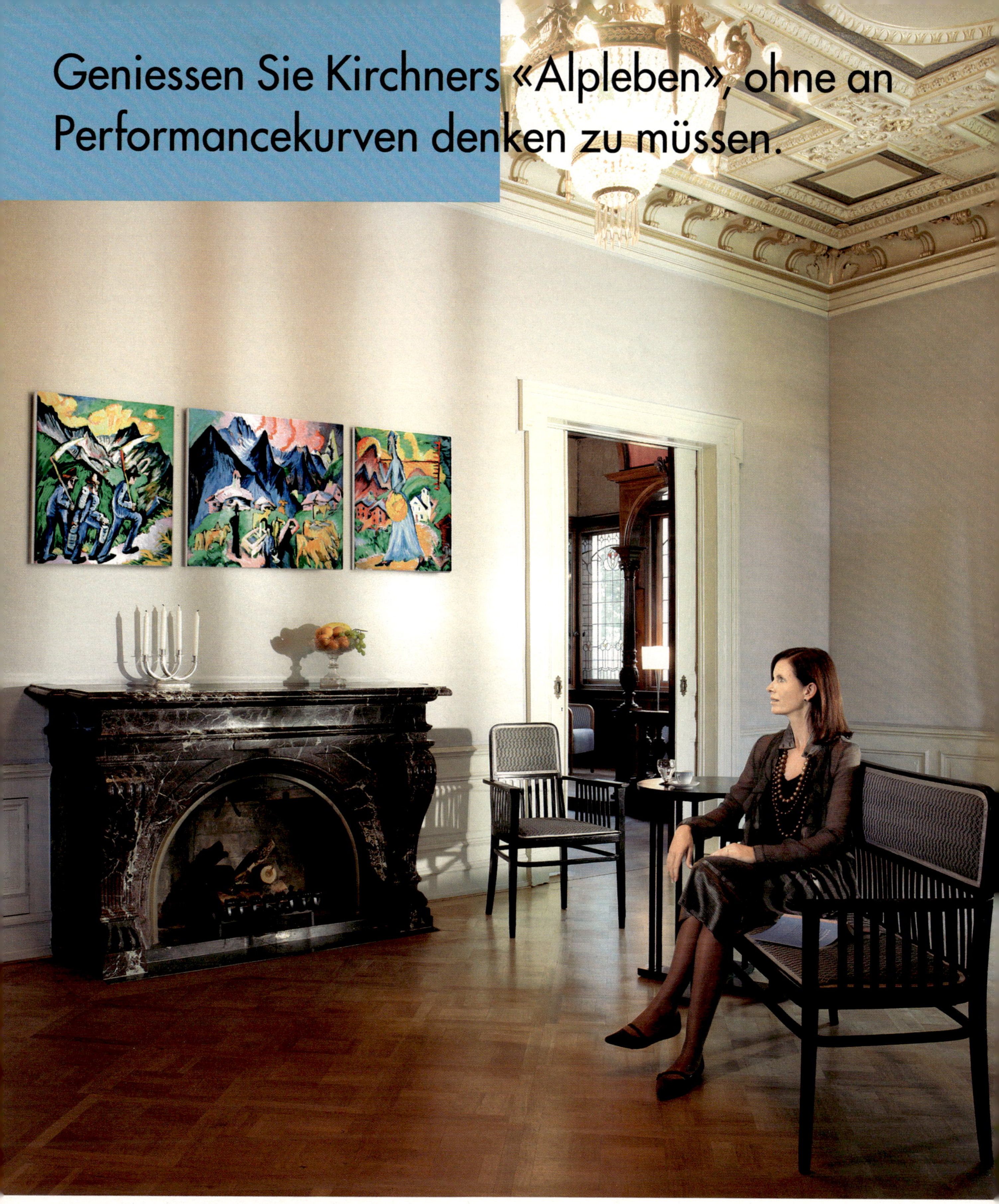

Geniessen Sie Kirchners «Alpleben», ohne an Performancekurven denken zu müssen.

ZKB Private Banking bedeutet ganzheitliche Betreuung mit höchstem Engagement. Die Performance Ihres Vermögens ist das Ziel jeder Aktivität Ihres persönlichen Private Bankers. So ist Ihr Vertrauen am richtigen Platz. Willkommen an der Bahnhofstrasse 9 in Zürich, Telefon +41 44 292 24 00.

www.zkb.ch/privatebanking

Die nahe Bank

Iea

Geburtstag:
14. Juni 2001

reserviert

Drei Fragen an…

▶ **IRIS WITTWER-WYLER**

Bauerntochter, www.kuhleasing.ch

GEO SPECIAL: Bei Ihnen kann man Kühe leasen? Kuh-le, wir meinen, coole Sache! Das klingt nach einer dieser neumodischen Internetideen.

IRIS WITTWER-WYLER: Ganz und gar nicht! Meine Eltern machen das schon seit Jahrzehnten. Mehr als zwei Dutzend Alpsommer lang. Anfangs haben vor allem Restaurantbetreiber für einen Sommer die Kuh-Patenschaften übernommen – und dafür im Herbst Käse abgeholt. Mittlerweile kommen immer mehr Privatpersonen. Städter zumeist.

GS: Zum Mietgeschäft mit der Kuh gehört auch ein Werktag auf der Alp: Die Leaser jäten, misten und melken – und zahlen für die Schufterei auch noch 380 Franken. Klingt, als hätten Sie die merkantilen Grundgesetze aus den Angeln gehoben.

IWW: So könnte man das sehen. Aber ich darf Ihnen versichern, dass dieses Geschäft meine Eltern und mich nicht reich macht, eher ein Zustupf für die Haushaltskasse ist. Wir arbeiten mit neun Partneralpen und 150 Kühen, deren Bauern entlohnt werden müssen; dazu kommen die hohen Fixkosten für die Internetseite. Und unsere Kunden erhalten ein gerahmtes Bild ihrer Kuh samt Käse zum Vorzugspreis.

GS: Wie stellen sich die Kunden aus dem Unterland denn mit der Mistgabel an?

IWW: Mmh, ich sag's mal so: Manche setzt man lieber auf einen Stein und lässt sie zuschauen.

HÄNGENDE SPITZE

Das Schweizer Soldatenmesser aus ausländischer Produktion? Geritzt ist das noch nicht. Denn seine Liebhaber wehren sich

ES IST EIN KAMPF MIT GROSSER SCHÄRFE, der leicht ins Selbstbewusstsein schneiden kann. Schließlich geht es hier um ein Produkt, urschweizerischer als das Ricola-Bonbon: das Schweizer Soldatenmesser der Firma Victorinox. Seit 1891 treuer Begleiter der Armee, steht seine Zukunft jetzt auf Messers Schneide. Denn das Militär will nach einem Jahrhundert der absoluten Markentreue zu moderneren Werkzeugen greifen, die – und das ist sensationell – nicht einmal mehr zwingend aus der Schweiz sein müssen. Die Petition „Soldatenmesser nur Swiss made!" ließ nicht lange auf sich warten, und die Ausschreibung wurde tatsächlich gekippt. Weshalb die Chancen für Victorinox und die Firma Wenger, die seit 2005 zu Victorinox gehört, wieder besser stehen. Sicher bleibt deshalb nur eines: Das „most multifunctional penknife" von Wenger (Bild) wird nie in die Hosentasche von Soldaten gelangen. Zwar bietet es 87 Werkzeuge und 141 Funktionen – Weltrekord! Aber seine 1,345 Kilogramm wiegen einfach zu schwer.

MEHR ALS EIN DIALEKT

Als Achillesferse im Selbstbewusstsein der Deutschschweizer gilt die Sprache. Deshalb widmet man ihr ein epochales Werk

CHLÜTTER-, GVÄTTERLI- ODER STÜMPELWERCH. Noch Fragen? Pfusch ist im Schweizerdeutschen mit einer Vielzahl von lautmalerischen Begriffen belegt. Jedem Kanton, jeder Region, gar jedem Dorf ein eigener Dialekt! Den Einheimischen deshalb mangelnde Motivation zur Kommunikation mit Außenstehenden zu unterstellen, ist eine böse Unterstellung von … Außenstehenden. Zumal in höchster Instanz längst ein auf 40 Kilogramm angewachsenes Opus Magnum vermittelt: das Schweizerische Idiotikon. Zu 150 000 Stichwörtern liefert das bis jetzt 16-bändige Wörterbuch eine Übersetzung – die für einen einzigen Begriff auch schon mal über mehrere Seiten gehen kann und tief in die Volksseele blicken lässt. Diese ist offenbar geduldig. Anders ist nicht zu erklären, dass seit 1862 ohne Hast am Sprachprojekt gearbeitet wird. Im ersten Band mühte man sich um die Wörter von A bis F. Im zweiten (G bis H) verfestigte sich bereits die Angst, zu schnell fertig zu werden, weshalb die Bände IX bis XIII (Schl bis St-z) nur noch wenig Fortgang brachten. Derzeitiger Publikationsstand: W-n bis W-z. Im Jahr 2020 will man das umfangreichste Regionalwörterbuch im deutschsprachigen Raum vollendet haben. Nach 158 Jahren geduldiger Arbeit wird es dann eines sicher nicht sein: ein Dräck-, Hudel- oder Schluderwerch.

Step 1:
Take in new hotel smell.

Step 2:
Remember to exhale.

Four Points by Sheraton Sihlcity Zurich

Visit the brand new Four Points by Sheraton Sihlcity –
Zurich and experience modern Swiss design
in a trendy urban quarter. A cosy ambience and direct
access to the largest wellness & spa centre of Zurich.
Try a cocktail in our stylish lounge and enjoy
regional & international Chef's cuisine in our Restaurant.
Doesn't that sound nice? And that's not all. Visit us and
we promise you'll leave with a smile on your face!

+41 (44) 554 0000
fourpoints.com/zurich

Comfort isn't complicated

FOUR POINTS
BY SHERATON

sihlcity Zurich

Freie Sicht aufs

Wo nun die Schweiz liegt, schwappte vor Millionen von Jahren
das Urmeer Tethys. Das allerdings tröstet die heutigen Eidgenossen
wenig: Jeder Vierte wünscht sich sehnsuchtsvoll ein Meer ins Land.
Aber auch ohne gibt es zauberhafte Orte zum Ein- und Abtauchen

FOTOS ⌐ **ANDRI POL**

URNERSEE

Mit einem »Hauch von Karibik« wirbt die
Gemeinde Seedorf für sich – seit drei Bade-
inseln im Reuss-Delta aufgeschüttet sind.
Recycling auf Schweizer Art: Der Kies stammt
vom Jahrhunderttunnel im Gotthard-Massiv

Meer

STAUBBACHFALL

Im Lauterbrunnental sinnierte schon Goethe über die Verbindung von Wasser und Seele. Dass es eine solche auch zwischen dem Wasser und der Schweiz gibt, beweist die exponierte Position der Fahne, gehisst am Nationalfeiertag, dem 1. August

VIERWALDSTÄTTERSEE

Thailand? Tahiti? Tuvalu? Selbst am Bürgenstock in
der innersten Innerschweiz kann sich südländisches Flair
einstellen. Kein Wunder, dass die Ballzauberer der
brasilianischen Nationalmannschaft für ein Trainings-
lager einen Ort an diesen Ufern wählten: Weggis

LUGANERSEE

Wo die Schweiz Italien küsst, liegt das einstige
Fischerdorf Gandria – eine Hochburg der Lebenslust.
Dass die einfachen Jollen, mit denen Kinder hier
ihr nautisches Geschick trainieren, genau deshalb
»Optimisten« heißen, ist allerdings ein Gerücht

OESCHINENSEE

Fast senkrecht schwingen sich die Felswände zu
Doldenhorn, Fründenhorn und Oeschinenhorn auf. Ein
Bergsturz nach der letzten Eiszeit schuf den drama-
tischen Wasserkessel, den die UNESCO jüngst
durch die Aufnahme ins Welterbe adelte

THEODUL-GLETSCHERSEE

Abtauchen in den Alpen. Temperaturen von ein
bis drei Grad unter der Eisdecke scheinen allerdings
abschreckend zu wirken: Die Tauchschule, die
den Sprung ins kalte Wasser am Matterhorn
ermöglichte, gibt es nicht mehr

OBERENGADINER SEEN

Seen und Gesehenwerden sind beste Gründe für
einen Besuch in St. Moritz. Die glitzernde Jetset-Aura
illuminiert die Hänge am St. Moritzersee.
Diesem folgen – von nah nach fern – Champfer-
see, Silvaplanersee und Silsersee

Der Schweizkomplex

Ist ein meeresverliebter Eidgenosse zum ewigen Unglück verdammt? Markus Mäder bringt diese Frage auf die Palme. Es gibt keinen Grund zu klagen, findet er

UNSERE WELT SIND DIE BERGE, das weiß jedes Kind, seit es Heidi gibt. Wir verdanken ihnen unser Dasein und unser Daseinsgefühl. Das ist schön, aber es tut auch weh. Denn uns Schweizern fehlt etwas Entscheidendes: Seit unserer Gründung vor über sieben Jahrhunderten haben wir es nie zu einem Meer gebracht.

Seemacht und Ohnmacht

ZIEMLICH GENAU seit jenem legendären Schwur auf dem Rütli, der Geburtsstunde der Eidgenossenschaft, geriet die Schweiz ins Abseits. Der Fernhandel zwischen Nordsee und Mittelmeer begann zu florieren, was leider die Umschiffung unserer Alpen möglich machte. Fortan standen die geliebten Berge nur noch als Hindernis in der Mitte Europas, und wir vegetierten in ihrem Schatten – ohne Cargo. Was die Fregatten rund um Europa herum und bald zwischen allen fünf Kontinenten hin und her transportierten, war ein Vielfaches dessen, was auf Ochsenkarren und Maultierrücken in homöopathischen Dosen über die Schweizer Alpenpässe verkehrte. Wir armen Eidgenossen hatten wenig Anteil am Ruhm und Reichtum der „maritimen Welt" – und mussten unser Fleisch und Blut den geografisch begünstigteren Mächten als Söldner andienen. Das kleine Portugal am äußersten Rande Europas hingegen profitierte als Zwischenstation vom Rundumverkehr! Es stieg zur See- und Weltmacht auf.

Tempi passati, nostalgische Reminiszenzen, mag mancher denken. Doch die große Geschichte wirkt lange in den Köpfen nach. Da sitzt ein Frust in der Seele – da kratzt etwas bis heute am Selbstwertgefühl. Dabei hatten wir seemännisch prima begonnen.

Unser Ersatzmeer

»ES LÄCHELT DER SEE, ER LADET ZUM BADE.« Friedrich Schiller hatte gut recherchiert, als er 1803 die ersten Zeilen seines „Wilhelm Tell" niederschrieb. Er blickte – im Geiste – aufs Wasser und erkannte die überraschende Kehrseite unserer alpinen Schweiz: das Wasserreich. Die unwegsamen Urkantone Uri, Schwyz und Unterwalden hatten sich um den Vierwaldstättersee zu einer „Seemacht" zusammengeschlossen. Schiffsverkehr wurde zum verbindenden Element, und Tell vollbrachte seine erste Theaterheldentat in einem Boot auf stürmischer See. Später erweiterte sich die junge Eidgenossenschaft entlang der Gewässer zwischen Aare und Rhein. Flüsse und Seen spielten die Rolle der See. Jedem Kapitän seine Badewanne.

Schweizer Seepioniere

DOCH MACHEN WIR UNS NICHT KLEINER, als wir sind! Wer beim Schwimmen in unseren Seen ganz flach übers Wasser schaut, wird die Erdkrümmung sehen. Das gegenüberliegende Ufer verschwindet. Genau wie auf hoher See. Es kommt halt auf den Standpunkt an.

Auch die Landsmänner und -frauen, die von Anfang an gegen das Meeresferne-Manko kämpften, sind nicht gering zu schätzen. Schweizer Weber, Drucker und Uhrmacher eroberten sich auf den kolonialen Exportmärkten schon früh ihren Platz. Noch im gleichen Jahrzehnt wie der deutsche Weltumsegler Georg Forster schaffte es auch der erste Schweizer rund um die Erde: John Webber, geboren als Johann Wäber und Zeichner auf James Cooks dritter und letzter Südsee-Expedition (1776–1780), brachte neben den ersten Bildern von Hawaii eine ansehnliche Sammlung polynesischer Schätze nach Hause. Bald darauf erschlossen drei Generationen Piccards die Dimensionen des Meeres von allen Seiten: Der Stratosphären-Pilot Auguste Piccard (1884–1962) baute das U-Boot „Trieste", in dem sein Sohn Jacques 1960 über 10 000 Meter in bisher nicht mehr erreichte Tiefen des Marianengrabens vorstieß. Enkel Bertrand Piccard machte sich 1999 mit einem Nonstop-Ballonflug über die Weltmeere einen Namen.

Flagge zeigen

HEUTE KÖNNEN WIR SOGAR ganz offiziell Flagge zeigen. Zur Sicherung der Landesversorgung bürgt der Bund für 33 Hochseeschiffe von sieben Schweizer Reedereien. Darüber hinaus sind in Basel 1700 Yachten registriert. 6260 Seemänner und Seefrauen zählen zum Cruising Club Schweiz, der Vereinigung für Schweizer Offshore-Yachties. Und als einziges Binnenland der Welt haben wir eine Küstenfunkstelle in der Heimat. An einer Küste, die sich bis zum Riedernhubel beim bernischen Frauenkappelen erstreckt – vom nächsten Hafen in Genua mit dem Schnellzug lächerliche fünf Stunden und sieben Minuten entfernt. Dort, 300 Kilometer weit im Land, ragen unsere Empfangsantennen für den weltweiten Seefunkverkehr aus den Zuckerrüben, so hoch wie Baukräne! Zwischen ihnen stehen die Güllewagen der Bauern, die das Land bewirtschaften.

Inselträume

WELCH SCHÖNES LAND entschädigt da für den Salzwassermangel! Es entfaltet sich besonders beim Blick hinab von den Alpengipfeln. Denn was ist schon die See, →

Das intensive Türkisgrün, ein Markenzeichen dieses beliebten Badesees, lässt auch hier an ferne Gefilde denken. Da muss dem Besitzanspruch Nachdruck verliehen werden. Am Ufer flattern gleich drei Fahnen: die der Schweiz, des Kantons Graubünden und der Gemeinde Flims

NEUENBURGERSEE

Der Sandstrand bei Portalban ist zwar nur
200 Meter lang, aber das lokale Gewässer kann
mit einem Superlativ aufwarten: Es ist mit
fast 220 Quadratkilometern sozusagen das
»größte Binnenmeer« der Schweiz

wenn man auf einen Blick die ganze Pracht der Seen sehen kann? In weiter Ferne gar das Mittelmeer – oder den blauen Dunst, den der Wanderer dafür hält. Wir haben mehr Meer, als man annehmen könnte! An klaren Wintertagen, wenn sich das Mittelland zwischen Alpen und Jura mit Nebel füllt, erscheinen die Gipfel, die jene Decke durchstoßen, gar wie Inseln eines Alpenarchipels. Ja, ist

gelten Wort. Das Idyll endete am nahen, hohen Horizont, und selbst die Neugier, was hinter diesem liegen könnte, schien eng begrenzt. Der populäre Band „Diskurs in der Enge" beschrieb 1970 das Daseinsgefühl des Inselüberdrusses einer Generation. Wir litten an beschränkten Möglichkeiten und stießen mit dem Kopf immer wieder gegen die Wände unserer Selbstzufriedenheit. Und als Anfang der

wachsen wir über uns hinaus, wenn die Not es gebietet. Getrieben vom Bevölkerungsdruck haben Polynesiens „edle Wilde" die Südsee einst von Hawaii bis zur Osterinsel und gar bis Neuseeland besiedelt. Zerstreut, wie sie waren, brachten sie es zu einem riesigen Siedlungsgebiet, aber nie zu einem größeren Reich. Genau wie wir. Wer sich je als globetrottender Rucksacktourist um die Welt trei-

WAS IST SCHON DIE SEE GEGEN DIE PRACHT DER SEEN?

nicht die Schweiz als solche eine Insel und damit dem Meer nahe verwandt?

Keine andere Metapher für unser Land wird so selbstverständlich verstanden. Eine Insel der Neutralität seit 1815, eine Insel der Demokratie seit 1848, eine Insel des Friedens in den Stürmen zweier Kriege, eine Insel des Wohlstands, eine Hochpreisinsel, eine Währungsinsel im Euro-Meer und eine Insel von Freiheiten im Paragrafenmeer der Europäischen Union. Und von Deutschland aus gesehen: die nächstgelegene südliche Ferieninsel, wo alles ein bisschen leichterfällt.

Inselfreiheit und ihre Grenzen

WEN DAS MEER in seiner unberechenbaren Gewalt zu sehr einschüchtert, der sucht den Fels in der Brandung als Stätte der Zuflucht und sicheren Grund. In *splendid isolation* auf unserer Insel der Seligen verbanden wir uns in stürmischen Zeiten zur „Willensnation", die vier Sprachen und Kulturen vereint. Doch Inseln sind nicht nur Schutz und Rettung, nicht nur Vergnügen. In der Metapher der Insel steckt immer beides. Der Traum und der Albtraum. Die Freiheit und ihre Begrenzung. Inseln halten auch gefangen. Wir kennen die selbstgenügsame Enge des Inselgefühls genauso wie die unbändige Lust zur Befreiung.

Freie Sicht aufs Mittelmeer

GERADE IN UNSEREN BESTEN ZEITEN, als sich Europa zusammenzuschließen begann und wir einen angenehm provinziellen Wohlstand genossen, wurde das „Unbehagen im Kleinstaat" zum geflü-

1980er Jahre eine Jugendrevolte die Insel der Ruhe und Ordnung in ein kreatives Chaos zu stürzen versuchte, hieß ihr griffigster Slogan: „Nieder mit den Alpen, freie Sicht aufs Mittelmeer."

Der fliegende Oceanliner

KLINGT HEUTE WIE EIN INSELWITZ. Wo das Mittelmeer doch längst vor der Haustür liegt. Was stören uns da ein paar Alpen? Spätestens seit sich das Fliegen so billig und grenzenlos anbietet, ist das Unbehagen im Kleinstaat verflogen. Was für den Rest Europas seit Jahrhunderten die Häfen waren, wurde für uns der Zürich Airport. Das Tor zur Welt. Unsere nationale Airline, die Swissair, war ein fliegender Oceanliner. Sie brachte uns ohne Umsteigen über alle Berge und sieben Weltmeere – und lief Wilhelm Tell den Rang des Nationalhelden ab. Wenn Freiheit Flügel hatte, kam sie uns damals grenzenlos vor. Die Luftflotte schien das eigene Meer absolut überflüssig zu machen. Umso gnadenloser traf uns ihr *grounding* im Jahre 2001: Von einem Tag auf den anderen konnte eine der renommiertesten Airlines der Welt ihre Kerosin-Rechnungen nicht mehr zahlen – und blieb für immer am Boden. Das schien uns das Ende der Zukunft zu sein. Der Verlust unserer endlich gewonnenen Weltläufigkeit. Heute wissen wir es besser: Um die Welt zu bereisen, ist jede Airline recht.

Tahiti und die Berge

VIELLEICHT SIND WIR UNTERM STRICH nämlich die Polynesier Europas. Zufrieden gefangen auf einem reizenden Inselchen,

ben ließ, hat das erlebt: dass es kaum eine Palme, kaum einen Strand oder Eisberg gibt, wo nicht schon ein Schweizer sitzt. So viele Schweizer gibt es gar nicht, denkt man als Schweizer – und doch: Jetzt wird nachgeholt, was wir in den vergangenen paar Jahrhunderten verpasst haben. Als gefühlte Weltreise-Weltmeister machen wir unser angeborenes Defizit wett.

Wie es Engländer waren, die dreisterweise als Erste unsere Alpengipfel erstiegen, so laufen wir den Seefahrernationen mittlerweile gar den Rang auf den sieben Weltmeeren ab. „Alinghis" Siege im America's Cup haben es gleich zweimal gezeigt: In der Präzisions-Seefahrt um Sekundenbruchteile sind wir spitze. *Switzerland rules the waves!* Welch eine Genugtuung. Nur ein Fußballsieg über Deutschland könnte noch wohler tun. ∎

Fotograf **Andri Pol**, 46, ging bei der Suche nach dem Meer der Schweiz auch in die Luft – als Anhängsel eines Gleitschirm-Piloten. Autor **Markus Mäder**, 63, ist lieber sein eigener Kapitän: Der passionierte „Homo helveticus oceanis" hat eine Yacht.

Was hat Miss Schweiz mit Herrn Bundesrat gemeinsam? Und Heidis Großvater mit den aktuellen Unternehmerinnen des Jahres? Schließlich Schwinger Jörg Abderhalden mit Ordensschwester Hedwig? Ganz klar: Sie alle stellen sich ein paar gängigen Schweiz-Klischees

FOTOS ¬ **ROBERT HUBER**
PROTOKOLLE ¬ **TOM DAUER**

Alles Hei

❶ Wie lebt es sich mit dem Heidi, Herr Marugg?

DAS HEIDI UND ICH kommen inzwischen gut miteinander aus. Wissen Sie, als ich auf die Heidialp ging, hat mich vor allem das Viehzeug interessiert – und überhaupt nicht das Heidi. Ich war zuvor auch schon Älpler. Das ist ein guter Job, man ist sein eigener Chef und kann sich die Zeit selbst einteilen. Hier oben kümmere ich mich um 100 Mutterkühe und um das Beizli, die Bewirtung. Das ist viel Arbeit, aber es geht gut. Stress brauche ich nicht mehr, den hatte ich früher genug: Als Fernfahrer habe ich ganz Europa gesehen und bin bis in den Irak gekommen. Vom Heidi wusste ich so gut wie nichts, als ich die Alp übernahm. Das meiste über seine Geschichte habe ich im vergangenen Sommer von japanischen Touristen gelernt – die wissen alles. Sie glauben auch nicht, dass das Heidi eine Romanfigur ist. Sie denken, das Mädchen, Geissenpeter, Alpöhi, sie alle hätten wirklich gelebt. Und zwar hier! Sollen sie ruhig. Ich jedenfalls nehme ihnen den Glauben nicht. Weil ein japanisches Filmteam das wollte, habe ich mir sogar einen Bart wachsen lassen. Mehr Alpöhi aber gibt es nicht.

Jakob Marugg, 59, ist Pächter der „original Heidialp", die oberhalb von Maienfeld im Kanton Graubünden liegt. Auf 1111 Metern, in der Kulisse der weltbekannten Romane, serviert „Heidis Großvater" Nusshörnchen und die Milch seiner Ziegen. →

»Warum ist das Heidi nicht da?«, wird Jakob Marugg oft gefragt. »Es ist gerade in Frankfurt«, sagt er dann

di, oder was?

»Heidi«, der Roman von Johanna Spyri, gilt als das am häufigsten übersetzte Buch nach der Bibel. Der Ort seiner Auferstehung:

② Sieht man das Matterhorn vom Weltall aus, Herr Nicollier?

NATÜRLICH SIEHT MAN ES, und es ist wunderschön! Man kann auch die ägyptischen Pyramiden von dort oben ausmachen – aber das Matterhorn ist noch viel größer.

Claude Nicollier, 63, ist der erste und bislang einzige Schweizer Astronaut. Viermal war er im All. Bei seiner ersten Mission umkreiste er 136-mal die Erde, wozu ihm der damalige Bundesrat mit den Worten „Freude herrscht, Monsieur Nicollier" gratulierte.

③ Wie schön ist die Schweiz, Frau Ammann?

ICH HABE MEHR ALS EIN JAHR in Florida gelebt. Und obwohl ich Sandstrände, immergrüne Palmen und ewigen Sonnenschein sehr liebe, ist mir gerade dort bewusst geworden, wie schön meine Heimat eigentlich ist. Das meine ich nicht nur äußerlich. Denn welches Land kann schon auf so engem Raum so Vielfältiges bieten? Vier verschiedene Kulturen mit vier verschiedenen Sprachen leben seit Jahrhunderten in Frieden miteinander. 26 Kantone haben es immer wieder geschafft, Mentalitätsunterschiede auszugleichen, um Probleme im Miteinander

zu lösen. Nur eines würde ich mir von meiner Heimat noch wünschen: Dass die Schweiz ihre Entwicklungshilfe-Ausgaben von momentan 0,37 Prozent des Bruttonationaleinkommens auf 0,7 Prozent anhebt, wie das die Völkergemeinschaft wünscht. Das wären knapp vier Milliarden Franken, die uns gut stehen würden.

Amanda Ammann, 21, ist die amtierende „Miss Schweiz". Sie stammt aus Abtwil im Kanton St. Gallen, lebt in Lausanne und studiert im dritten Semester Internationale Beziehungen in Genf. Neben Deutsch spricht sie fließend Spanisch, Französisch und Englisch. Später will sie für die UNO oder das Rote Kreuz arbeiten.

④ Ist Jodeln noch zeitgemäß, Herr Zehnder?

JODELN IST ZEITLOS! Man findet diesen zuweilen akrobatisch anmutenden Gesangsstil praktisch in allen Kulturen und auf allen Kontinenten, wenn auch in unterschiedlicher Ausprägung. Denken Sie an die Pygmäen Zentralafrikas, bei denen das Spiel mit den Obertönen weit verbreitet ist! Die Indianer Amerikas, die Schamanen in Asien, die berührenden Frauenstimmen der Mongolei – alle kennen diesen spektakulären Effekt. Der übrigens auch in

der Unterhaltungsmusik ein Hit ist, man muss nur genau hinhören: Von Elvis bis James Blunt – sie alle können nicht ohne. Das alpine Jodeln ist nur eine sehr ausgeprägte, extreme Form dieser Singtechnik. Der Jodelschnapper sitzt sozusagen in uns allen.

Christian Zehnder, 47, wollte ursprünglich Rockmusiker werden, entdeckte aber dann mit seiner Band „Zehnder Kraah Trio" (www.zehndermusic.ch) den Obertongesang für sich und ist heute eine Größe in der Jodler-Szene.

⑤ Wie neutral ist die Schweiz noch, Herr Bundesrat Schmid?

UNSERE NEUTRALITÄT IST LEBENDIG, und acht von zehn Schweizerinnen und Schweizern finden sie noch immer gut. Abgenommen hat allerdings die Zahl der Fälle, in denen wir sie anwenden. Neutralität als völkerrechtlich definierter Status bezieht sich nämlich auf zwischenstaatliche Kriege, und die sind seltener geworden. Heute verlangt Neutralität längst nicht

mehr Meinungsabstinenz oder moralische Gleichgültigkeit. Sie hindert auch nicht daran, eine aktive Außenpolitik zu betreiben. Uns brauchen die Partner zwar nicht als militärischen Alliierten; wir können ihnen aber als Staat nützen, der Bewegung in festgefahrene Situationen zu bringen vermag.

Heidiland. Es verwandelt Alina und Romano zu Heidi und Peter, Jakob Marugg zum Alpöhi der Heidialp – und Wasser zu Gold

Bundesrat **Samuel Schmid**, 61, ist Verteidigungsminister. Weil er in seinem Departement auch das Sport-Ressort verantwortet, geht er jeden Tag mit gutem Beispiel voran: Sein Wecker klingelt um 4.53 Uhr, dann folgt ein Spaziergang.

❻ Warum ist die Marke Schweiz so erfolgreich, Herr Allemann?
DIE SCHWEIZERISCHE ANTWORT: Weil wir nicht gern über Erfolg reden. Sondern lieber daran arbeiten. Und wenn Sie es unbescheiden wissen möchten: Die verschrobene Sturheit des Berglers zahlt sich aus. Die Marke Schweiz wurde nie repositioniert, wie der Markenfachmann sagt, sie blieb stets einzigartig. „Since 1291" besticht sie durch Beständigkeit, mit all ihren Ecken und Kanten. Modisches Co-Branding oder sogar koloniales Markensponsoring waren ihr immer suspekt. Viel-

mehr gehen die Ambitionen nach innen – und das mit dem Perfektionismus des Uhrmachers. Die User der Marke lupfen also ihren Blick selten über die schneebedeckten Bergkuppen hinaus, dafür aber immer gern auf ihr rot-weißes Markenlogo. Quadratisch gut, überzeugt es in der Tradition der Schweizer Grafik durch Klarheit und mit einem Plus in der Flagge. Auf den gängigen Werbetrick „Tiere wärmen das Herz" verzichtet es und kommt ohne lustige Löwen, Eisbären oder Adler aus. Apropos Tiere: Der schonende Umgang mit der Natur war in der Schweiz schon angesagt, als ein ökologisches Gewissen noch nicht für jede Marke Pflicht war. Denn es gibt nur wenig Schweiz; 41 285 Quadratkilometer, um genau zu sein. Rar, einzigartig, fast perfekt und leider teuer, das ist sie, die exklusive Marke Schweiz. So. Und nun zurück zur Bescheidenheit.
Der Wert der Marke Schweiz ist unbezahlbar. Kaum jemand weiß das so genau wie **David Allemann**, 38. Der Markenstratege war Chef der Schweizer Top-Agentur Advico Young & Rubicam und leitet heute das Marketing des Möbelherstellers Vitra.

❼ Ist die Schweizer Zukunft süß, die Damen?

GROB GESAGT besteht die Schweiz aus: Bergen von Schokolade, zuckerbestreuten Gipfeln zum Skifahren, Süßwasserseen zum Baden und Zuckergussstädten zum Leben. Klar wird die Schweiz immer süßer. Schon allein deshalb, weil wir noch weiter expandieren werden.
Nicole Reolon, 39, und **Alexandra Bisaz**, 37, die Jungunternehmer des Jahres 2007, verkaufen Fruchtgummis, Schokolade, Lutscher und Bonbons in mittlerweile über 20 Filialen und unter www.lolipoponline.ch.

❽ Wie fühlt man sich als schwarzes Schaf, Herr Katumba?
OBWOHL DIE SCHWEIZ praktisch jeden zweiten Franken im Ausland verdient, haben es Migranten hier verdammt schwer. Sei es bei der Stellensuche oder bei der Einbürgerung. Qualifizierte Arbeitsuchende aus den Balkanländern mit einem „ić" in ihrem Namen haben praktisch keine Chance auf ein faires Bewerbungsverfahren. Und beantragt jemand die Schweizer Staatsbürgerschaft, dann hängt der Erfolg von seinem Wohnort ab. Die Kompetenz für Einbürgerungen liegt nämlich bei den Gemeinden. Somit existieren in der Schweiz rund 2700 unterschiedliche Einbürgerungsverfahren. Ich kenne Menschen, die seit 25 Jahren auf einen roten Pass warten. Wir müssen aufpassen, dass die Schweiz nicht bald selbst das schwarze Schaf Europas wird. Mäh!

Politiker **Andrew Katumba**, 37, reagierte souverän auf eine Kampagne der Schweizerischen Volkspartei (SVP). Als diese mit einem Plakat warb, auf dem drei weiße Schafe ein schwarzes aus der Schweiz kicken, schmückte der Sohn einer ukrainischen Mutter und eines ugandischen Vaters seine Website www.katumba.ch mit einem schwarzen, fröhlich umherspringenden Lamm. →

Als Experten in Heidi-Kunde gelten im Maienfelder Heididorf die Japaner. Aber auch sie wissen, dass das Land mehr zu bieten hat

❾ Können Schweizer über sich selbst lachen, Herr Schlatter?

NATÜRLICH LACHEN DIE SCHWEIZER über sich. Was sollten sie sonst Abend für Abend in meinen Vorstellungen tun – heulen? Mir diese Frage zu stellen, ist in etwa, als fragten Sie einen Metzger, ob seine Kunden gern Fleisch essen. Er würde antworten: „Natürlich. Kalbsfilet ist im Moment sehr beliebt und in der Wurstwarenabteilung die vom Aussterben bedrohte Nationalwurst: Cervelat." Die Vegetarier kennt er nicht. So geht es mir. Den Humorlosen und arroganten Selbstüberschätzern winke ich nur aus der Ferne zu. Ich denke, die Schweizer lieben ihre Komiker nicht zuletzt auch deshalb, weil sie ihnen helfen, im Kollektiv über sich selbst zu lachen. Spricht man mit einem Schweizer über Geld, Sport oder seine Vorhänge, entwickeln sich meist sehr schnell ganz ernsthafte Gespräche. Im Theater hingegen kann der Schweizer ungehemmt darüber lachen, ein Schweizer zu sein.

Schon in der Schule hörte **Beat Schlatter**, 47, den Satz: „Beat, du bist ein Clown – und du wirst ein Clown bleiben." Er empfand das als Ansporn. Heute ist Schlatter einer der erfolgreichsten Kabarettisten des Landes.

❿ Geht es den Schweizern so gut, dass sie keine Sorgen haben, Schwester Hedwig?

ACH, WO DENKEN SIE HIN! Sicher haben wir Sorgen. Viele sogar. Wir sind überhaupt nicht in der Lage, sorglos sein zu können. Die globalen Sorgen schwappen sozusagen von den Rändern her in unser Land hinein, und auch die Sorge um Existenz gibt es: Ich bin gesund, ich habe alles – aber wie lange noch? Selbst wenn sich jemand daran machen würde, sorglos zu sein, es brächte ihn in die dauernde Sorge, diese Sorglosigkeit zu verlieren.

Die Schriftstellerin **Silja Walter**, 89, lebt als Schwester Hedwig im Kloster Fahr bei Zürich. In ihren Texten vermittelt sie seit Jahrzehnten Zuversicht.

⓫ Warum sind Sie ein typischer Schweizer, Herr Abderhalden?

AN MIR IST TYPISCH, dass ich die traditionellste Sportart der Schweiz betreibe. Und dass ich auch menschlich ein richtiger Schweizer bin: Ich habe eine Familie, meiner Ansicht nach für uns das Wichtigste, ein Haus und ein Geschäft. Das Fernsehpublikum wählte **Jörg Abderhalden**, 28, zum aktuellen „Schweizer des Jahres". Der Name des dreifachen Schwingerkönigs wurde wie der seiner Vorgänger in eine Tafel auf der Älggi-Alp im Kanton Obwalden graviert, dem geografischen Mittelpunkt des Landes.

⓬ Warum stimmen die Schweizer so gerne ab, Herr Frey?

DAS TUN SIE JA GAR NICHT! Die Stimmbeteiligung in der Schweiz ist niedriger als in andern Ländern – und das ist gut so. Die Schweizer Bürger haben zwar viel häufiger die Möglichkeit, sich zu äußern. Zuweilen interessieren sie sich aber nicht für die Vorlagen, weshalb es völlig vernünftig ist, dann nicht abzustimmen. Bei wichtigen Problemen hingegen steigt die Stimmbeteiligung sofort.

Den Bürgern wird vor allem die Wahl gelassen, ob sie sich äußern möchten oder nicht. Damit unterscheidet sich die Schweiz von anderen Ländern, in denen Menschen fast wie Vieh in die Wahllokale getrieben werden. Wahlfreiheit ist ein Indiz für eine gut funktionierende Demokratie – und macht die Menschen glücklich.

Bruno S. Frey, 67, erforscht das Glück. Der Professor für Ökonomie an der Universität Zürich widmete dem Zusammenhang zwischen „Happiness and Economics" ein ganzes Buch. ∎

Hier buchen Sie diese Augenweide.
Und alle weiteren besonderen Hotels:
MySwitzerland.com/hotels

MySwitzerland.com

Sie suchen ein Hotel mit Design, mit kinderfreundlicher Atmosphäre, mit der vollen Wellness-Packung oder mit lebendiger Geschichte? Unter MySwitzerland.com/hotels finden Sie all das und weitere 2000 Schweizer Hotels, einfach online buchbar. Schnell, sicher und bequem. Gerade nicht online? Rufen Sie uns kostenlos an: Telefon 00800 100 200 30.

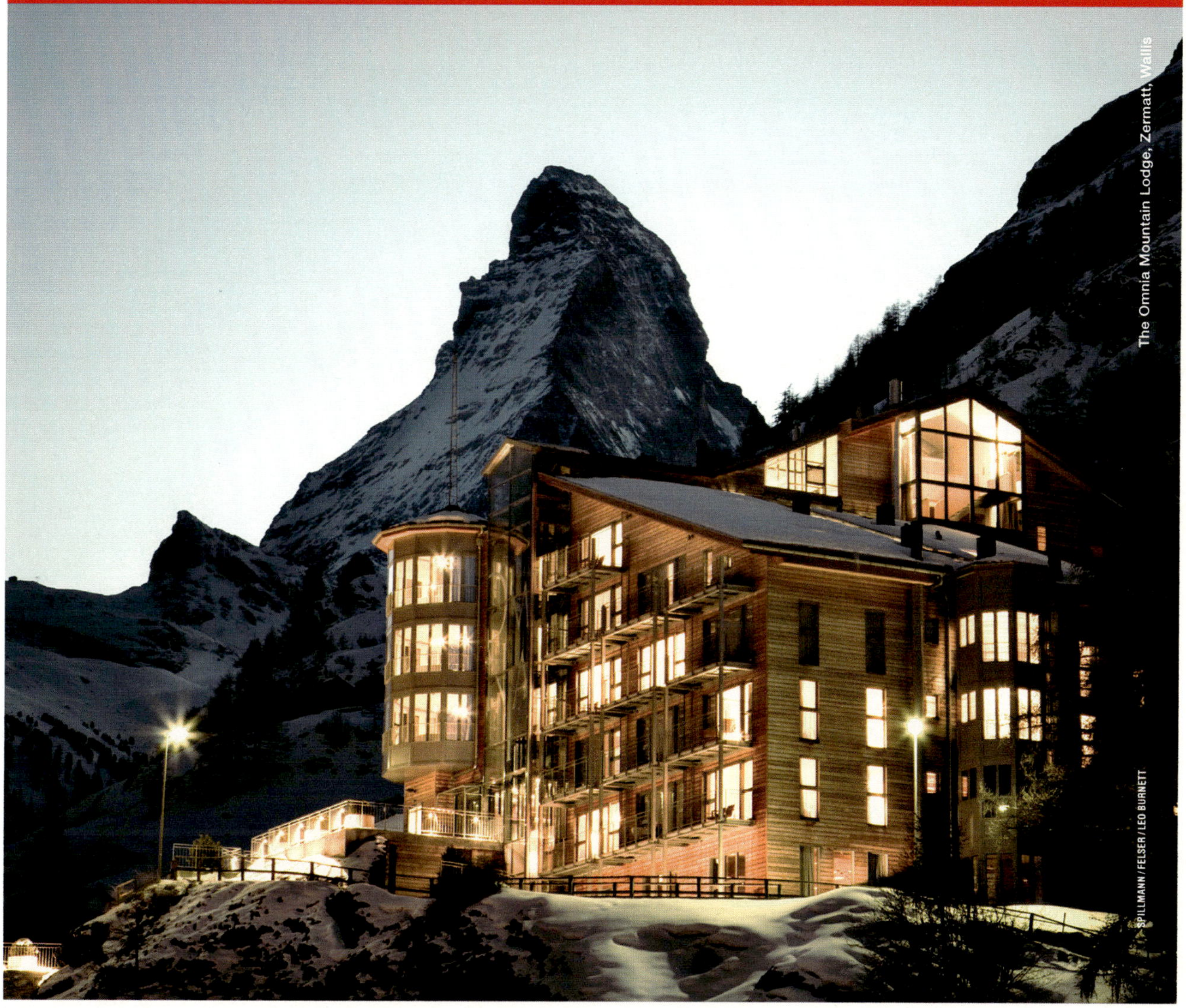

The Omnia Mountain Lodge, Zermatt, Wallis

SPILLMANN / FELSER / LEO BURNETT

Gute Nachbarn, schlechte **Nachbarn**?

Nach 1996 und 2002 ließ GEO zum dritten Mal Schweizer und Deutsche exklusiv befragen. Aktueller Schwerpunkt: das angeblich schlechte Verhältnis zwischen den Nachbarn, das seit Monaten Schlagzeilen macht. Heraus kam: So schlimm ist es nicht – und es gibt ein neues Selbstbewusstsein im Alpenland!

ILLUSTRATIONEN ¬ **ILLUTEAM43**

Südwest siegt über Nordost

Ein bisschen bitter für Deutsche: Ihr Land hat bei den Schweizern im Vergleich zu 2002 noch einmal zwei Sympathiepunkte eingebüßt – und rangiert nur mehr hauchdünn vor Schlusslicht Liechtenstein. Diese zurückhaltende Zuneigung hat Tradition. Mehr als ein Drittel hält weiterhin Italien für das netteste Nachbarland, gefolgt von Österreich und Frankreich.

Welches Ihrer Nachbarländer ist Ihnen als Schweizer am sympathischsten?

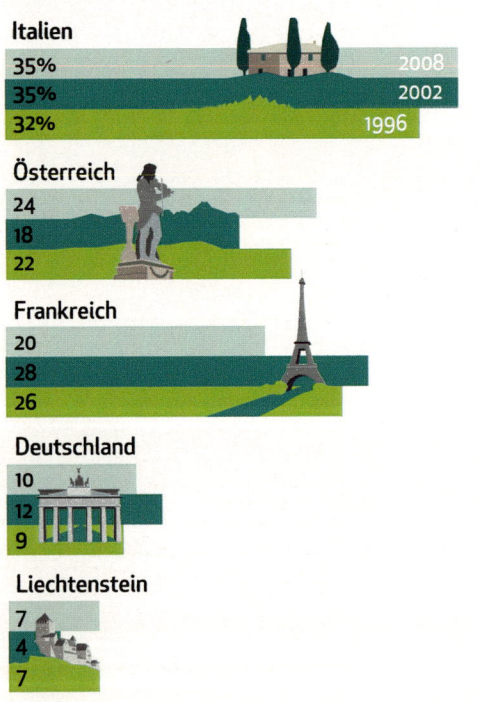

Italien
35% 2008
35% 2002
32% 1996

Österreich
24
18
22

Frankreich
20
28
26

Deutschland
10
12
9

Liechtenstein
7
4
7

Die Schweiz-Umfrage wurde im Februar 2008 vom Meinungsforschungs-institut IHA-GfK Schweiz durchgeführt; es befragte 1100 Frauen und Männer zwischen 15 und 74 Jahren. In Deutschland befragte zur gleichen Zeit das Berliner Forsa Institut 1003 Frauen und Männer gleichen Alters. Die Ergebnisse sind repräsentativ.

Mehrheitlicher Frieden

Trotz Sticheleien aus Deutschland: Die Bewohner des „großen Kantons" sind der Hälfte der Schweizer sehr sympathisch. Eine Sympathie, die auf Gegenseitigkeit beruht. Nur kleine Minderheiten in beiden Ländern können ihre Nachbarn gar nicht leiden.

Wenn Sie Ihre persönliche Sympathie gegenüber Schweizern auf einer Skala von +5 bis –5 einschätzen: Welchen Wert würden Sie geben?

Wenn Sie Ihre persönliche Sympathie gegenüber Deutschen auf einer Skala von +5 bis –5 einschätzen: Welchen Wert würden Sie geben?

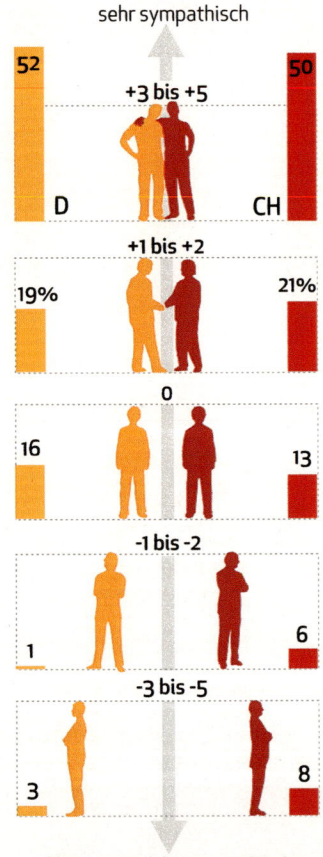

sehr sympathisch

+3 bis +5
52   D   CH   50

+1 bis +2
19%   21%

0
16   13

-1 bis -2
1   6

-3 bis -5
3   8

überhaupt nicht sympathisch

Selbstbewusste Schweizer

Von wegen Bescheidenheit! Ein geradezu unschweizerischer Zuwachs an Selbstbewusstsein ist zu verzeichnen: 58 Prozent der Eidgenossen halten die Deutschen ganz selbstverständlich für große Schweiz-Fans. 2002 waren nur 39 Prozent derart von den Qualitäten ihres Landes überzeugt.

Wie beliebt, glauben Sie als Eidgenosse, ist die Schweiz bei den Deutschen?

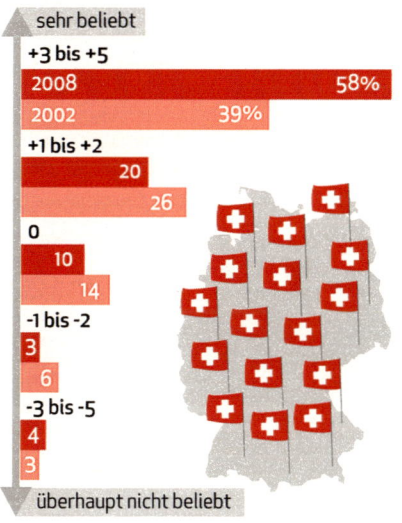

sehr beliebt

+3 bis +5
- 2008: 58%
- 2002: 39%

+1 bis +2
- 20
- 26

0
- 10
- 14

-1 bis -2
- 3
- 6

-3 bis -5
- 4
- 3

überhaupt nicht beliebt

Deutsch ist nicht gleich Deutsch

Wie ähnlich, meinen Sie, sind die deutschsprachigen Schweizer den Deutschen?

	Deutschland	Schweiz
sehr ähnlich	9	8
eher ähnlich	45%	35
weniger ähnlich	25	37%
gar nicht ähnlich	5	16
weiß nicht/k. A.	16	4

Sehnsucht nach Meer

Die Schweizer lieben die Berge, aber auch das Meer. Auf ihre Gipfel verzichten würde allerdings nur eine Minderheit der 30 Prozent Wasserfreunde.

Die Schweiz ist ein Binnenland. Welche der folgenden Aussagen entspricht am ehesten Ihrer Meinung?

70% Ich finde es so, wie es ist, gerade richtig.

30% Ich fände es schön, wenn die Schweiz einen Zugang zum Meer hätte.

Ausländer und Freundlichkeit

Die Schweizer können beruhigt sein: Auch wenn ihr Land von Zeitungen bereits als „Herz der Finsternis" gebrandmarkt wurde – auf das Image in Deutschland haben die ausländerfeindlichen Kampagnen des zurückliegenden Wahlkampfes nicht abgefärbt. Jeder dritte Deutsche (35 Prozent) schätzt die Schweizer als sehr ausländerfreundlich ein, eine deutliche Steigerung gegenüber den 27 Prozent von 2002. Als „schwarzes Schaf" sieht sich ein befragter Schweizer ohnehin selten. Das Urteil über die eigenen Landsleute allerdings fällt weit kritischer aus.

- **Wie würden Sie als Schweizer Ihr persönliches Verhalten gegenüber Ausländern auf einer Skala von +5 bis −5 einschätzen?**
- **Wie würden Sie das Verhalten Ihrer Schweizer Landsleute insgesamt gegenüber Ausländern einschätzen?**
- **Wie schätzen Sie als Deutscher das Verhalten der Schweizer gegenüber Ausländern ein?**

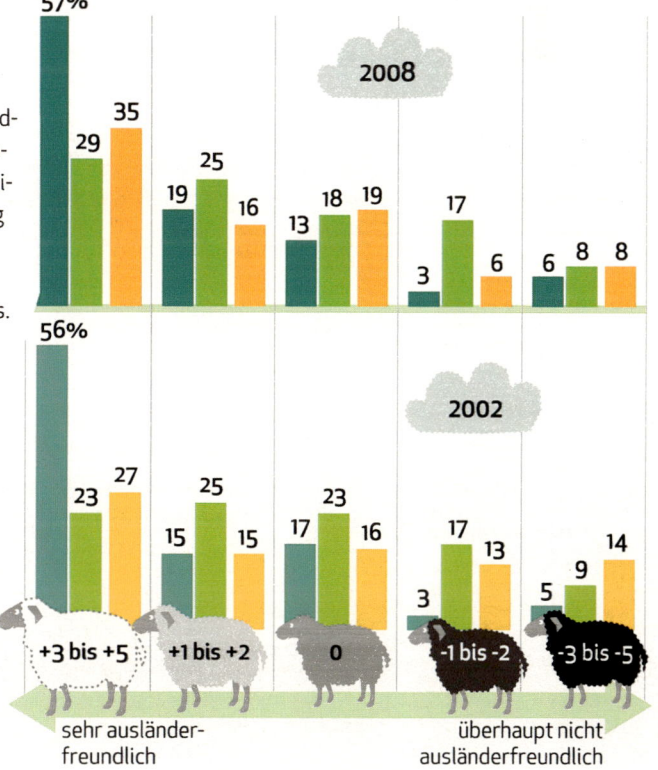

2008

	+3 bis +5	+1 bis +2	0	-1 bis -2	-3 bis -5
	57%	19	13	3	6
	29	25	18	17	8
	35	16	19	6	8

2002

	+3 bis +5	+1 bis +2	0	-1 bis -2	-3 bis -5
	56%	15	17	3	5
	23	25	23	17	9
	27	15	16	13	14

sehr ausländerfreundlich

überhaupt nicht ausländerfreundlich

Übernachten mit der ganzen Mannschaft.

Parpan – Ferienort mit Charme

Wandern, Reiten, Biken, Bergbahnen, Heidsee mit Kinderlido und Wassersport, Kinder- und Sportferienprogramm. Diverse Hotels und Ferienwohnungen.
Tourismusverein Parpan
CH-7076 Parpan
Tel. +41 (0)81 382 12 63
www.tourismusvereinparpan.ch

Engadin Inklusive

Gemütlich und modern. Reichhaltiges Frühstücksbuffet. Inkl. freie Fahrt auf den Oberengadiner Bergbahnen und öffentl. Verkehrsmitteln ab CHF 94.—/€ 58.— (Pers./Tag i. DZ)
Hotel Garni Chesa Mulin
CH-7504 Pontresina
Tel. +41 (0)81 838 82 00
www.chesa-mulin.ch

Berg-Erlebnis im Engadin

In der Natur, dem Himmel ganz nah. Freie Benutzung der Oberengadiner Bergbahnen mit Rhätischer Bahn u. Bus. Pro Person (DZ) mit Frühstück:
3 Tage ab CHF 315.—/€ 204.—
7 Tage ab CHF 735.—/€ 475.—
Hotel Bernina, CH-7504 Pontresina
Tel. +41 (0)81 838 86 86
www.hotelbernina.ch

Sonnenbad für die Seele

Schmuckes 3*-Hotel. Wanderwege und Sportmöglichkeiten vor der Haustüre. Pro Person inklusive Halbpension, Bergbahnen und öffentliche Verkehrsmittel:
5 Tage ab CHF 697.—/€ 450.—
Hotel Maria, CH-7514 Sils-Maria (Engadin), Tel. +41 (0)81 832 61 00
www.hotel-maria.ch

Bergspass in Lenzerheide

Sie möchten erleben, geniessen, entspannen!? Gönnen Sie sich
3 Tage CHF 295.—/€ 185.—
7 Tage CHF 650.—/€ 410.—
Preis pro Person inkl. Halbpension.
Hotel Restaurant Dieschen
CH-7078 Lenzerheide
Tel. +41 (0)81 385 20 22
www.hotel-dieschen.ch

Sonnenterrasse der Surselva

Gemütliches Aparthotel mit Hallenbad, Sauna, Massage und Tennis. Pro Person inklusive Halbpension:
4 Tage ab CHF 360.—/€ 225.—
7 Tage ab CHF 630.—/€ 394.—
Hotel La Siala
CH-7153 Falera
Tel. +41 (0)81 927 22 22
www.lasiala.ch

Hotel Castell, Zuoz

Im Hotel Castell verschmelzen Kunst, Architektur, Kulinarik und alpiner Komfort zu einem einzigartigen Hotelerlebnis. Das Hamam bietet orientalische Badekultur in zeitgenössischer Architektur. Massagen und Treatments sorgen für Wohlbefinden. Die Küche ist frisch und ideenreich. Man speist stilgerecht und doch unkompliziert im historischen Restaurant. Das Hotel liegt in der einzigartigen Berglandschaft des Engadins mit dem breiten Angebot an Sport, Freizeit und Kultur.
Hotel Castell, CH-7524 Zuoz
Tel. +41 (0)81 851 52 53 | www.hotelcastell.ch

Ferienwohnungen/Chalets

Laufend zu vermieten: 1–5 Zimmerwohnungen/Chalets mit zwei bis neun Betten. Top Wander-/Sportregion. Fitness- und Kinderferienprogramm; Bergsee!
Fewo Rischatsch
CH-7078 Lenzerheide
Tel. +41 (0)81 384 16 00
www.rischatsch-treuhand.ch

All-Inclusive Ferien

Incl.: Mittagsteller/Lunch, Kuchen/Eis, Abendessen 3-Gänge, Getränke, Benützung Sportzentrum, div. Aktivitäten, Hotel-Schwimmbad, Sauna etc.
7 Nächte ab CHF 755.—/€ 487.—
Hotel Cucagna
CH-7180 Disentis
Tel. +41 (0)81 929 55 55
www.cucagna.ch

Bergferien für Geniesser

Grüezi in der Ferienwelt der Sunstar Hotels. Die echt schweizerische Hotelgruppe mit 5 Erstklasshotels in Arosa, Davos, Flims, Klosters und Lenzerheide ist bekannt für ihr gemütliches Ambiente sowie für ihre zentrale und ruhige Lage. Getreu unserem Motto «Bei uns fühlen Sie sich wohl» bieten wir Ihnen höchste Wohlfühlqualität zu attraktiven Preisen mit vielen Inklusivleistungen. Verlangen sie unseren Farbprospekt.
Sunstar Hotels, Galmsstrasse 5, CH-4410 Liestal, Schweiz
Tel. +41 (0)61 925 70 70 | www.sunstar.ch

Altana – das Hotel mit Flair

Zimmer/Frühstück ab CHF 99.—/€ 64.—; Halbpension ab CHF 129.—/€ 83.50; Inklusive GRATIS Bergbahn, Postauto und Bahn von Samnaun bis Müstair.
FLAIR HOTEL ALTANA
CH-7550 Scuol
Tel. +41 (0)81 861 11 11
www.altana.ch

Wandern & Wellness Inklusive

Einzigartige Wellnessoase VITALEUM nach Feng-Shui-Richtlinien. Wellness- und Wanderwoche der Superlative ab CHF 1050.—/€ 656.— pro Person inkl. Gourmet-Halbpension.
Wellnesshotel Silvretta
CH-7563 Samnaun
Tel. +41 (0)81 861 95 00
www.hotel-silvretta.ch

SOMMER IN DEN BÜNDNER BERGEN

DAVOS und LENZERHEIDE sind zwei der Perlen für Ferien in Graubünden. Ein fast endloses Angebot für aktive Leute. Familien und Ruhesuchende finden für jeden Tag – und auch für jedes Wetter Aktivitäten nach Mass. Unsere Gäste haben zudem freie Fahrt auf allen Bergbahnen. PANORAMA Hotels sind Suitenhotels und bieten daher ganz besonders geräumige Zimmer an. Sie können sogar in einer zweigeschossigen Suite wohnen, die auch ein zweites Bad für Ihre Kinder bietet. Eine Kochnische erweitert Ihre Möglichkeiten zusätzlich. Natürlich steht Ihnen unser Hallenbad und die Sauna unentgeltlich zu Verfügung. Ihre Kinder – ohne Altersbeschränkung – wohnen in den Suiten unentgeltlich.
Davos Tel. +41 (0)81 413 23 73 | Lenzerheide-Valbella +41 (0)81 384 01 01;
Besuchen Sie www.panoramahotels.com

Preis- und Programmänderungen bleiben ausdrücklich vorbehalten! Alle Preise in Euro sind Richtpreise – es gilt der aktuelle Tageskurs zum Zeitpunkt der Reservation.

Mehr Übernachtungsmöglichkeiten auf www.graubuenden.ch

Wandern mit der ganzen Mannschaft.

Jetzt buchen auf www.graubuenden.ch – Unterkünfte in allen Preisklassen.

Nutzen Sie die Spielpausen für einen Ausflug mit der ganzen Familie. In Graubünden wandern Groß und Klein, ohne dass es einem langweilig wird. Auf dem Globi-Wanderweg wird aus jedem Spaziergang ein Erlebnis. Sie lernen Tierspuren und Wolkenbilder lesen und erfahren Spannendes über die Umwelt. Pflanzenfreunde finden ihr Paradies im Alpengarten Schatzalp, wo sie auf einem Rundgang so manches über die vielfältige Pflanzenwelt entdecken können. Mehr über den Bündner Sommer und Unterkünfte erfahren Sie auf www.graubuenden.ch

Alles Inklusive in Samnaun

Bergerlebnis pur: Die Bergbahnen, das Alpenquell Erlebnisbad und vieles mehr sind ab einer Übernachtung inklusive. Schweben Sie zu 250 km Wanderwegen oder brettern Sie auf 80 km Bikewegen zu Tal. Geniessen Sie die einzigartige Flora mit über 900 Arten oder beobachten Sie die vielen Murmeltiere am Wegesrand. Schlendern Sie auf Europas höchstgelegener Shoppingmeile mit über 50 Shops und sparen Sie: Samnaun ist die einzige Zollfrei-Oase der Schweiz.
Samnaun Tourismus, CH-7563 Samnaun-Dorf
Tel. +41 (0)81 868 58 58, www.samnaun.ch | info@samnaun.ch

Ein Paradies für Genießer und Wellness zum Träumen

Eingebettet in der Silvretta Arena Samnaun-Ischgl öffnet Ihnen das Chasa Montana (1850 m ü. M.) die Tür zu einem Wellness- und Wanderparadies. Lassen Sie Ihren Körper und Geist im Beauty- & Massagecenter mit röm. Hallenbad, Saunen und Fitness entspannen. Für Shopping-Begeisterte bieten die Zollfrei-Geschäfte von ZEGG.ch zahlreiche Top-Marken. 3 Nächte Relax Arrangement:
ab CHF 447.—/€ 285.— pro Person im DZ mit Halbpension
Wellness Hotel Chasa Montana – CH-7563 Samnaun (Engadin)
Tel. +41 (0)81 861 90 00 | www.hotelchasamontana.ch

Klein und fein – Buchbare Angebote.

Via Engiadina: Wandern ohne Gepäck auf dem Unterengadiner Panoramaweg von Zernez nach Tschlin.

Die Höhenwanderung auf der Sonnenseite des Unterengadins führt Sie in ursprüngliche Engadiner Dörfer wie Guarda, Ardez, Sent oder Tschlin. Sie bietet Ihnen abwechslungsreiche Tageswanderungen, Rundblicke auf die Unterengadiner Dolomiten und dies nur mit dem Lunchrucksack auf dem Rücken. **Gültigkeit:** Mitte Juni bis Ende Oktober 2008. **Leistungen:** 7 oder 3 Nächte im Doppelzimmer, Frühstück, Gepäcktransport (1 Stück/Person, max. 15 kg), Fahrkarten zwischen den Etappen, Wanderkarte 1 : 50 000.

7-Tagespauschale   CHF 725.— / € 465.— pro Person
3-Tagespauschale   CHF 325.— / € 209.— pro Person
Zuschläge für Einzelzimmer und Halbpension auf Anfrage.

Buchungsadresse: ENGADIN/Scuol Tourismus, CH-7550 Scuol
Tel. +41 (0)81 861 22 22, www.scuol.ch

Valposchiavo und Bernina Express – Das Erlebnis des Unerwarteten.

Südliche Gaumenfreuden und Kultur mit Bernina Express. Package all-inclusive 3 Tage / 2 Nächte. **Gültigkeit:** 1. Juni – 15. Oktober 2008. **Leistungen:** Hin-/Rückfahrt mit Bernina Express Chur–Poschiavo/ Le Prese, zwei Übernachtungen mit Frühstück (DZ) im ***-Hotel, zwei 4-Gang-Menüs, ein Puschlaver-Mittagessen, je ein Eintritt ins Kunst- und ins ethnologische Museum.

CHF 385.— / € 237.— pro Person im DZ mit Halbtax-Abonnement
CHF 445.— / € 275.— pro Person im Doppelzimmer

Buchungsadresse: Ente Turistico Valposchiavo, CH-7742 Poschiavo
Tel. +41 (0)81 844 05 71, www.valposchiavo.ch

HIER BAUT
SICH WAS ZU

In den Alpen sind teils aberwitzige Megaprojekte geplant, ex
Und doch soll mit der futuristischen Architektur vor allem eines

TEXT ¬ **HARALD WILLENBROCK**

SAMMEN

zentrische Facetten im traditionellen Panorama.
bewahrt werden: die Vergangenheit

FRÜHER WURDE HIER GEHUSTET, geröchelt und mitunter auch gestorben. Auf der ausladenden Südveranda des Davoser Luxussanatoriums „Schatzalp" reihten die Lungenärzte noch in den 1940er Jahren dutzendweise Tuberkulosekranke auf. In Decken und Pelzsäcke gehüllt, inhalierten diese die klare Bündner Bergluft, ließen sich mit Milch und Honig päppeln und auf ärztliche Anordnung hin mindestens acht Stunden täglich von der Sonne bescheinen. Eine „Liegekur" auf der für Gäste ausschließlich per Standseilbahn erreichbaren Schatzalp galt bis zur Entdeckung wirksamer Antibiotika als eine der letzten Hoffnungen für Schwindsüchtige.

Heute kommen keine Kranken mehr. Und das ist vermutlich gut für sie, denn angesichts der Metamorphose der Schatzalp würde ihnen wohl erst recht die Luft wegbleiben, wenn sie denn um die Pläne wüssten: Keine 40 Meter von der alten Hotelveranda entfernt soll ein glitzernder Tannenzapfen in die Höhe wachsen, ein gewaltiger, für die Alpen einzigartiger Monolith mit Hotelzimmern und Luxusapartments. Entworfen haben ihn die Basler Architekten Jacques Herzog und Pierre de Meuron, von denen Ikonen wie das Olympiastadion in Beijing und die Münchner Allianz Arena stammen. Auch ihr „Zauberturm" auf der Schatzalp hat das Zeug zum Wahrzeichen. Mit 28 Stockwerken auf 1861 Meter Höhe wird er das höchste Wohngebäude der Alpen – und ist doch nur eines unter zahlreichen Großprojekten, die derzeit in den Schweizer Höhenlagen geplant, gebaut und heftig diskutiert werden.

In Andermatt am Gotthard will der ägyptische Geschäftsmann Samih Sawiris gleich ein ganzes Tal in eine Ferien-Welt verwandeln. Baukosten: rund eine Milliarde Franken. Bei Crans-Montana plant der russische Baulöwe Sergej Polonski

auf 60 000 Quadratmetern ein Resort mit einer Investitionssumme von 300 Millionen Franken. Architekt Mario Botta schuf unlängst mit der „Tschuggen Bergoase" in Arosa die teuerste und spektakulärste Wellness-Adresse der Schweiz. Am Jungfraumassiv möchte die lokale Bahngesellschaft den Fels mit einem kilometerlangen Tunnellift bis zum Joch durchbohren. Und neben der alten Monte-Rosa-Hütte bei Zermatt entsteht eine neue in Form eines überdimensionalen Kristalls. Die hochfliegendsten Pläne aber werden vom Klein Matterhorn gemeldet: Mit einem rund 120 Meter hohen Dreibein aus Glas und Stahl will die Zermatt Bergbahnen AG (ZBAG) den Gipfel künstlich über die 4000-Meter-Marke hieven. Je höher eine Bergregion, umso atemraubender die Höchstleistungen, zu denen Bauplaner derzeit ansetzen.

Dabei dienen all diese Superlative, so zukunftshungrig sie auch anmuten, einem äußerst konservativen Zweck: der Bewahrung des Alten. Der Turmbau zu Davos zum Beispiel soll vor allem helfen, der mittlerweile 107 Jahre alten Schatzalp eine dringend benötigte Frischekur zu finanzieren. Gut 50 Jahre ist es her, dass mit dem Siegeszug der Antibiotika die Nachfrage nach Liegekuren schwand und der Jugendstilpalast zum Hotel mutierte. Damals wurden der Operationssaal zum Hallenbad, der Röntgenraum zum Rauchersalon umfunktioniert. Für eine grundlegende Sanierung aber fehlte das Geld – so blieben die verspielten Jugendstilmalereien an den Wänden des Speisesaals, die alte Telefonschaltzentrale oder der fliesenverzierte Kamin in der Lobby erhalten. Immer noch rattert ein Fahrstuhlkorb aus Eichenholz zu Zimmern wie den üppig möblierten „Kaisersuiten", die ihren Namen der Tatsache verdanken, dass Wilhelm II. eine von ihnen ein Jahrzehnt lang für den (nie eingetretenen Fall) einer Tuberkulose in der kaiserlichen Familie hatte reservieren lassen.

THOMAS MANN HINGEGEN musste seine lungenkranke Frau Katia in Davos besuchen. Das Personal der Schatzalp, heißt es deshalb in seinem Roman „Der Zauberberg", beförderte „im Winter ihre Leichen per Schlitten herunter, weil dann die Wege nicht fahrbar" waren. Ein „ziemlicher Unsinn" sei das, sagt allerdings Pius App und lächelt fein, denn schon zu Thomas Manns Zeiten sei selbstverständlich jedermann – egal, ob tot oder lebendig – mit der Schatzalpbahn befördert worden.

App, der direkt an der Talstation der Bahn lebt, ist der Mann hinter dem „Zauberturm". Der 62-jährige Junggeselle gilt als kunstsinniger Feingeist, als Hobbys gibt er „Infrastruktur, Zigarren, Gehirnchirurgie" an, viel Geld hat er mit einer Software für automatische Unterschriftenerkennung verdient. Als App 2003 erfuhr, dass die Schatzalp in Schwierigkeiten steckte, griffen er und der Davoser Hotelier und Immobilienmakler Erich Schmid zu. Für einen ungenannten Millionenbetrag übernahmen die Partner das konkursreife Hotel, steck- →

Tschuggen Bergoase
Interlaken
Andermatt
Schatzalp
Jungfraujoch
Erner Galen
Chesa Futura
Crans-Montana
Zermatt
Neue Monte-Rosa-Hütte
Dreampeak

Dreampeak, Zermatt, Heinz Julen

Wird diese Simulation Realität, reckt sich in den Alpen ein Viertausender mehr himmelwärts. Das 3883 Meter hohe Klein Matterhorn soll per Gipfelprothese künstlich über die magische Marke gehievt werden. Ein Projekt, das ähnlich aufwendig anmutet wie eine Raumstation

ten weitere Millionen in neues Mobiliar und erkannten bald, dass es für eine grundlegende, originalgetreue Sanierung weit mehr brauchte. „Aber die noch benötigten 20 Millionen", grimmt App, „wollte uns keine Bank finanzieren." So entstand mit den Architekten Herzog & de Meuron die Idee eines Erweiterungsbaus, der als immobile Geldmaschine die Finanzmittel für eine Rettung der Schatzalp abwerfen soll. Hoch oben über Davos, da waren sich alle einig, dürfen aber weder protzige Villen, wie in St. Moritz, noch ausufernde Ferienhaussiedlungen Platz haben. Ein kompakter Baukörper schwebte den Machern vor, der möglichst wenig Raum und Energie verbrauchen und gleichzeitig möglichst viel Geräumigkeit und Aussicht bieten müsste. Mit 105 Meter Höhe würde der „Zauberturm" exakt der Länge des bestehenden Hotels entsprechen und vom Tal aus, so Architekt de Meuron, „wie einer der letzten Bäume an der Baumgrenze wirken".

FÜR VIELE DAVOSER markiert das Projekt aber eine andere Grenze: die des Zumutbaren. Eine Volksabstimmung entschieden App und Schmid mit 52 Prozent Ja-Stimmen nur denkbar knapp und unter strengen Auflagen für sich. Derzeit führt Pius App Gespräche mit Investoren, „jeden Tag ruft hier einer an". Wenn alles gut geht, werden 2011 die ersten Hotelgäste im Turm zu Davos einchecken.

Für Thomas Bieger gibt es zu den Aufsehen erregenden Projekten keine Alternative. „Die Urlaubsangebote werden immer ähnlicher; um sich abheben zu können, braucht es spektakuläre Wahrzeichen", meint Bieger, der an der Universität St. Gallen Betriebswirtschaft mit Schwerpunkt Tourismus lehrt. In China, Bulgarien und Rumänien entstünden derzeit

— Schatzalp, Davos, Herzog & de Meuron
— Turmbau zu Davos: Wo Thomas Mann zu seinem Roman »Der
— Zauberberg« inspiriert wurde, soll bald das höchste Wohngebäude der Alpen stehen. 105 Meter hoch, rund 100 Millionen
— Franken teuer. Wie »einer der letzten Bäume an der Baumgrenze« wird es aussehen – wenn die Architekten recht behalten

sitze die „warmen" in den längst nicht mehr ausgebuchten Hotels. Im einstigen Nobelkurort Davos beispielsweise sind die Übernachtungszahlen auf den Stand der ausgehenden 1960er Jahre gesunken.

Die Andermatter hingegen wären schon froh, wenn sie nur die Davoser Probleme hätten. Am Fuße des Gotthards, wo früher die Armee übte, drohen heute Arbeitslosigkeit, Abwanderung und Schulden. Die meisten der 1300 Bürger haben den ägyptischen Geschäftsmann Samih Sawiris, der bis Ende 2010 sechs Luxushotels, 50 Privatvillen und einen 18-Loch-Golfplatz ins Urserental setzen will, denn auch wie einen Erlöser willkommen geheißen. Vom Bundesrat wurde der Geldgeber eigens von der sogenannten Bewilligungspflicht befreit, die ansonsten für ausländische Grundstückskäufer obligatorisch ist. Begründung: „staatspolitisches Interesse".

VORBEI SIND DIE ZEITEN, in denen Schweiz-Kenner wie Formel-1-Chef Bernie Ecclestone witzelten, die Alpenrepublik sei ein wundervolles Land, nur wüssten das die wenigsten, denn die Verkehrsbüros arbeiteten hier „ein wenig wie Geheimdienste". Heute planen die Bürgermeister und Tourismusdirektoren

AUS BERGEN, BETON UND BOMBAST
SOLLEN NEUE IKONEN ENTSTEHEN

neue Skigebiete, British Columbia sei ebenfalls im Kommen, und Biegers eigenes Institut evaluiert gerade die Chancen für ein Skigebiet in Indien. „Wir leben in einer Aufmerksamkeitsökonomie, wer überdauern will, muss das Interesse auf sich ziehen", meint Thomas Bieger schulterzuckend. Und ergänzt: „Selbst Top-Destinationen wie Zermatt, Interlaken oder das Engadin treten gegen immer stärkere Konkurrenz an." Die erfolgsverwöhnten alpinen Urlaubsorte, folgert der Tourismusexperte, müssen sich also kontinuierlich erneuern, um attraktiv zu bleiben.

Besonders schwer dürfte das jenen Gemeinden fallen, die weder über große Namen noch bedeutsame Sehenswürdigkeiten verfügen. Allein in den Jahren von 2003 bis 2007 sind die Einnahmen der Liftbetriebe um 17 Prozent gesunken. Das kleine Walliser Skigebiet Erner Galen verschleuderte sich aus purer Verzweiflung gar für den Kaufpreis von einem Franken selbst – dafür musste der Neubesitzer, ein britischer Geschäftsmann, die angeschlagene Gesellschaft inklusive zwölf Mitarbeitern, vier Liften, zwei Pistenraupen und einer Schneekanone übernehmen. Vielerorts ersetzen die „kalten Betten" der luxuriösen Ferienwohnungen und Zweitwohn-

ihre Dorferneuerung nach der Logik von Marketingexperten und mit der kühlen Präzision von Unternehmensberatern.

Wie sich ein traditionelles Ausflugsziel spektakulär aufwerten lässt, führt Tourismusplaner Bieger selbst gerade am Jungfraujoch vor. Der St. Gallener Professor, auch Präsident des Verwaltungsrates der örtlichen Jungfraubahn Holding AG, möchte dort baldmöglichst das weltweit längste Tunnel-Liftsystem in den Felsen bohren lassen. Mit einem „supermodernen, innermontanen" Schnelllift ließe sich die bislang zwei Stunden dauernde Zahnradbahnfahrt zum Joch auf 20 Minuten verkürzen. „Sechs von zehn Gästen auf dem Joch sind Asiaten", erklärt Bieger. „Und für jemanden, der ,Europe in five days' macht, ist eine stundenlange Bahnfahrt sehr lang."

Und so gewinnt das Gerangel um Besucher und Budgets in den Bergen stetig an Vehemenz. Einen „regelrechten Verdrängungskampf" hat Hans-Kasper Schwarzenbach, Tourismusdirektor in Arosa, ausgemacht. Wer mithalten will, bucht sich in eine Art Teufelskreis ein. Um Bau- und Personalkosten der gigantischen Projekte wieder hereinzuholen, wird eine hohe Auslastung benötigt, die sich wiederum nur mit teuren Attraktionen und immer neuen Angeboten erreichen lässt. →

COPYRIGHT HERZOG & DE MEURON

Neue Monte-Rosa-Hütte, Zermatt, ETH

Studentenentwurf vor Praxistest: Ihren »Bergkristall« wollen die Forscher der Eidgenössischen Technischen Hochschule Zürich ab Sommer 2009 schimmern sehen. Mit Platz für 120 Wanderer soll die fast energieautarke Alu-Herberge unweit der alten Monte-Rosa-Hütte Wirklichkeit werden

Naturschützer fürchten deshalb, dass mit den aktuellen Projekten nur die erste Runde eines „Wettrüstens in den Alpen" eingeläutet werde.

IN DIESEM WETTKAMPF ist Christen Baumann einer der angriffslustigsten Akteure. „Schauen Sie nur ins russische Sotschi", sagt der Chef der Zermatt Bergbahnen AG, „da entsteht gerade in unberührter Natur ein riesiges Skigebiet! Und das ist nur ein Beispiel von vielen." In seinem Büro, gleich neben der Talstation der Klein-Matterhorn-Bahn, blättert Baumann reihenweise Broschüren und Zeitungsartikel auf den Tisch. Sie zeigen touristische Hingucker wie den „Skywalk" über dem Grand Canyon, die Aussichtsplattform „5 Fingers" am Krippenstein und den Felssteg am Tiefenbachgletscher in Sölden, auf dem Besucher spazieren, als würden sie frei über dem Tal schweben. Für Baumann der Beweis, dass die Konkurrenz global aufrüstet – und Zermatt mit einer „unique selling proposition", einem Alleinstellungsmerkmal, nachziehen müsse.

Zwar ist seine ZBAG, wie der Geschäftsführer einräumt, ein rundum gesundes Unternehmen. Ihre 32 Bahnen und Skilifte haben in 2006/2007 rund 65 Millionen Franken Umsatz eingefahren und einen Gewinn von mehr als 4,5 Millionen Franken beschert. Und als eines der höchstgelegenen Skigebiete der Alpen ist für das „matterhorn glacier paradise" selbst der Klimawandel keine Katastrophe. Wenn aber, mahnt Baumann, Zermatt eines Tages den heißen Atem des internationalen Wettbewerbs im Nacken spüre, wäre es für Gegenmaßnahmen längst zu spät. „Das Matterhorn allein reicht heute nicht mehr", ist der oberste Bergbahner überzeugt, „auch ein Ort wie Zermatt braucht immer wieder neue Ikonen."

Eine solche Ikone will die ZBAG mehr als 2200 Meter oberhalb von Baumanns Büro auf den Berg setzen. Noch ist nicht einmal der Bauantrag eingereicht, aber das Projekt liefert dem Bergbahnchef schon jetzt einen angenehmen Vorgeschmack auf die enorme Wucht, die es entfalten kann.

Tschuggen Bergoase, Arosa, Mario Botta

In der Sauna war der Stararchitekt selbst noch nie, sein Meisterwerk aber geriet zur imposantesten – und teuersten – Wellness-Adresse der Schweiz. Anderthalb Jahre nach Eröffnung sind die dreieckigen, knapp vier Tonnen schweren Glassegel längst zum Markenzeichen Arosas geworden

Schauplatz von Baumanns Höhenflügen ist das Klein Matterhorn, ein 3883 Meter hoher Gipfel, vis à vis von Zermatts altem Wahrzeichen, dem Matterhorn, gelegen. Der Weg zu diesem kleinen Bruder führt über 45 Minuten Bergbahnfahrt und rund 2200 Höhenmeter, es ruckelt, es knackt in den Ohren, während die Gondel über Schneefelder, rostrote Felsgrate und eisblaue Gletscherspalten schwebt. Auf der Aussichtsplattform ist es zugig und kalt, die provisorische Toilettenanlage stinkt, die „Snack Bar", in der Kaffee in Pappbechern ausgeschenkt wird, erinnert an die Essensausgabe eines Zeltlagers. Doch das Panorama entschädigt für alles. Von diesem Punkt aus, gleich neben dem hölzernen Gipfelkreuz-Jesus mit den vereisten Unterarmen, reicht der Blick über 38 Viertausender bis weit nach Frankreich, Italien und das Berner Oberland; in der Ferne leuchten schneeweiß Gran Paradiso und Montblanc.

MEHR ALS EINE HALBE MILLION JAPANER, Russen, Deutsche, Niederländer und andere Neugierige werden von Baumanns Bahnen per anno zu diesem Höhepunkt chauffiert, und es werden jährlich mehr. Eigentlich wollte die ZBAG lediglich ein neues Restaurant mit moderner Toilettenanlage installieren. Der Künstler und Architekt Heinz Julen aber, der den Architekturwettbewerb der Bergbahnen für sich entschied, entwickelte einen buchstäblich weiterführenden Plan. Julen – 44, schwarze Hornbrille, Zopf, Dreitagebart – ist ein gebürtiger Zermatter und extrovertierter Visionär, der für ebenso geniale wie grandios gefloppte Projekte steht. Sein Entwurf für das Klein Matterhorn birgt Potenzial für beides.

Wie wäre es, fragte sich Julen nämlich, wenn man auf der Bergkuppe etwas Wertigeres, Dauerhafteres, Mutigeres schüfe als die übliche Touristen-Abfüllanlage mit angeschlossenem Abort? Julen war aufgefallen, dass eine Gipfelflanke des Klein Matterhorn nahezu senkrecht abfällt – ideal, um dort eine Strebe mit gläserner Liftanlage anzubringen, die Besucher sowohl nach unten Richtung Gletscher als auch in bislang unerreichte Höhen transportieren könnte. Aber wie hoch? „4000 Meter ist eine magische Marke, die nur Bergsteigern vorbehalten ist", erklärt Julen. „Mit einer Aussichtsplattform auf 4000 Metern könnten wir dieses Erlebnis auch Nicht-Alpinis-

Chesa Futura, St. Moritz, Lord Norman Foster

Mit vielen Namen schon wurde Fosters holzgeschindeltes Apartmenthaus geschmückt: Champagnerblase, Ei des Kolumbus, Wohn-Kürbis oder gar Jumbo-Erdnuss. Seit 2004 von seinen vermögenden Besitzern bewohnt, ist es aber vor allem eines: rustikal und mondän zugleich

ten, Älteren und Behinderten ermöglichen." Dem Zermatter Visionär schwebt ein übergroßes Dreibein aus Cortenstahl vor, mit Plattformen, Restaurant und einem großzügigen Erlebnisraum samt Übernachtungsmöglichkeit. Auf ersten Skizzen für den „Dreampeak", wie Julen sein Projekt taufte, ist eine großzügige Lobby mit Feuerstelle und Fellen zu sehen, über der Schlafboxen unterm Dreibeinhimmel schweben. „Virgin-Chef Richard Branson will die Menschen ins All bringen", schwärmt der Bauplaner, „Dreampeak wäre ein kleiner und weitaus ökologischerer Schritt in diese Richtung."

Vor allem aber wäre er ähnlich aufwendig wie eine Raumstation. Arbeiter und Architekten müssten dort oben Schneestürme und Temperaturen bis minus 30 Grad aushalten. Damit Übernachtungsgäste auf 4000 Meter Höhe ohne Kopfschmerzen und Übelkeit schlafen können, müsste in Julens Himmelskörper wie in einem Flugzeug Überdruck herrschen – jeder Besucher würde eine Druckausgleichsschleuse zu passieren haben. Immerhin: Mit einer eigenen Solar- und Kläranlage ließe sich der „Dreampeak" umweltneutral betreiben. Und zwei Investoren, die sein 30-Millionen-Franken-Projekt finanzieren würden, hat Julen nach eigenem Bekunden bereits gefunden.

Solche Unterstützung kann der Künstler derzeit gut brauchen, denn seit seine Pläne im Tal bekannt sind, fragen sich viele, ob den Bergbahnern die dünne Bergluft endgültig zu Kopf gestiegen sei. „Erschreckend und irritierend" nannte die Stiftung Landschaftsschutz das Vorhaben und warnte vor

einem „unsinnigen Turmwettkampf" in den Schweizer Alpen. Die Zermatt Bergbahnen AG, verschreckt durch den starken Gegenwind von Bürgern und Behörden, will sich jetzt auf den Bau von Liftanlage, Restaurant und Solaranlage konzentrieren. „Größenwahn" gehört noch zu den freundlicheren Attributen, die sich Berg-Bauer Julen anhören musste.

Immerhin befindet er sich damit in bester Gesellschaft. „Die touristische Eroberung der Schweizer Alpen", erinnert Tourismusforscher Bieger, „ist immer eine Sache von Großprojekten gewesen." Was Besucher an diesen Alpen schätzten, sei ja gerade die menschengeformte Natur mit Almen, Rusticos und Bergdörfern – nicht die unberührte, wilde wie in den Rocky Mountains oder in Patagonien. Touristisch erschlossen wurde diese Welt vor rund 100 Jahren durch damals gewaltig erscheinende Unternehmungen wie die Jungfraubahn, die Vitznau-Rigi-Bergbahn von 1871 oder das Luxussanatorium Schatzalp. Attraktionen, die heute so selbstverständlich zur Schweiz gehören wie Eiger und Matterhorn – und in ihrer Zeit mindestens so vermessen wirkten wie die Gipfelstürmer unserer Tage. ■

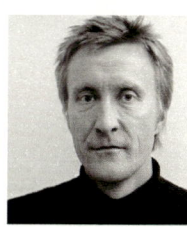

Harald Willenbrock, 40, kennt sich mit spektakulären Projekten aus. Für GEO Special hat der Architekturspezialist bereits aus dem bauverrückten Dubai berichtet. Seine Rückmeldung ist stets gleich: „Zu spannend, was da passiert! Weshalb ich mal wieder die Textlängenvorgabe überschritten habe."

In der Liga Lebensqualität gehören
Schweizer Städte eindeutig zu den Titel-
kandidaten. Besonders Genf spielt
ganz oben mit. Stärken: Internationalität
und Grünanlagen. Der Jardin Anglais
verbindet beides

Klarer Fall von Heimvorteil

Anpfiff zur Meisterschaft der vier Schweizer EM-Städte!
Welche besitzt den attraktivsten Stil? Wo sind Teamgeist und
Lust am Genießen besonders groß? Für GEO-Special läuft Markus Wolff
zum Test-Spiel auf und prüft, was Basel, Bern, Genf und Zürich
zu bieten haben – in jeweils 90 Minuten. Vier schnelle Begegnungen

Größe: 91,9 km² Fläche, davon 42 km² Grünfläche
Höhe: 408 m über NN
Sonnenstunden pro Jahr (2007): 1770
Regenmenge pro Jahr (2007): 1153 mm
Besonderheiten: Zürich nennt sich auch Downtown Switzerland. Der etwas großspurige Titel ist nicht ganz aus der Luft gegriffen, gilt doch die Limmatstadt als kulturelles und wirtschaftliches Zentrum der Schweiz, kosmopolitisch und kleinstädtisch zugleich
Fußgängergeschwindigkeit: 4,68 km/h
Einwohner: 376 815, davon im Jahr 2007 zugezogen 46 551
Ausländer: 115 379
Zufriedenheit: Die bei ihren Bewohnern beliebteste Stadt. 97 % wohnen hier gerne bis sehr gerne. Ganz klar: Die Lage am See ist der am häufigsten genannte Grund. Und spätestens nach einem Bad im Lettenkanal sind auch letzte urbane Stresssymptome getilgt
Von den 300 reichsten Schweizern leben hier: 63
Preis für einen Kaffee: 4,30 CHF
Autos pro 1000 Einwohner: 377
Übernachtungen: 2 582 876, ø für 141 CHF
Kulturfaktor: sehr hoch. Neben dem Opern-, Kunst- und Schauspielhaus, alle von internationalem Renommee, darf sich Zürich noch immer ohne drohenden Widerspruch der schweizweit vitalsten und kreativsten Nischenkultur rühmen: in Galerien, Bars, Theatern und vor allem Clubs
Umfeldfaktor: hoch. Allein schon wegen des Zürichsees; dazu bietet der bewaldete Üetliberg Panoramablick mit Alpenkulisse. Und zum Rheinfall, Europas größtem Wasserfall, ist's nur eine Autostunde

ZÜRICH

AUFTAKT BEIM TITELVERTEIDIGER, schließlich gilt Zürich seit Jahren weltweit als eine der Städte mit der höchsten Lebensqualität. Und schon in den ersten Minuten ist klar, dass dies keine unangenehme Partie werden wird. Das Spieltempo ist vorbildlich: Niemand trödelt, keiner hetzt, und es scheint, als würden die Einwohner nicht nur über eine abstrus hohe Anzahl von Uhrengeschäften verfügen, sondern auch über die entsprechende Zeit. Selbst die Straßenbahnen überfahren Fußgänger hier vermutlich eher gemächlich und ohne Warngeklingel.

Entspannt spaziere ich an den sandsteinfarbenen Fassaden entlang. Großartig erhaltene Gebäude sind es, gelitten haben über Jahrzehnte hinweg wohl nur die Mieter. Denn unter den 230 teuersten Einkaufsmeilen weltweit liegt die exklusive Bahnhofstrasse inzwischen auf dem 15. Platz. 540 CHF Miete müsste →

Zürich punktet – und das seit Jahren. Offiziell gilt die Stadt als Weltmeister in Lebensqualität. Sicherlich auch wegen der Traumkombination von Fraumünster (ganz links) und Grossmünster

Tagsüber ist die »Frauenbadi« am Limmat-ufer für Männer ein Strafraum. Abends öffnet die »Barfussbar«, deren Name – wie man sieht – wörtlich zu nehmen ist

ich hier im Monat zahlen – für einen Quadratmeter Ladenfläche. Vielleicht könnte ich mir den noch leisten, nur hätte ich dann kein Geld mehr für irgendwelche Waren.

Weiter zum Paradeplatz, früher Viehmarkt, heute bedeutender Sitz der Banken. Besonders auffällig, dass sich die Passanten fast ausnahmslos an einen vermutlich vom Ordnungsamt erlassenen Dresscode halten, der dunkelblaue Kostüme und Anzüge vorschreibt. Dasselbe Amt scheint sich auch um die übrigen, geradezu verstörend sauberen Straßen zu sorgen: kein Abfall zu sehen, keine Kothaufen. Das soll nicht heißen, dass Zürich tierfrei oder gar tierfeindlich ist. Da man um Lebensqualität für alle

gemeldeten Einwohner bemüht ist, gibt es für die 6300 registrierten Hunde „Hundeversäuberungsplätze", wo Geschäfte ganz diskret auf Zürcher Art erledigt werden können. Obendrein kenne ich keine andere Stadt, die einen Ansprechpartner für „Hinweise zur Glühwürmchen-Beobachtung" beschäftigt. Leider kann Herr Hose, Tel. 044/412 46 22, von mir an diesem Tag nicht profitieren.

Halbzeitpause auf einer Rasenfläche am See, wo ich in meinem eigenen 16-Meter-Raum zwischen Blumenrabatten und Ufer zu Boden gehe. Kurz frage ich mich, ob das Mustergültige dieser Stadt nicht auch anstrengend sein kann? Und fahre deshalb dorthin, wo man früher mit Sicherheit im Abseits stand: ins ehe-

malige Industriequartier Zürich-West. Klassische Arbeiterkultur ist allerdings auch hier längst Ateliers und vor allem Clubs gewichen, die angeblich mehr Fläche für Tanz- und Flirtwütige bereithalten als Paris und London zusammen. Zum Schluss noch in die Gegend um die Langstrasse. Aber selbst im Milieu geht es heute kultiviert und formal korrekt zu. So sieht der Wirt einer Eckkneipe mit seiner Schürze aus, als würde er in einem Fondue-Stübchen und nicht im Rotlichtviertel arbeiten, und wenige Meter weiter hängt ein Schild: „Wegen Knie-Renovation der Köchin sind von 14 bis 24 Uhr keine Speisen erhältlich."

FAZIT: Champion mit gewohnt solider Leistung. Niederlage unwahrscheinlich.

BASEL

EIN WENIGER LEICHTES SPIEL werde ich mit Basel haben. Schließlich heißt es von den Einwohnern der Kunst- und Fußballhochburg, dass sie einen eher defensiven Stil pflegen. Also mache ich den Freundlichkeitstest, frage mehrere Passanten nach dem Stadt-Casino, stoße dabei aber auf fast stürmische Auskunftsfreudigkeit. Weil ich mein Vorurteil zumindest mit einer halbwegs schnöseligen Antwort bestätigt wissen möchte, frage ich beharrlich weiter, bis mir ein Passant entgegenkommt, der mir zuvor schon den Weg gewiesen hat und mit einem verstörten Blick an meiner Auffassungsgabe zu zweifeln scheint. Erfolglos breche ich den Versuch ab.

Geballte Reserviertheit finde ich in der wichtigsten Messestadt des Landes lediglich auf der „Baselworld", wo mannequinähnliche Hostessen an Rolex- oder Patek-Philippe-Ständen die Besucher mit einem Blick taxieren, der sich auch zum Schockfrosten von Gemüse eignen würde. Ein Heer aus Sicherheitsbeamten bewacht diese Welt, in der so leise und diskret gesprochen wird, als handele es sich um eine Fachtagung für Waffenhändler und nicht um die weltgrößte Messe für Uhren und Schmuck.

Pause mit Weitblick im 31. Stock des Messeturms, dem mit 105 Meter höchsten bewohnten Gebäude der Schweiz. Gut lässt sich von hier aus sehen, vielmehr nicht sehen, was dieser Stadt zu mehr Lebensqualität fehlt: Denn Berge sind weit und breit nicht in Sicht, und statt blau leuchtender Seen ist da nur →

Größe: 22,8 km² Fläche, davon 2,48 km² Grünfläche
Höhe: 260 m über NN
Sonnenstunden pro Jahr: 1785
Regenmenge pro Jahr: 952 mm
Besonderheiten: Basel – einst ausschließlich Industriekapitale – hat sich zur Metropole der Messen und Museen gemausert; und die »Basler Fasnacht« wird nicht nur von Einheimischen als stimmungsvollste Fastnacht überhaupt bezeichnet
Fußgängergeschwindigkeit: 5,04 km/h
Einwohner: 187 713, davon zugezogen 12 692
Ausländer: 58 866
Zufriedenheit: 95 % leben gerne in der Stadt, die als Wirtschaftstandort mit dem schweizweit größten Wachstum gilt

Von den 300 reichsten Schweizern leben hier: 9
Preis für einen Kaffee: 5,20 CHF
Autos pro 1000 Einwohner: 348
Übernachtungen: 933 517, ø für 157 CHF
Kulturfaktor: mittel. Das Basler Großbürgertum, Daig genannt, hat die Stadt fest im Griff und hievt die Museen auf Weltniveau. Leider zieht sich der museale Charakter auch durch die fein hergerichteten Altstadtgassen. Freiraum für Kultur jenseits von Millionenbeträgen bleibt somit rar
Umfeldfaktor: mittel. Der Rhein, der mitten durch die Stadt einen Bogen schlägt, will nicht so recht als Naherholungsgebiet herhalten. Ausweichgebiete: Juraberge, Elsass und Schwarzwald. Alle in einer guten Autostunde zu erreichen

Ein Traumtor für Basel! Einst Teil einer gefürchteten Abwehrkette, der Stadtmauer, steht das Spalentor heute unter Denkmalschutz

Das Beste an Basel ist nicht die Zugverbindung nach Zürich, wie gegnerische Fans gerne schmähen. Lokalpatrioten setzen eher auf eine besondere Verbindung zum lieben Gott: ihr Münster

der Rhein, der an diesem Tag wie ein breiter Erdstreifen an den Gebäuden jener Chemie- und Pharma-Riesen vorbeizieht, die Basel wirtschaftlich stark gemacht haben. Aber etwas, erklärt mir ein Basler am Ausgang, spreche doch eindeutig für seine Stadt: die von der Burgundischen Pforte einströmende mediterrane Luft. Der verdanke Basel sein besonders mildes und sonniges Klima. Dann spannen wir beide unsere Schirme auf und gehen hinaus in den Regen.

Ich nehme eine der überpünktlichen Straßenbahnen, die bereits eintreffen, wenn sie laut Anzeige noch zwei Minuten entfernt sein müssten. Dazu passt, dass das Zentrum mit rotem Rathaus und Münster den Charakter einer Modellbau-Platte besitzt. Noch 35 Minuten. Was tun, was Basel voranbringen könnte? In eines der rund 40 Museen gehen? Oder in alle? Das würde nicht einmal ein frisch eingewechselter Kunstbesessener schaffen. Oder Architektur ansehen, für die Basel berühmt ist? Das SBB-Zentralstellwerk von Herzog & de Meuron? Oder das ebenfalls vom bekanntesten Schweizer Architekten-Duo entworfene Fußballstadion?

Ich entscheide mich dafür, lieber den Ort anzusehen, an dem diese Bauwerke ihren Ursprung fanden – Herzog & de Meurons Büro. Dieses liegt direkt am Rhein hinter einer eher unspektakulären Glasfront, an die ein junger Mann gerade einen dekorativen Scherenschnitt hängt. Vielleicht ist es aber auch der Entwurf für ein neues UNO-Gebäude. Weiter komme ich allerdings nicht. Klassisches Stürmerschicksal – das Tor ist wie vernagelt. Also spaziere ich noch am Fluss entlang und verpasse am Ende meinen Zug. Das war vorherzusehen. Schon bei der Ankunft war mir aufgefallen, dass ich meine Uhr verlegt hatte. Oder, wie man in dieser Stadt vermutlich sagt, verbaselt.

FAZIT: Team mit Potenzial. Für Spitzenplatz bessere Chancenauswertung nötig. →

Größe: 158,6 km² Fläche, davon 31 km² Grünfläche

Höhe: 375 m über NN

Sonnenstunden pro Jahr: 2077

Regenmenge pro Jahr: 1127 mm

Besonderheiten: Die Fontäne Jet d'Eau schießt das Wasser des Genfersees in den Himmel über der Stadt der – wortwörtlich – vereinten Nationen: Menschen aus über 180 Staaten leben und arbeiten hier. Vor allem bei der UN und anderen internationalen Organisationen. Multikultureller wird's nicht mehr

Fußgängergeschwindigkeit: 5,22 km/h

Einwohner: 185 855

Ausländer: 82 530

Zufriedenheit: Bei der Lebensqualität kann weltweit kaum eine Stadt mit Genf konkurrieren. Gejammert wird auf hohem Niveau, meist über die Preise

Von den 300 reichsten Schweizern leben hier: 44

Preis für einen Kaffee: 4,80 CHF

Autos pro 1000 Einwohner: 390

Übernachtungen: 2 029 032, ø für 136 CHF

Kulturfaktor: hoch. Botanischer Garten und Stadttheater sind die Vorzeigeobjekte des Genfer Kulturlebens. Hinter diesen schmucken Fassaden ist, ungeachtet der zuletzt restriktiven Politik, noch immer eine umtriebige, alternative Theater- und Musikszene zu entdecken

Umfeldfaktor: hoch. Der Genfersee wirkt an gewissen Tagen wie das Meer; und von den 1100 Höhenmetern des nahen Gipfels Salève erblickt man gar den Montblanc

GENF

FÜR REISENDE UNTER ZEITDRUCK ist das französisch geprägte Genf ein Albtraum. Der Bus- und Bahnplan sieht aus wie eine Taktikskizze auf einem Trainerseminar, und so fahre ich eine Ewigkeit mit dem Finger wirre, farbige Linien nach. Kaum habe ich in einer Straßenbahn Platz genommen, stellen sich die Maßstäbe des Plans als völlig willkürlich heraus – denn Stationen, die eine halbe Tagesreise entfernt schienen, erreiche ich schon nach fünf Minuten. Nun könnte man dahinter die Eitelkeit der zweitgrößten Schweizer Stadt vermuten, die sich gerne als Metropole sähe, obwohl sie weit weniger Einwohner als Zürich hat. Beim Gang durch das Zentrum wird aber schnell deutlich, dass es unangemessen wäre, Genf der Hoch-→

Genf ist ein Gegner, der das Understatement liebt. Dabei bringt die – laut Eigen-
werbung – »kleinste Großstadt der Welt«
Erstaunliches zustande: 500 Liter Wasser
pro Sekunde auf 140 Meter zu befördern

Ein Fall für den Schiedsrichter: Der Berg Môle lässt sich nur mit starkem Teleobjektiv hinter die Genfer Kathedrale holen. Eigentlich spielt er für Frankreich

stapelei zu verdächtigen: Charmant, aber unspektakulär präsentieren sich die Bauten in den Einkaufsstraßen am See, und würde nicht hin und wieder ein Porsche oder ein Lamborghini wie auf der Flucht vor der Steuerfahndung über die Straßen hinauf zur Altstadt rasen, man wollte zunächst nicht glauben, dass dies die teuerste Stadt im teuren Lande ist.

Dabei scheint der offensichtlichste Reichtum zweifelsfrei der an Panoramen zu sein, der Blick auf den Genfersee und auf die Berge. Der Reichtum der Einwohner dagegen ist nur zu erahnen – in Vierteln mit versteckt liegenden Villen oder den Filialen exklusiver Designer, die sich nicht um Kundschaft

sorgen müssen. Schließlich soll Genf die Stadt sein, in der es mehr Millionäre als Arbeitslose gibt und mehr Privatflugzeuge als in London Heathrow. Es sei ein Ort, hat bereits Voltaire gesagt, der nichts anderes zu tun habe, als Geld zu verdienen. Aber unauffällig. Heute mit Rohöl, edlen Uhren und Finanzdienstleistungen. So groß ist auch durch die Mitarbeiter der internationalen Organisationen das Interesse an der Stadt geworden, dass in den kommenden zehn Jahren 50000 neue Wohnungen entstehen sollen.

Für den Kurzurlauber wird Genf seinem exklusiven Ruf vor allem in den Restaurants und insbesondere in dem unscheinbaren Café gerecht, in das ich

mich nach der Führung durch das Museum des Internationalen Roten Kreuzes setze (auf einen Besuch des gegenüberliegenden Sitzes der Vereinten Nationen verzichte ich, nachdem sich die Großdemonstration am Eingang als Warteschlange entpuppt). Zunächst gebe ich meinem brüchigen Französisch die Schuld, dass ich den Betrag für Croissant plus Kaffee nicht verstehen kann. Als mir der Kellner schließlich den Bon vorlegt, zahle ich den Preis eines Kleinwagens und lasse in einem Anflug von Genfer Weltläufigkeit den Gegenwert eines Reserverades als Trinkgeld zurück.

FAZIT: Millionenteam mit eleganten Kombinationen. Zum Sieg fehlt Drang nach vorn.

BERN

SCHON VOR BEGINN IST KLAR: Diese letzte und alles entscheidende Begegnung könnte in die Verlängerung gehen. Denn Bern, sagte mir ein Kollege, sei das Berlin der Schweiz – und in Deutschlands Hauptstadt brauche ich schon 90 Minuten, um im Bahnhof den Ausgang zu finden. Das schaffe ich im eher übersichtlichen Bern dagegen in knapp 60 Sekunden. Kurz darauf stehe ich schon zwischen den Renaissance-Bauten der UNESCO-geschützten Altstadt, über die Berlin meines Wissens ebenso wenig verfügt wie über ein ungefähr sechs Kilometer langes Netz aus Arkaden. Unter diesem kann der Berner auch bei schlimmstem Sturm so entspannt schlendern wie an einem lauen Frühlingstag. Und genau in dieser grundsätzlichen Bummelfreudigkeit besteht das größte Problem eines eiligen Reisenden und der Hauptunterschied zwischen Ber-

nern und Berlinern. Denn im Vergleich zum Hauptstadtdeutschen, der sich – wie die Universität Hertfordshire gemessen hat – mit geradezu laufstarken 5,89 Stundenkilometern fortbewegt, steuert der Bundesstadtschweizer sein Ziel (sofern er dieses besitzt) mit nur 3,79 Stunden-

kilometern an – weltweit können ihm bei diesem Tempo allenfalls die Bürger aus Bahrain und Malawi im Weg stehen.

Umgerechnet bewegt sich ein Berner mit 1,05 Metern pro Sekunde durchs Leben, was noch unter der verbindlichen Norm liegt, die der Schweizer Verband →

Größe: 51,6 km², davon 10,3 km² Grünfläche
Höhe: 542 m über NN
Sonnenstunden pro Jahr: 1941
Regenmenge pro Jahr: 1291 mm
Besonderheiten: Im Bärengraben streunen Pyrenäen-Braunbären, die ab Oktober 2009 mehr Lebensqualität bekommen: ein neues Gehege; und selbst der einst öde Platz vor dem Bundeshaus, dem Sitz der Schweizer Regierung, ist zum Publikumsmagneten geworden: dank eines Wasserspiels
Fußgängergeschwindigkeit: 3,79 km/h
Einwohner: 128 561, davon zugezogen 11 826
Ausländer: 27 391
Zufriedenheit: 94,4 % sind zufrieden bis sehr zufrieden mit ihrem Wohnort. Am besten gefällt, dass die Stadt übersichtlich ist

Von den 300 reichsten Schweizern leben hier: 19
Preis für einen Kaffee: 4,30 CHF
Autos pro 1000 Einwohner: 447
Übernachtungen: 665 854, ø für 117 CHF
Kulturfaktor: hoch. Nach außen hin eher unscheinbar, zeigt sich im Kleinen die Vielfalt der Kapitale. Vor allem die Musikszene hat durchaus Hauptstadtniveau. Ikone Polo Hofer sowie die national erfolgreichen Bands Züri West und Patent Ochsner starteten in den Kellerclubs der Berner Altstadt ihre Karrieren und sind noch heute dort anzutreffen, mittlerweile allerdings als Gäste
Umfeldfaktor: hoch. Schon die Aare-Schleife, ein natürliches Erlebnisbad, ist ein Treffer. Und das bestens zu erreichende Berner Oberland gilt nicht nur wegen des Jungfraujoch-Panoramablicks als Hochgenuss

Kämpferqualitäten hat Bern mehrfach bewiesen. Auch nach dem Brand von 1405. Damals wurde die Stadt welterbewürdig neu erbaut

Durch die Blüte gesagt: »Bärnfans«
haben die schönste Liebeserklärung
für ihre überschaubare Stadt. Sie
leben gerne in Bern, »weil man hier nicht
schneller spricht, als man denkt«

der Straßen- und Verkehrsfachleute
beim Einrichten von Fußgängerampeln
voraussetzt. Glücklicherweise ist die
Altstadt fast autofrei. Einerseits überrascht diese Langsamkeit natürlich, zumal Bern zwar nur 128 561 Einwohner,
aber 146 500 Arbeitsplätze besitzt und so
zumindest die Menschen mit Doppelbe-
lastungen ein anderes Tempo vorlegen
müssten. Andererseits hat der Berner
guten Grund, sich Zeit zu lassen. Denn es
bedarf Muße für die historische Kulisse
seiner Stadt, die als eines der großartigsten Beispiele mittelalterlichen Städte-
baus gilt und bis in die Neuzeit Genies
inspirierte. In der Kramgasse 49 beispielsweise entwickelte Albert Einstein
die Relativitätstheorie. An selber Adresse habe ich dagegen den begrenzt genialen Einfall, im Restaurant schräg
gegenüber ein vermutlich ebenfalls unter UNESCO-Schutz stehendes Schnitzel
zu essen. Das kostet mich ein Vermögen
und 30 Minuten obendrein.

Ich muss mich daher beeilen, und natürlich kann man selbst in der Bundes-
stadt ein wenig das Tempo anziehen. Mit
einem Fahrrad zum Beispiel, das sogar
Politiker gerne für den Weg zur Haus-
haltsdebatte nutzen, oder mit den vor-
wiegend erdgasbetriebenen Bussen. Mit
diesen fahre ich unermüdlich die Straßen rauf und runter und vollbringe so
mein persönliches Wunder von Bern: In
regulärer Spielzeit besuche ich das Bundeshaus (im Vergleich zum Berliner
Reichstag mit grün oxidiertem Dach
statt Glaskuppel) und die Wappentiere
im berühmten Bärengraben (Braun- statt
Eisbären). In einer zum Kulturzentrum
umgewandelten Schule höre ich sogar
noch Teile eines Vortrags von Rodolphe
Luscher – dem Architekten, der vor wenigen Jahren der Berner Lebensqualität
mit dem teuersten Gebäude der Schweiz
einen kräftigen Schub verpasste. Rund
350 Millionen Franken hat das „Stade de →

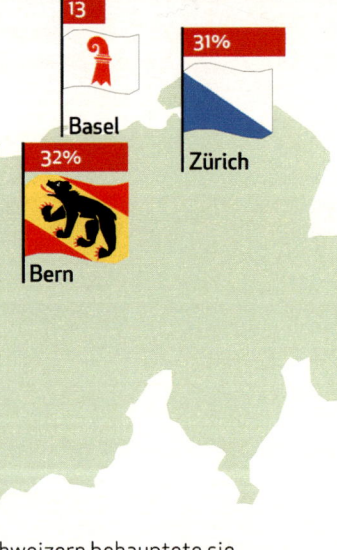

Ein Schwergewicht auf dem Platz ist das Bundeshaus. Es ziert die Stadt, weil Bern 1848 den wichtigsten Sieg für sich verbuchen konnte – und Bundessitz wurde

Suisse" gekostet, das nicht nur ein Fußballstadion sein soll. „Es ist eher eine Mehrzweckhalle mit schönem Innenhof", kokettiert Luscher in leichtem Singsang und blickt auf die an eine Wand projizierte Rasenfläche, auf der auch problemlos Megastars wie Robbie Williams spielen können. So begeistert waren die Berner von diesem Großprojekt, dass sie schon vorab aus über 4000 handbemalten Zementsteinen die größte Grundsteinmauer der Welt bauten. Dem deutschen Hauptstädter, der bekanntlich eher ein gespaltenes Verhältnis zu Mauern hat und diese lieber abreißt, wäre das vermutlich nie in den Sinn gekommen.

Wieder zu Hause, werde ich meinen Kollegen fragen, ob er überhaupt schon mal in Berlin gewesen ist. Oder in Bern.

FAZIT: Überraschend starke Leistung des Underdog! Chance zum Kantersieg! ∎

Markus Wolff, 37, ist großer Fußballfan. Dass während seiner Reise in einem Schweizer Stadion der Elfmeterpunkt gestohlen wurde ... Nein, er war's nicht!

Das Wunder von Bern

Welche der folgenden Städte bietet die größte Lebensqualität?
Diese Frage hat GEO Special 1100 Schweizerinnen und Schweizern gestellt – mit verblüffendem Ergebnis: 32 Prozent der Befragten verhalfen Bern zum furiosen Sieg. Der Bundessitz bekommt damit einen Sympathiepunkt mehr als das in solcherlei Umfragen stets erfolgsverwöhnte Zürich. Allerdings stehen die Chancen der Limmatstadt für ein mögliches Rückspiel gut: Bei den jungen Schweizern behauptete sie ihre Spitzenposition – und zwar deutlich: 41 Prozent der 15- bis 29-Jährigen erwiesen sich als Zürich-Fans. Nur 28 Prozent waren für Bern. Die Partie bleibt also spannend.

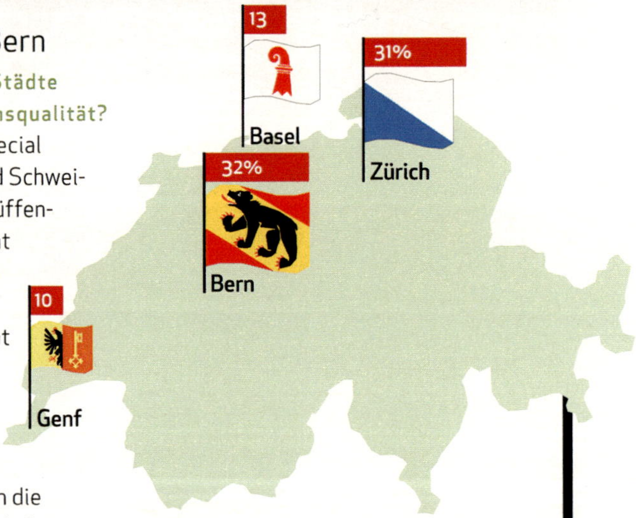

13
Basel

31%
Zürich

32%
Bern

10
Genf

>>> Die besten Hotels, Restaurants und Clubs in Basel, Bern, Genf und Zürich? Im Serviceteil ab Seite 132

MÖVENPICK®
SCHÄTZE DER WELT

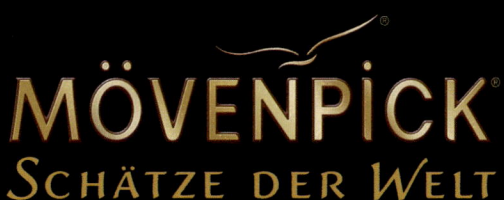

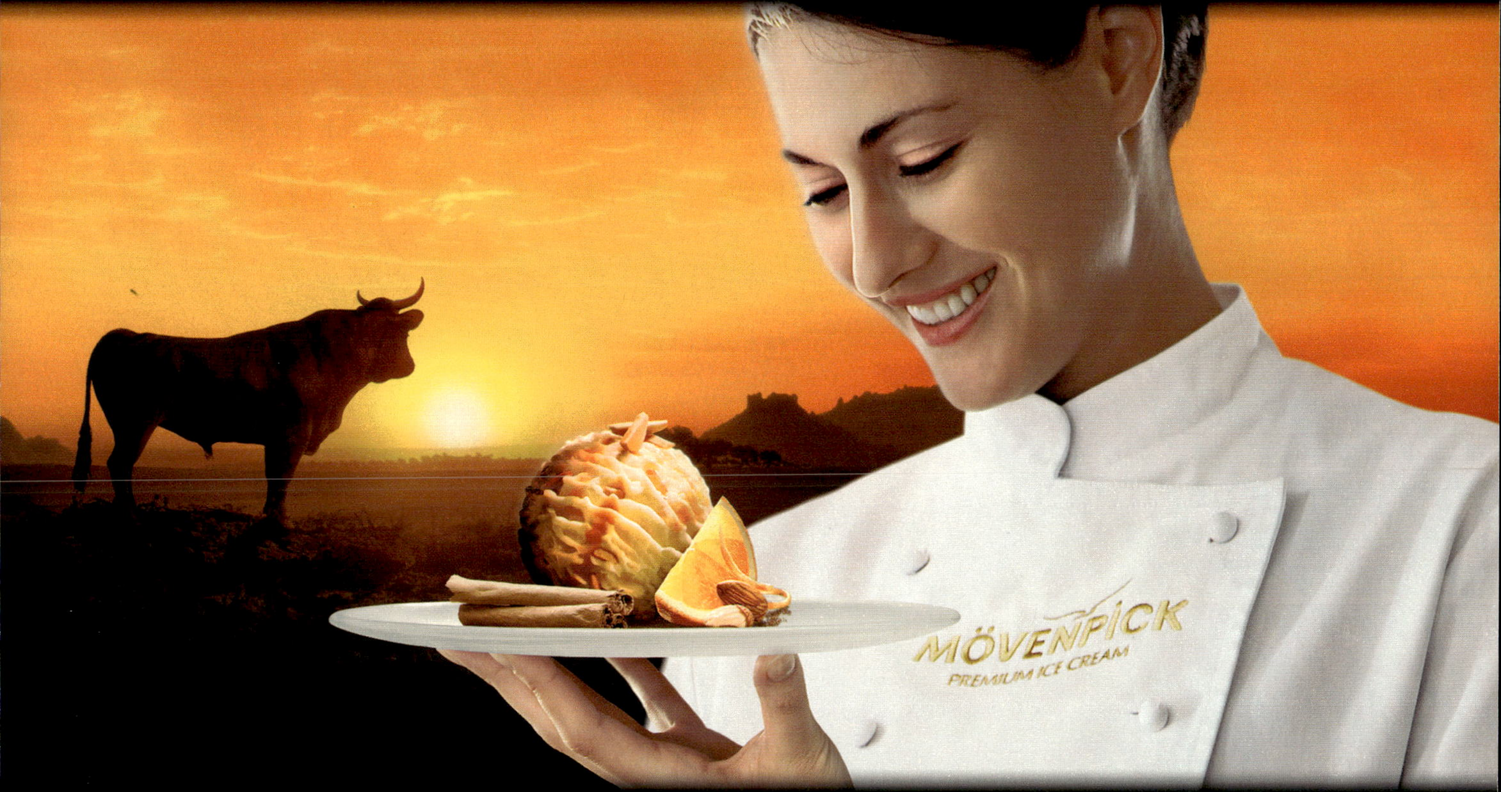

Eine Genussreise für die Sinne:
Almendras estilo Andaluz.

Eine Eiskreation, inspiriert von der verführerischen Küche Andalusiens. Cremiger Mandel-Joghurt-Eisgenuss mit knackigen Mandelstückchen und fruchtigem Orangen-Cocktail, abgerundet mit feinem Zimt. Gehen Sie auf eine Genussreise mit unseren zartschmelzenden Kostbarkeiten. Wo Sie unsere Schätze der Welt finden, erfahren Sie im Internet unter: www.moevenpick-eis.de

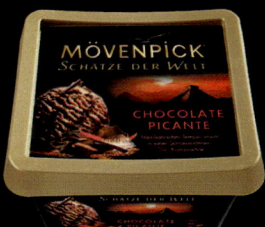

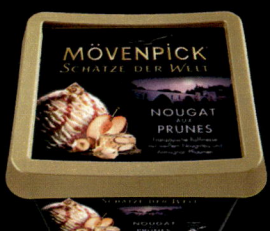

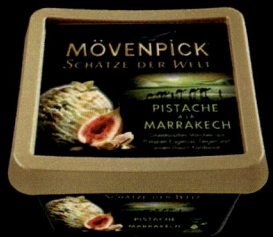

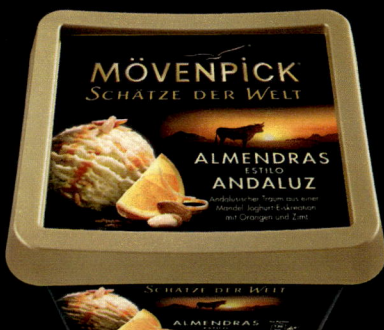

Mit Aufziehuhren auf
Augenhöhe: Museumsleiter
Ludwig Oechslin ist auch
Tüftler – an seinen rund
4000 Stücken schätzt er
vor allem das »Tick und
Tack«, wie er sagt

DIE UHR-SCHWEIZER

Seit vier Jahren verbuchen die Uhrenfirmen wieder Rekordgewinne. Und das mit mechanischen Chronometern. Eigentlich eine Sensation, denn schließlich kosten die meist ein Vermögen und erreichen nicht die Ganggenauigkeit billiger Quarzuhren. Aber die Liebe zum Besonderen wird auch diese Herausforderung überleben – solange es Menschen gibt, die mit Leidenschaft zu Werke gehen

FOTOS ¬ **PHILIPP ROHNER** TEXT ¬ **GUDRUN SACHSE**

Ludwig Oechslin, *56, Philosoph und Leiter des internationalen Uhrenmuseums in La Chaux-de-Fonds*

NICHT DIE ZEIT SETZT MICH UNTER DRUCK, sondern die Verpflichtung, mit Ihnen verabredet zu sein. Selbstverständlich nehme ich mir Zeit für Sie, obwohl diese nicht existiert. Zeit entsteht durch unser Erinnerungsvermögen. Denn sie misst Ereignisreihen, das Nacheinander unserer Erlebnisse, und wird erst real, indem wir über diese sprechen. Als ich 2002 aus Luzern nach La Chaux-de-Fonds in die Westschweiz zog, waren die Bewohner hier noch etwas bedachter, nicht so gestresst wie in der Innerschweiz. Ich war froh, in Ruhe arbeiten zu können. Ja, auch an meiner Armbanduhr, einer Eigenkreation. Ich wollte für das Musée International d'Horlogerie eine Uhr schaffen, die ein neuer Referenzwert für unser Metier ist. Ihr Jahreskalender besteht aus nur neun Teilen und zeigt auf einer Linie Wochentag, Monat und Datum an. Die Sekundenrückstellung können sie gleichzeitig als Chronographen benutzen. Hier, legen

Sie sie mal an. Schwer? Ist aus Titan. Zu groß für ein Damenhandgelenk? Aber nein, die wirkt bei Ihnen viel besser als bei mir … Sieben Monate saß ich daran. Wenn ich keine Uhr trage, schaue ich übrigens nie auf die Uhr. Auch auf keine der über 4000 Uhren in diesem Museum. Sie zeigen mir ohnehin nie die Zeit an, die ich haben möchte, etwa, um meinem Schreibtisch Herr zu werden.

Dieses Museum ist das größte Uhrenmuseum weltweit und hat die bedeutendste Sammlung zur Uhrengeschichte. Mein Schnäppchen war eine Weltzeituhr von Zacharias Landeck, um 1705, die nur von einem historischen Stich bekannt war. Ich habe sie für 20 000 Franken ersteigert. Es ist aber nicht so, dass ich darob juchzen würde. Meine größte Freude ist, selbst etwas zu ertüfteln. Ich beschäftige mich eigentlich mehr mit der Technik und selten mit Ereignissen. Nur mein nächstes Ereignis darf ich nicht verpassen: Es ist kurz vor zwölf, die Familie wartet, ich muss zu Hause kochen."

Brüder in Haltung und Geist:
James Christie gründete im
18. Jahrhundert in London sein
Auktionshaus; Aurel Bacs
spürt für Christie's seltene
Uhren auf und versteigert sie:
»Ein Abschied, jedes Mal«

Aurel Bacs, *35, Auktionator und Uhrenexperte bei Christie's in Genf*

VIER MINUTEN, VERZEIHEN SIE MEINE VERSPÄTUNG, ist Pünktlichkeit doch eine Frage des Anstands. Ich möchte von meiner Umwelt als solide, ehrlich und verlässlich eingestuft werden. In unserer schnelllebigen Welt ist das wichtig. Meine Kunden? Das sind Menschen, die über genügend Kenntnis und Geld verfügen, um sechs- bis siebenstellige Beträge für ihre Leidenschaft auszugeben. Aber jeder kann zum Sammler werden, gute Uhren gibt es ab 1000 Franken.

Der Markt zieht seit zehn Jahren an, nie wurde mehr gesammelt. Natürlich kenne ich einige Kunden, die viel Geld durch ihre Uhrensammlungen verdient haben, aber nichts ist garantiert, Uhren zahlen keine Dividende, der Lohn ist die Freude an einem schönen Objekt. Ich sehe mich als Schatzgräber, einem Forscher ähnlich, der im Dschungel nach unentdeckten Froscharten sucht. Eine Uhr zu finden, die als verloren galt, ist unbeschreiblich. Ich muss diese Uhr nicht besitzen, ich muss sie studieren, erforschen, drei oder vier Monate mit ihr zusammen sein, bis ich sie bei einer Auktion in Genf, New York oder Hongkong zu einem Höchstpreis versteigern kann. Was ich genau mache? Ich besitze den Instinkt, das Potenzial eines Stücks zu erkennen; etwa eine Uhr für 1,5 Millionen US-Dollar anzubieten, die ein Kollege auf 500 000 Dollar schätzt. Ich vergrabe mich in Archiven, um die Geschichte einer Uhr bis zum kleinsten Haarriss zu verfolgen. Dafür brauche ich Zeit. Sie ist das, was mir heute am meisten fehlt, nicht Spannung, Herausforderung, sondern Zeit.

Meine Uhr? Eine Patek Philippe in Stahl. Sie können sich nicht vorstellen, wie viele Kunden fragen: ,Monsieur Bacs, was tragen Sie eigentlich für eine Uhr?' Und das, bevor sie mich grüßen! Die Antwort lautet: eine Aquanaut mit Kautschukarmband, man weiß ja nie – falls ich mal mit einem Flugzeug notwassern muss… Glauben Sie mir, es ist eine Qual, den anständigen Mittelweg zu finden, auch weil für einen Uhrenexperten das richtige Modell eine Frage der Glaubwürdigkeit ist. Auf einer einsamen Insel könnte ich ein anderer sein, dort würde ich vermutlich gar keine Uhr tragen."

Sandrine Benz, *24, Uhrmacherin bei Ulysse Nardin in La Chaux-de-Fonds*

TICK, TICK, TICK, UNUNTERBROCHEN DIESES TICK. Sandrine Benz blickt zu ihrem Kollegen, der seit Stunden Ermüdungstests durchführt: Wie lange dauert es, bis die Feder im Kaliber schlaff wird und der Drücker nicht mehr funktioniert? Tausendmal Tick – wenn die Feder das aushält, ist sie alltagstauglich. Benz wird es nach 400 Ticks zu blöd, sie steckt sich die Kopfhörer ihres iPods in die Ohren, und „Mattafix" hämmern los. Routiniert schiebt sich Benz ihr Okular vors rechte Auge, rollt kleine Gummifingerkuppen über die schwarz manikürten Fingernägel, legt ihre Arme auf zwei ausladende Polster – nun sieht sie aus, als wolle sie fliegen. Und dann taucht sie auch schon ein in eine Welt, in der sie jedes Rädchen, jeden Hebel, jede Feder kennt. Seit drei Jahren gehört die 24-jährige Uhrmacherin zum Innovationsteam bei Ulysse Nardin. Einem Unternehmen, das bis in die 1970er Jahre im Neuenburger Jura, gut 900 Meter über dem Meer, Marinechronometer fertigte – bis die Quarzuhr kam, der Einbruch einer neuen Technologie in das Handwerk mechanischer Uhren.

Wenn Sandrine Benz morgens um halb sieben eintrudelt, setzt sie sich an ihren Computer und wertet die Funktionstüchtigkeit technischer Neuerungen aus. Ulysse Nardin kann zahlreiche Weltneuheiten vorlegen, die erste Uhr mit einer Hemmung aus Silizium, die erste Spirale aus Diamant. Nachmittags versinkt sie ins Innenleben dieser Werke, greift mit der Pinzette kleine Rädchen, Hebel und Federn. Sie trägt drei Ohrringe rechts, einen links und in der Nase einen Stecker – sie könnte ebenso gut in einem Hobbykeller Bassgitarre zupfen. So viel Zukunft, überhaupt eine Zukunft, hätte man sich bei Ulysse Nardin vor 20 Jahren nie vorzustellen vermocht. Als Rolf W. Schnyder das Unternehmen 1983 aufkaufte, bestand es noch aus drei Personen. Heute sind es 270 Mitarbeiter, die jährlich 22 000 Uhren herstellen. Im Vergleich zu Marktriesen wie Rolex, die geschätzte 750 000 Chronometer pro Jahr fertigen, ein intimes Unternehmen. „Ich habe mir Uhrmacher anders vorgestellt", sagt Benz und lächelt. Sie schiebt ihr Okular auf die Stirn – nach drei Stunden hoch konzentrierter Kleinstarbeit braucht sie jetzt etwas Zeit für sich, Zeit für eine Zigarette.

Aus Kleinstem ganz Großes schaffen: Sandrine Benz entwickelt technische Novitäten – und hört dabei Hip-Hop

Thierry Stern, *38, Vizepräsident Patek Philippe in Genf*

AN DEN GERUCH der Leinentischdecke erinnert er sich noch genau. Thierry Stern war sechs Jahre alt, als sie seine Knie kitzelte. Sein Vater hatte sich am Esstisch erhoben, um zur Familie zu sprechen. Dem Unternehmen gehe es schlecht, sagte er. Schönste Uhrenwerke müssten schon eingeschmolzen werden, um die Gehälter zahlen zu können. Die im 19. Jahrhundert vom polnischen Adeligen Antoine Norbert Graf de Patek und dem Ingenieur Jean Adrien Philippe in Genf gegründete Manufaktur war 1932 von der Familie Stern übernommen und an die Spitze der traditionellen Genfer Uhrmacherkunst geführt worden, bis die Quarzkrise das Unternehmen erschütterte. Aber der Ausgang dieser Geschichte ist legendär: Thierry Sterns Vater hielt im Zeitalter des Quarz an der Mechanik fest, im Zeitalter der Massenanfertigung an minutiöser Handarbeit, und Patek Philippe wurde zum Inbegriff für Luxus, umgeben von einer Aura, die verheißt, dass Uhren mehr sind als Zeitmesser, nämlich ein Liebes- und Lebensbeweis für die nächste Generation.

„Kommen Sie", sagt Thierry Stern und führt im Firmenhauptsitz in Plan-les-Ouates, nahe der französischen Grenze, durch die Büros, auch durch das seines Vaters. Dunkelblauer Teppichboden, der lange, aufgeräumte Schreibtisch des Patriarchen. Stern öffnet eine Schublade, stibitzt sich einen Kaugummi, bevor er zurück in sein Büro wirbelt. An seinem 20. Geburtstag bekam er vom Vater die erste Patek Philippe überreicht. „Nein, nein, keine Grand Complications. Eine Nautilus." Auch seine beiden Söhne werden mit 20 ihre erste Patek Philippe erhalten. „Mein Vater führte mich sehr vorsichtig ins Unternehmen ein, er hat mich ohne Druck gelehrt, Uhren zu lieben", sagt der zukünftige Chef über diese Uhren, die beim Aufziehen so sanft schnurren und deren Innenleben verzaubert. Was bedeutet ihm Zeit? „Sie ist das Fluidum, das in eine schöne Hülle gehört", sagt Thierry Stern. Und: „Auf die Uhr schaue ich nicht wegen der Zeit, sondern weil sie ein Kunstwerk ist." Dann blickt er auf seine schwarze Calatrava Ref. 5565 A, Auflage 300 Stück. Er schaut sie einen Moment zu lang an, diesen Wimpernschlag, in dem man sich verliebt.

Thierry Stern trägt seit Jahren dieselbe Uhr – ein Modell, das nicht auf der Warteliste steht. Die legendärste Uhr der Firma, eine Kaliber 89, hängt nur als Foto an seiner Wand

Anita Porchet, *47, Emailleuse in Corcelles-le-Jorat*

EINEN WERTLOS ANMUTENDEN SCHATZ hütet Anita Porchet: Glasscherben in Hunderten Apothekerfläschchen. 40 Fläschchen sind gefüllt mit grauen Scherben, doppelt so viele sind es mit blauen, roten, gelben. Zu sonderbaren Figuren erstarrt, drängen sich die hauchdünnen Plättchen an die Flaschenwände, als buhlten sie um Porchets Aufmerksamkeit, damit sie Wertvollstes aus ihnen erschaffe. Anita Porchet ist Emailleuse, eine Künstlerin, deren Namen die Luxusuhrenhersteller mit Ehrfurcht erwähnen. Ihren Händen entstammen Sammlerstücke und Einzelanfertigungen, die nur erschaffen kann, wer nie in Eile ist. Porchet wirkt zerbrechlich wie das Material, mit dem sie arbeitet. Mit großen Filzpantoffeln an den Füßen sitzt sie auf einem Holzschemel und schaut durchs Binokular. Auf ein Zifferblatt aus Weißgold graviert sie die zarten Umrisse von Blütenblättern einer Orchidee. Sie verdünnt Glassand mit Wasser und trägt die Masse mit einem feinen Pinsel auf. Dünn tupft sie Emailleschicht um Emailleschicht zwischen Linien, die tanzen wie goldenes Haar. Erinnern sie nicht an die wirren Äste vor ihrem Atelierfenster?

An diesem Morgen hat der Nebel ein Meer geschaffen, aus dem zwei Apfelbäume herausragen, als wollten sie nach Atem ringen. Die Stille muss auf diesem Hochplateau im Waadtländer Mittelland erfunden worden sein, und so spricht auch Anita Porchet leise: „Das Kostbare an meiner Arbeit ist meine Zeit." Über einem Zifferblatt sitzt sie mehrere Wochen, über einer Miniaturmalerei zwei bis drei Monate, zehn Stunden täglich. Ihr Taufpate war Graveur; von ihm hat sie mit zwölf begonnen zu lernen, auf kleinstem Raum zu arbeiten. Ihre Geduld aber kommt von innen. Der Lohn für ihren Zeitaufwand ist die Zeitlosigkeit ihrer Werke: „Emaille leuchtet ewig", sagt sie, „sehen Sie die Tiefe und Transparenz?" So erblüht unter ihrem Binokel das Zifferblatt einer Damenarmbanduhr, Preis 80 000 Franken. Hat sie selbst ein solches Stück? „Nein, diesen Schatz könnte ich mir niemals leisten – *jamais*." ∎

*Autorin **Gudrun Sachse** und Fotograf **Philipp Rohner** haben beide ein Faible für mechanische Uhren. Angesichts der im Journalismus üblichen Honorare eine eher akademische Begeisterung.*

Bis zu zehn Stunden täglich blickt Anita Porchet durch ihr Binokular auf dem Tisch, um filigrane Emaille-Bilder zu schaffen. Ihre »Augenmuskulatur«, sagt sie, sei dadurch gut trainiert

Im Jahrhun

Wer vom tessinischen Bodio aus
in die Röhre guckt, sieht »Sissi«: eine
Tunnelbohrmaschine. Im komplett
montierten Zustand wiegt die Stahl-
dame 3000 Tonnen und hat damit das
Gewicht von 2400 VW-Golf

dert-Loch

Tief im Gotthard-Massiv wiederholt sich die Geschichte:
Zum zweiten Mal nach 1882 graben bahnsinnige Visionäre hier den gewaltigsten
Tunnel einer Epoche. Damals wie heute ist jeder Meter ein Wagnis

FOTOS ¬ THOMAS ERNSTING   TEXT ¬ NADJA KLINGER

Noch einmal »Sissi«, Durchmesser
9,43 Meter: Mit der Wucht von 58 Roll-
meißeln frisst sich ihr Bohrkopf in
den Fels – momentan in der Oströhre
zwischen Faido und Sedrun. Fünf Meter
pro Woche sind Minusrekord

AM ENDE dieser Geschichte gibt es einen Tunnel. Er wird 57 Kilometer lang sein. Drei Kilometer länger als der unglaubliche Seikan-Tunnel, durch den die Japaner unter dem Meeresboden in Zügen zwischen ihren Hauptinseln Hokkaido und Honshu hin- und herrasen. Drei Kilometer. Sie reichen zum Sieg. Sie machen den Tunnel, der Erstfeld im Kanton Uri und Bodio im Tessin verbinden wird, zum längsten Tunnel der Welt. Garantieren den ersten Platz auf der Rangliste der modernen Wunder. Ist die Arbeit vollbracht, werden dem Sankt Gotthard 24 Millionen Tonnen Gestein entrissen worden sein. Eine unvorstellbare Masse, für die den Menschen nur unvorstellbare Vergleiche einfallen. Dem Berg würde das Volumen von fünf Cheopspyramiden genommen, sagen sie. Sie sagen, um den Abraum wegzuschaffen, bräuchten sie einen Güterzug, der von Zürich bis fast nach Kapstadt reicht: rund 10 000 Kilometer. Dies ist also eine Siegergeschichte. Auch wenn sie nicht so beginnt.

Der Sankt-Gotthard-Pass liegt auf 2108 Metern. Wolken steigen an seinen rauen Felsen auf, fetter Nebel sickert in Schluchten. Das Massiv trennt nicht nur Uri und Tessin. Es trennt Nordeuropa vom Süden, wo die Zitronen wachsen. Es ist eine Wand im Kontinent. Vor und hinter dem Berg leben die Schweizer in einem unterschiedlichen Klima, pflegen verschiedene Kulturen, sprechen andere Sprachen. Aber alle lernen sie in der Schule, dass am Gotthard Rhein, Rhône, Reuss und Ticino entspringen und nach vier Himmelsrichtungen auseinanderstreben. Sie lernen: Die Flüsse bilden ein Schweizerkreuz. Sie malen Bilder, singen Lieder, rezitieren Gedichte vom Berg. Der Gotthard ist Teil ihrer Bio-

grafie. Sie nennen ihn ihre steinerne Seele. Sie nennen ihn: Fels in der Brandung der Weltgeschichte, Berg der Mitte, Dach Europas. Seit eh und je hat er ihren Respekt. Ebenso lang existiert die Sehnsucht, ihn eines Tages zu bezwingen. Die Schweizer haben ihn überwindbar gemacht. Durchlässig gar. Mit dem Bau der ersten Tunnel, heißt es, habe sich die Schweiz neu erfunden. Durch den Sankt Gotthard, der es trennte, fand das Volk zueinander.

Aber der Berg hat es ihm nie leicht gemacht. Jahrtausendelang leben die Menschen an seinem Fuß am Ende der Welt. Sie scheuen den Gipfel, auf dem Drachen und Dämonen hausen sollen und von dem aus man ins Antlitz Gottes blickt. Erst im 13. Jahrhundert machen sie sich daran, eine Brücke über die Schöllenen zu bauen. Eine Schlucht, die – von steilen Wänden umgeben – als unüberwindbar gilt. Donnernd und schäumend stürzt hier die Reuss, ein eiskalter Fluss, ins Tal. Kaum sitzt das wagemutige Brückenwerk aus Holz im Felsen fest, erscheint deshalb auch der Teufel und verlangt Tribut. Ohne seine Mithilfe, prahlt er, wäre es weiterhin unmöglich geblieben, die Schöllenenschlucht und damit den Sankt Gotthard zu überqueren. Er fordert die Seele des Ersten, der seine Teufelsbrücke betritt. Da greifen die pfiffigen Urner zu einer List: Sie jagen einen Ziegenbock hinüber. Doch damit ist die Brücke eigentlich nicht bezahlt. Was Folgen haben wird.

Über sechs Jahrhunderte später will Alfred Escher um jeden Preis

einen Eisenbahntunnel durch den Sankt Gotthard. Escher ist Politiker. Zudem hat er sich mit der Gründung der Schweizerischen Kreditanstalt und dem Bau des Schweizer Schienennetzes als Unternehmer einen Namen gemacht. Der Tunnel soll 14,9 Kilometer durch den Sankt Gotthard führen, die Dörfer Göschenen und Airolo verbinden. Escher weiß: Einen längeren Tunnel gibt es nirgendwo auf der Welt. Über die Geologie des Berges, durch den er graben lassen will, ist weder ihm noch Experten etwas bekannt. Der Gotthardtunnel ist ein nicht abschätzbares Risiko.

Dennoch tut der Genfer Ingenieur Louis Favre alles, seiner Firma „Entreprise du Grand Tunnel du Gothard" den Auftrag der neu gegründeten Gotthardbahn-Gesellschaft zu sichern. Sein Kostenvoranschlag liegt mit 47,8 Millionen Franken weit unter denen der Konkurrenten. Doch auch Favre kennt keine zuverlässigere Methode, den Tunnelverlauf zu bestimmen, als ihn auf der Oberfläche vorzuskizzieren. Zweifel, dass sich die Röhren, die er von beiden Seiten aufeinander zu treiben will, im Berg überhaupt treffen, setzen ihm schwer zu. Und trotzdem unterschreibt er den Knebelvertrag, den Alfred Escher ihm vorlegt: Für jeden Tag, den er länger als acht Jahre braucht, wird er 5000 Franken Strafe zahlen, nach sechs Monaten täglich 10 000, nach einem Jahr geht die millio-

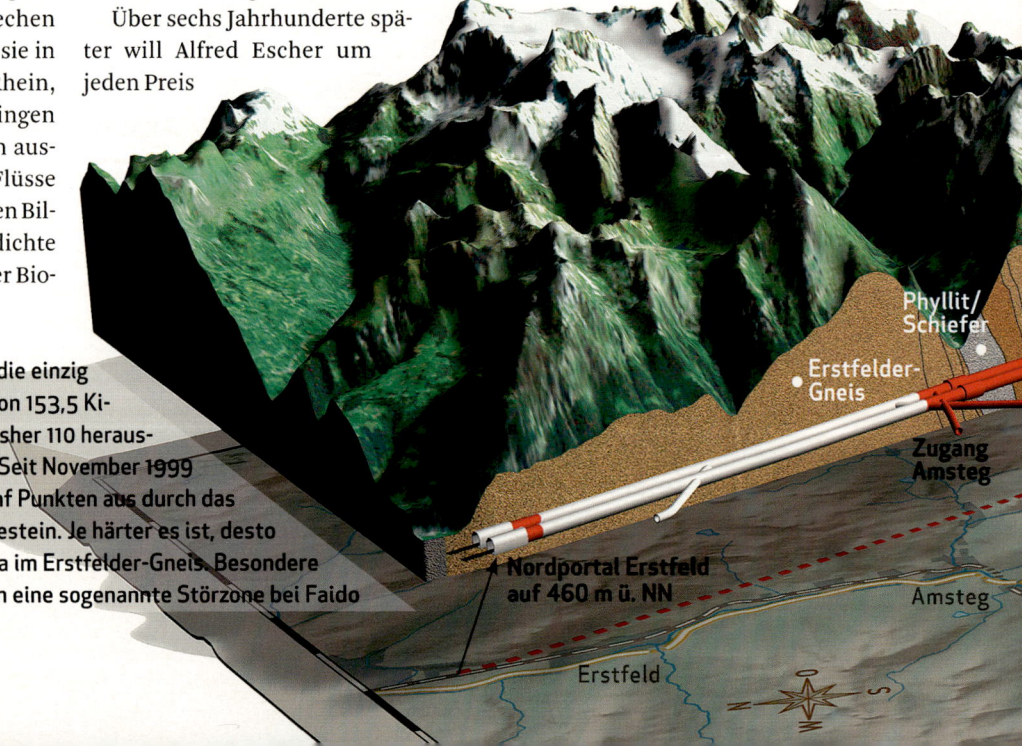

Wie viel Vortrieb pro Tag? Das ist die einzig gültige Währung der Tunnelbauer. Von 153,5 Kilometer Röhrensystem wurden bisher 110 herausgebrochen, knapp 72 Prozent (rot). Seit November 1999 arbeiten sich die Männer von fünf Punkten aus durch das bis zu 1000 Millionen Jahre alte Gestein. Je härter es ist, desto besser kommen sie voran – etwa im Erstfelder-Gneis. Besondere Schwierigkeiten bereitet momentan eine sogenannte Störzone bei Faido

Phyllit/Schiefer

Erstfelder-Gneis

Zugang Amsteg

Nordportal Erstfeld auf 460 m ü. NN

Amsteg

Erstfeld

nenschwere Kaution, die er hinterlegen muss, an die Bahngesellschaft.

Im September 1872 beginnt der Kampf gegen den Berg. Die meisten von Favres Arbeitern sind Italiener. Sie treiben als Mineure die Stollen voran oder arbeiten als Schutter, beseitigen nach einer Sprengung das Geröll. Der Taglohn beträgt drei bis vier Franken, Geld für das Lampenöl wird abgezogen. Bei Andermatt im Norden stoßen sie bald auf weiches Gestein. Im Süden machen ihnen instabile Gebirgsschichten zu schaffen. „Gottardo maledetto", „verfluchter Gotthard", nennen die Arbeiter den Berg.

SIE RACKERN IN SCHICHTEN rund um die Uhr, sieben Tage die Woche. Mit Hämmern, Meißeln, Pickeln und Schaufeln schlagen, kratzen und graben sie anfangs täglich etwa 75 Zentimeter. Die Felswände sind kalt und glitschig, Wasser bricht von allen Seiten ein. Rußende Öllampen lassen die Augen tränen. Abgesehen von den Funzeln, herrscht Dunkelheit. Erst als Dynamit, Bohrmaschinen und Pressluftgeräte zum Einsatz kommen, geht es besser voran; man schafft durchschnittlich viereinhalb Meter pro Tag, verbraucht insgesamt 1,4 Millionen Kilogramm Sprengstoff.

Der Gotthard, wird klar, ist ver-

flucht, und die Stollen sind Drecklöcher. Mineure, die bei 35 Grad Celsius fast nackt arbeiten, stehen mit aufgedunsenen Füßen in einer Lache aus Bergwasser, Ölen, Fetten, Dynamitpulverrückständen und Urin. Sie umspült die Männer zuweilen knietief. Manchmal stürzt Gestein herab und trifft einen der Arbeiter, dann fischen die Kumpel nach der Leiche. Heranrollende Schutterwagen zerdrücken Körper, Gerüstteile schlagen Schädel ein. Mitunter reißt eine Dynamitpatrone jemanden in Stücke. Schwer Verwundete werden aus den Stollen getragen und ins Arbeiterspital geschafft. Wer dort nur ein Bein oder einen Arm amputiert bekommt, zählt zu den Glücklichen.

Manche Tunnelarbeiter überkommt aber auch einfach nur die Platzangst. Sie verlieren das Bewusstsein, müssen an die Druckluftleitung geschleppt werden, damit sie atmen können. Frischluft zu solchem Zweck weiter aufzudrehen, ist verboten. Sie wird für die Bohrmaschinen gebraucht. Bei einer Sprengung bebt der Berg, und die Steine kommen wie Wurfgeschosse. Dann sacken die Gesteinsmassen nach, dann ist es plötzlich totenstill wie in einem Grab. Bis der Erste hustet. Bis alle husten. Trocken, pfei-

fend, bellend. Die Silikose, die der Granitstaub in den Lungen der Tunnelbauer verursacht, ist am Gotthardtunnel von Anfang an zu hören. Bei Schichtende spuckt der Berg aus den Portalen in Göschenen und Airolo Männer aus, die kurz atmen wie Fische. Sie stürzen ins Freie, die Köpfe nach vorn gereckt, voll gierigen Verlangens nach Sauerstoff.

1875 blockieren Arbeiter den Zugang zum Nordportal. Sie streiken. Fordern mehr Lohn, wollen Bargeld statt Gutscheine, verlangen mehr Trinkwasser, bessere Luft im Schacht. Die Kantonspolizei von Uri rückt an. Vier Menschen sterben durch ihre Kugeln. Der Vorfall erregt Aufsehen. Kontrolleure schauen nach den Arbeitsbedingungen. Sie erfahren: Am Gotthard wird mit Verlusten gerechnet. Das Hauptargument: „Favre ist im Verzug!" Während der Bauzeit heuern etwa 10 000 Männer bei Louis Favre an. Die Fluktuation ist hoch. Neben den fast 200, die ihr Leben lassen, gibt es Hunderte Schwerverletzte, zahllose unheilbar Kranke, verendete Maultiere und Pferde.

Schon bald nach Beginn der Arbeiten sind die Dörfer Göschenen und Airolo keine beschaulichen Nester mehr. Märkte, Läden, Kneipen, Gasthäuser werden eröffnet; ein Post- und Telegrafenbüro, eine Brauerei kommen hinzu. 1880 ist Göschenen, einst 300-Seelen-Fleck, eine Ge- →

3016 m

3040 m

2452 m

Südportal Bodio
auf 312 m ü. NN

Dolomit

Medelser-Granit

Leventina-
Gneis

Quermuskovit-
Gneis

Phyllit

Streifen-Gneis

Zugang Faido

Bodio

Zugang Sedrun
auf 549 m ü. NN

Faido

Gotthard-Basistunnel

Sedrun

Airolo

Gotthardtunnel

Andermatt

Schöllenenschlucht

Wassen

Sankt-Gotthard-Pass

Göschenen

Teufelsstein

Autotunnel

meinde mit 3500 Einwohnern und gilt als Zukunftsstadt Uris. Familien leben hier auf engstem Raum, weil sie Zimmer an Bergleute vermieten. Mehrere Arbeiter teilen sich ein Bett. Kommt einer von der Schicht, steht der andere auf. Manche haben gelblichgrüne Gesichter und tiefe Augenringe. Das sind die, die von Atemnot geplagt werden oder von Typhus. Andere sehen aus, als wären sie aus Kerzenwachs. Ihre Krankheit ruft schwere Blutarmut hervor. Sie verbreitet sich rasend schnell, erwischt Frauen und Kinder. Es dauert eine Weile, bis Ärzte den subtropischen Hakenwurm entdecken, der sie verursacht. Sie nennen das Leiden, das er verursacht, Mineurs-Krankheit. Der Name ist nicht korrekt. Und wiederum doch. Sowohl im Stollen als auch in den Unterkünften, wo ein Arbeiter sich im Dreck des anderen bewegt, hat der Wurm ideale Lebensbedingungen. Die Ärzte ersuchen dringend um Hygiene. Sie erhalten zur Antwort: „Favre ist im Verzug!"

ÜNFMAL TRIFFT SICH Favre wegen Verzögerungen am Bau mit seinem Auftraggeber vor dem Bundesgericht. Nicht nur der Berg macht Schwierigkeiten, auch die wirtschaftliche Krise im Land. Bereits 1876 errechnet Alfred Escher, dass die Gotthardbahn 100 Millionen Franken mehr kosten wird als veranschlagt. Aktien stürzen ab, Investoren sehen sich um ihr Geld betrogen. Escher reduziert das Bauprogramm, bittet um Nachsubventionierung. Die Bahngesellschaft bringt eine Summe auf, unter Protest versprechen auch Deutschland und Italien Geld. Der Rest soll aus der Schweiz kommen. Doch die Gotthardkantone wollen der Finanzierung erst zustimmen, wenn Escher geht. Im Sommer 1878 tritt er als Direktionspräsident der Gotthardbahn zurück.

Ein Jahr später fällt Louis Favre bei einer Besichtigung im Tunnel plötzlich um. Er stirbt mit 53 Jahren. Sein Herz versagt, kurz bevor die Mineure, die von Nor-

den vorstoßen, im Berginnern auf die Männer der südlichen Röhre treffen. Durch das Loch in der Felswand reichen sie eine Blechdose hin und her. Darin: ein Bild Louis Favres. Er hat am Sankt Gotthard Menschen auf dem Gewissen. Doch man verehrt ihn. Seine zwei Stollen, so zeigt sich jetzt, weichen gerade 33 Zentimeter voneinander ab. Das ist nahezu unheimlich. Ein Ingenieur telegrafiert an einen Oberingenieur nach Luzern: „Gegen Mittag Durchstich effectuiert. Medaillenverteilung Montag Morgen!"

Abermals ein gutes halbes Jahr später, ab Oktober 1880, sind die Strafgelder fällig, zu denen sich Favre im Vertrag mit Escher verpflichtet hat. Die Bahngesellschaft verzichtet, weil die Baufirma andernfalls pleite wäre. Zur Eröffnungsfeier im Mai 1882, der Tunnel ist längst weltberühmt, reist Tunnelvater Alfred Escher nicht an. Er ist frustriert und krank. Ende des Jahres stirbt er. Seine Kraft hatte nicht mehr ausgereicht, sich in einen der Züge zu setzen, die seit Juni

Schlüsselbau I der Schweiz: Mit der Brücke über die Reuss werden ab 1230 erstmals Nord und Süd verbunden. Eine Pionierleistung, die der Teufel möglich gemacht haben soll. Für diesen Pakt, raunen sich die Menschen zu, muss später auch Ingenieur Louis Favre (oben) bezahlen: Er bricht bei einer Baustellenbesichtigung zusammen, noch bevor sein Tunnel fertig ist

den Gotthard durchqueren. Ab 1883 gar doppelspurig. In Anbetracht der Bedingungen ist die Kostenüberschreitung von elf Prozent geradezu lächerlich.

Nun, da mit dem Gotthardtunnel die Moderne Einzug gehalten hat, verändert sich das Leben entlang der Bahnlinie abermals: Man reist nicht mehr an, sondern durch. Verschwindet im Berg, taucht woanders wieder auf. In der zweiten Hälfte des 20. Jahrhunderts kommt von Norden her noch die Autobahn. Pfeiler werden ins Gestein geschlagen, Brücken in Täler gerammt, Bäche verbaut, Wald wird abgeholzt. Wo das Asphaltband auf den Berg trifft, liegt ein riesengroßer Fels. Ihn soll einst, so geht die Teufelssage vom Gotthard weiter, der zornige Satan angeschleppt haben, um die Brücke, auf der man ihn überlistet hatte, wieder zu zertrümmern. Doch ehe er die Schöllenenschlucht erreichte, begegnete ihm ein Mütterchen, das ein Kreuz in den Stein ritzte und ihn mit göttlichem Segen bannte. Der Teufel ließ den Stein sinken und

drohte wutschnaubend: Kein Mensch solle es je wagen, den Monolithen zu berühren! Für den Straßentunnel wird der sogenannte Teufelsstein 1977 dennoch beiseitegeschafft. Die Aktion kostet 300 000 Franken. Und hat auch sonst ihren Preis: Jetzt fließt der Verkehr.

Kamen vor dem Bau des Tunnels noch 244 000 Lastwagen pro Jahr am Gotthard an, sind es zur Jahrtausendwende 1,4 Millionen. Zusätzlich lärmen täglich 16 000 Autos. Mitunter staut der Verkehr über neun Kilometer auf allen Spuren. Nur wer taub ist, hört das nicht, kann es aber riechen. Im Winter liegt die Feinstaubbelastung über den zulässigen Werten, im Sommer werden die Ozongrenzwerte überschritten. Jeder zweite Alpenbaum in der Nähe ist krank.

AN EINEM ABEND des Jahres 1994 informiert das Schweizer Fernsehen über das Ergebnis einer Volksabstimmung: Eine klare Mehrheit

Härtetest im Berg: Wille trifft auf Granit

Schlüsselbau II der Schweiz: Durchstich im ersten Gotthardtunnel am 28. Februar 1880; die Mineure jubeln. Vor ihrer mit einfachen Bohrmaschinen bewältigten Großtat dauerte eine Reise von Zürich nach Mailand zwei Tage, heute benötigen Neigezüge dafür drei Stunden und 40 Minuten. Mit dem Gotthard-Basistunnel wird sich die Fahrtzeit noch einmal verkürzen – um eine weitere Stunde

will die „Alpeninitiative", einen neuen Artikel in der Verfassung. Darin steht, dass die Alpen vor den negativen Auswirkungen des internationalen Warentransports geschützt werden müssen. Die Fernsehkameras fangen an diesem Abend eine Szene am Gotthard ein: Auf dem Lehnplatz von Altdorf tanzt Hansruedi Stadler, ein 40-Jähriger in Anzug, Krawatte und mit kleiner, runder Brille. Er schaukelt im Rhythmus über die Fernsehbildschirme. Stadler ist Kantonspolitiker in Uri. Sein Freudentanz macht ihn landesweit berühmt. Denn es ist der Abend, an dem eine Republik ihr Gebirge umarmt. Der Abend, an dem der Mensch der Natur Besserung verspricht.

Das Kernstück des Versprechens an eine bessere Zukunft ist die „Neue Eisenbahn Alpen-Transversale", kurz NEAT. Ein Jahrhundertbauwerk, das den Verkehrskollaps in den Alpen verhindern soll. Es kostet die Schweiz voraussichtlich 24 Milliarden Franken. Abermals greift man den Sankt Gotthard an – diesmal um ihn zu schützen.

Etwa 2000 Menschen arbeiten an diesem neuen Tunnel. Sie kommen aus der Schweiz, sind Deutsche, Österreicher, Kroaten, Bosnier, Spanier, Portugiesen, Südafrikaner. Sie stürzen aus großer Höhe mit Fahrstühlen ins Berginnere, wo sie hell erleuchtete Büros, Werkstätten, sogar eine Betonfabrik eingerichtet haben. Oder sie fahren in Zügen zur Arbeit in die Vortriebsstollen. Dort wummert es, scheppert und kreischt. Präzisionssprengungen krachen. Anders als im 19. Jahrhundert werden Temperaturen und Luftfeuchtigkeit so reguliert, dass der Mensch es im Berg gut aushalten kann. Wassergekühlter Wind bläst den Staub von der Baustelle. Sicherheitscontainer schützen nach Sprengungen vor Giftgasen.

Eine so gigantische, moderne Baustelle wie jene am Gotthard gibt es kaum sonst auf der Welt. Man bohrt von Erstfeld im Norden und Bodio im Süden sowie von drei Zwischenangriffen aus. Ein Navigationssystem hilft beim Bestimmen des Tunnelverlaufs. Laserpeilgeräte geben im Stollen die Richtung vor. Koordinaten werden von satellitenunterstützten Computern korrigiert. Die Hoffnung: Dass die Vortriebe am Ende mit →

weniger als 20 Zentimeter Abweichung aufeinandertreffen.

Mittlerweile kennen sich die Menschen mit der Geologie aus, 900 Verkehrstunnel haben sie bereits durch die Schweiz getrieben. Und für NEAT konzipierte die deutsche Firma Herrenknecht gar vier noch nie da gewesene Tunnelbohrmaschinen: Heidi, Sissi, Gabi I und Gabi II. Eine jede über 400 Meter lang, 3000 Tonnen schwer. Sie sehen aus wie ganze Fabriken, waren 120 Millionen Franken teuer. An guten Tagen fressen sie sich jeweils 40 Meter ins Gestein.

Der neue Tunnel ist ein sogenannter Basistunnel. Er wird nicht oben gegraben, wo der Berg schlanker und die Gesteinslast geringer ist, sondern so weit unten wie möglich. Auf nur 550 Metern über dem Meeresspiegel, etwa der Höhe von München, bauen die Schweizer einen Weg in den Süden. Die Rechnung, die sie dazu verleitet hat, ist simpel: Zugführer sparen sich das Vorspannen einer zweiten Lok, weil sie kaum Steigung bewältigen müssen. Sie fahren fast doppelt so schnell, benötigen eine Stunde weniger von Zürich nach Mailand. Täglich werden es 260 Güterzüge durch den Tunnel schaffen, das sind 58 Prozent mehr Tonnage auf der Schiene als bisher. Die Menschen haben sogar bedacht, dass ein Zug bei über 200 Stundenkilometern im Tunnel so viel Luft vor sich herschiebt, dass er einen entgegenkommenden Zug demolieren würde. Deshalb bauen sie zwei voneinander getrennte Fahrröhren. Sie rechnen mit allem. Nur die Natur erinnert sie daran, dass es auch Unberechenbares gibt.

Sie drückt mit Tausenden Tonnen auf das Geschehen, verformt Stahlträger wie Knete, lässt Beton splittern wie Glas, bringt Wasseradern zum Platzen, fabriziert kleine Erdbeben. Jene Männer, die tief unten im Berg arbeiten, spüren das jeden Tag. Sie hören, wie das Gotthard-Massiv knackt und stöhnt. Und dann wieder beängstigend schweigt. Etwas Faszinierenderes gebe es nirgendwo, sagen die Mineure, dies sei die schönste Baustelle der Welt. Und doch lassen sich manche von ihnen versetzen: Auch Psychologen können nicht helfen, wenn das Gefühl, nicht fliehen zu können, die eigene Persönlichkeit erdrückt. Es gibt

Der erste Eisenbahntunnel der Rekorde

In römischen Lettern steht »1882« über dem Portal: Auch die alte Gotthardröhre war im Jahr ihrer Eröffnung die längste der Welt

Notärzte, die zwar Telefone haben, aber eben auch einen weiten Weg bis in den Tunnel. Ein Stahlrohr hat einen 33-jährigen Deutschen erschlagen. Ein Österreicher, ein Südafrikaner, drei weitere Männer sind umgekommen. Um böse Geister fernzuhalten, steht am Eingang jeder Röhre eine Statue der Heiligen Barbara mit zwei brennenden Kerzen. Die vier Tunnelbohrmaschinen sind mit Weihwasser gesegnet.

T ROTZ ALLEN FORTSCHRITTS und aller Beschwörungen: Auch jetzt ist der Zeitplan nicht einzuhalten. Zwar ist ein wichtiger NEAT-Teilabschnitt, der Lötschberg-Basistunnel zwischen Frutigen und Raron, bereits seit Dezember 2007 befahrbar. Die Eröffnung des Gotthard-Basistunnels aber wurde schon um drei Jahre auf 2017 verschoben. Gesteine und Sedimente, die in Millionen Jahren zum Alpenmassiv ineinandergeschoben, umgeschichtet und zusammengepresst worden sind, sorgen für Überraschungen. An der äußeren Struktur des Sankt Gotthards kann man sie voneinander unterscheiden: das metamorphe Gestein des Aar-Massivs, des Gotthard-Massivs und der Penninischen Gneiszone; Phyllite und Schiefer des Tavetscher Zwischenmassivs; Mergel, Rauwacken sowie Dolomitmarmor der Piora-Mulde. Aber man weiß nicht, wo sie alle im Berginnern aufeinandertreffen. Denn keine Technik kann

den Sankt Gotthard durchleuchten. Wie das Gestein beschaffen ist, sieht man erst während der Arbeit. Oft ist es dann auch schon zu spät, weil eine der Tunnelbohrmaschinen feststeckt und monatelang befreit werden muss.

Und doch sagt Hansruedi Stadler, ihm sei bereits so, als könne er durch den Berg hindurch Weine und Espresso riechen. Wenn derzeit vom Sankt Gotthard berichtet wird, bittet man gern den tanzenden Politiker zum Interview. Mittlerweile ist er Ständerat in seinem Kanton. Er sagt, er wünsche sich, dass mit den Zügen der NEAT die südliche Lebensphilosophie nach Uri kommt. Er denkt an die Südländer, die gesellig zu Mittag essen, während man sich im geschäftigen Norden nur noch eilig ernährt. In Stadlers Kanton Uri wird neuerdings Italienisch als zweite Pflichtsprache in der Schule gelehrt. Italienisch sprechen die Landsleute im Tessin. Dorthin braucht man mit dem Zug bald nur noch 20 Minuten. Hansruedi Stadler sagt, man werde nun von diesseits und jenseits des Berges zusammenkommen, um den Gotthard gemeinsam zu schützen. Eine Aussage, die ans Ende einer Siegergeschichte passt. ∎

Autorin **Nadja Klinger**, 42, erschien ihr zusammengetragener Infoberg bisweilen undurchdringbar. Sie habe „gegraben, gegraben – und dann endlich Licht gesehen". Besuche der Gotthard-Baustelle sind nach Voranmeldung möglich, etwa in Sedrun: Tel. 081/936 51 20, www.alptransit.ch.

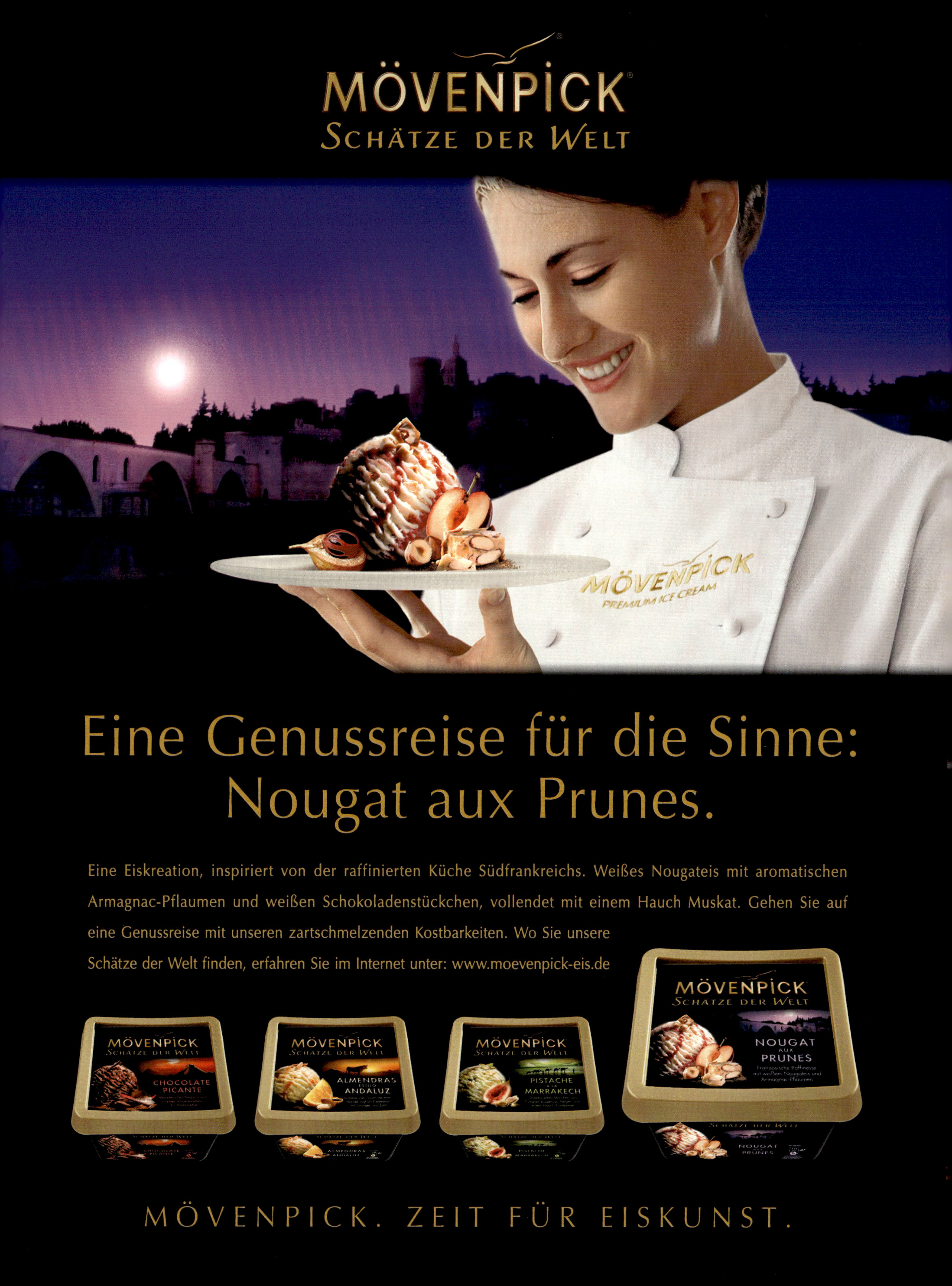

Eine Genussreise für die Sinne: Nougat aux Prunes.

Eine Eiskreation, inspiriert von der raffinierten Küche Südfrankreichs. Weißes Nougateis mit aromatischen Armagnac-Pflaumen und weißen Schokoladenstückchen, vollendet mit einem Hauch Muskat. Gehen Sie auf eine Genussreise mit unseren zartschmelzenden Kostbarkeiten. Wo Sie unsere Schätze der Welt finden, erfahren Sie im Internet unter: www.moevenpick-eis.de

 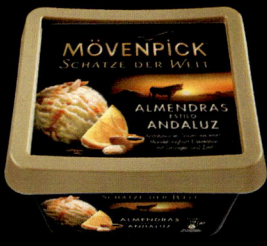  

MÖVENPICK. ZEIT FÜR EISKUNST.

Schlafes Bruder

Was schätzt der Schweizer am Murmeltier? Dass es so penibel
und ordentlich ist, so pfiffig und bergverliebt – ein bisschen wie er selbst?
Ein Besuch beim ausgeruhtesten Bewohner des Landes

TEXT ¬ **MARKUS WOLFF**

DER WERBUNG, DAS IST BEKANNT, darf man nicht alles
glauben. Im Spot einer Fast-Food-Kette war erst
kürzlich ein Murmeltier zu sehen, das in verschneiter Landschaft Schuhplattler tanzte und
dazu jodelte. In verschneiter Landschaft! Jodeln!
Das ist wissenschaftlich nicht haltbar – denn im Winter schläft
das Murmeltier. Und zwar in seinem Bau.

Außerdem steht fest: Das in der Schweiz lebende Alpenmur-
meltier, *Marmota marmota*, besitzt sehr wohl Geschmack. In
den Bergregionen bewohnt es die schönsten Grundstücke.
Meist südliche Hanglage oberhalb der Baumgrenze und nicht
selten hinauf bis zum Fuß von Gletschern, wo nichts mehr den
freien Blick verstellt, wo sich Wolken in eisigen Seen spiegeln
und die Hänge so wirken, als seien sie mit Kunstrasen ausgelegt. Dort, wo Platz ein tierischer Luxus ist: 40 bis 80 Männchen
und Weibchen, ausgewachsen etwa 50 Zentimeter groß, teilen
sich in gut bevölkerten Kantonen einen Quadratkilometer,
während sich der weitaus größere Schweizer auf gleichem
Raum im Schnitt mit 180 Landsleuten arrangieren muss.

Zweifelsfrei sind die Murmeltiere nicht die attraktivsten,
aber bemerkenswerte Eidgenossen: Haare am ganzen Körper
und Überbiss, vom Wesen her wissbegierig und scheu zugleich.
Man mag das Tier oft außerhalb seiner Behausung antreffen,
wohler fühlt es sich jedoch darin. Schließlich seien Murmeltiere auch perfekt für das Leben unter der Erde ausgestattet,
sagen Wissenschaftler, denn ihre Körper sind rundlich, die Ohren klein und angelegt – so stoßen sie nirgends an. Das mag
eine etwas überraschende Begründung sein, zumal es zahlreiche Schweizer gibt, die trotz ähnlicher Physiognomie für ein
Leben in engen Tunnelbauten völlig ungeeignet scheinen.

Nun wird und wurde in der Schweiz wohl kaum ein Tier so
geschätzt wie das Murmeltier: als drolliges Bergwesen, Jagd-
trophäe, Ragout, einst als dressierter Tänzer an der Seite wan-
dernder Schuhputzer. Sogar Johann Wolfgang von Goethe
beeindruckte das tänzerische Talent der Murmeli derart, dass
er kurzfristig ins Tierfach wechselte und ihnen mit dem von
Ludwig van Beethoven vertonten „Marmottenlied" ein Werk
widmete.

Dabei bevorzugt ein Murmeltier den Müßiggang. Unent-
wegt isst es Gras und Kräuter, etwa anderthalb Kilo täglich, liegt
bei schönem Wetter oft bäuchlings auf Felsen ausgestreckt wie

unsereins im Urlaub. Klassische Sonnenbäder interessieren es
allerdings nicht: Vielmehr sollen die UV-Strahlen Blutsauger
aus dem Fell vertreiben. Währenddessen sucht das Murmeltier
die Nähe zum Stein, um sich zu kühlen. Denn ein Hitzkopf ist
es, der nicht schwitzt. Schweißdrüsen besitzt es kaum, die Körpertemperatur kann schnell lebensbedrohlich ansteigen.

Hat es genug gelegen, stellt es sich gern auf die Hinterbeine
und schaut mit neugierigem Blick wie ein 90-jähriger Greis ins
Tal: bemühte Haltung, die Zähne verfärbt, halb taub die Ohren,
dafür kann es sehen wie ein Luchs; sogar ein weißes Taschen-
tuch erkennt es noch auf weite Entfernung und einen sich nä-
hernden Wanderer bereits aus 300 bis 400 Metern – eine Fähig-
keit, die jeden Menschen mit Neid erfüllt, der unliebsamen
Begegnungen wieder nicht rechtzeitig aus dem Weg gegangen
ist. Das Murmeltier trifft sogar Vorsorge: Als kurzfristiges Ver-
steck besitzt es Fluchttunnel. Ob es dazu vom Schweizer Militär inspiriert wurde, das seine Berge einst zu Rückzugszwecken
wie einen Käse mit Löchern versah, ist Spekulation.

DENNOCH WIRD DAS MURMELTIER NICHT SELTEN ÜBERRASCHT,
vom Fuchs zum Beispiel, der seinen Angriff zumeist
nur aus dem Hinterhalt wagt, oder – weitaus häufiger –
vom Steinadler. Hoch über den Wiesen, wo das Alpenpanorama
auf Modellgröße schrumpft, kreist dieser aufmerksam in der
Luft – um plötzlich der Erde entgegenzustürzen. Etwa 70 Mal
muss er mit einem Fellbündel in seinen Klauen zum Horst zu-
rückkehren, dann hat er sein eigenes Junges großgezogen.

Ewige Vorsicht ist daher ein Grund, weshalb sich das Murmeltier selten mehr als 15 Meter vom Eingang seines Baus entfernt. Ohnehin legt es Wert auf Häuslichkeit, ein Stubenhocker
ist es. Selbst im Sommer, bei schönstem Wetter, verbringt es
am Tag 16 bis 20 Stunden im unterirdischen Ganggewirr, das
über Generationen entstanden ist; ein verzweigtes System aus
Kammern und Röhren, welches das Murmeltier in bester eidge-
nössischer Tunnelbautradition in den Berg hineingetrieben
hat – bis zu 100 Meter lang und mitunter einen Meter hoch.

Von vermutlich sehr kleinen Forschern, die diese Tunnel
entlanggingen, wissen wir, dass es sich um Sommer- und Win-
terbauten handelt, die das Murmeltier unterschiedlich ein-
richtet: Etwa zwei Kilo Heu finden sich im Sommerbau, der
Winterbau wird zur Isolierung über das Jahr verteilt mit etwa →

Auch vor der prächtigen Kulisse von Ober Gabelhorn und Wellenkuppe pfeift das Murmeltier auf alles – in perfekter Körperhaltung, wohlgemerkt

zehn Kilo ausgelegt und aus Mangel an Türen schließlich mit einem oft meterlangen Zapfen aus Erde, Steinen und Kot verschlossen. Dieser hält die Temperatur im Inneren zwar konstant, grundsätzlich bleibt die Atmosphäre in einem Bau aber eher unterkühlt: Selbst im Hochsommer lassen sich selten mehr als 13 Grad Celsius messen, während die Temperatur im Winter fast auf den Gefrierpunkt fällt. Auch eine separate Toilette befindet sich in der Anlage, da das *Marmota* von Bau aus über ausgezeichnete Umgangsformen verfügt und seine Notdurft nie wahllos in den eigenen Erdwänden verrichtet, geschweige denn sich wie mancher Wanderer ungeniert im Freien erleichtert.

N UN FÜHLT SICH DER WANDERER in der Welt der Murmeltiere ohnehin wenig willkommen; zu oft schlägt ihm ein gellendes Pfeifkonzert entgegen, kaum hat er sich aus dem Tal auf den Weg gemacht. Allerdings sind die Laute weniger Unmutsäußerung als Warnung der Artgenossen und streng genommen kein Pfeifen, sondern ein Schreien. Denn das *Marmota* beherrscht, was ansonsten allenfalls Fußballtrainer vermögen: Pfeiflaute mit offenem Mund auszustoßen, ohne Lippen und Zunge zu benutzen – nur mit dem

Kehlkopf. Ein Pfiff, und schon ist jedem im Murmeltier-Team klar, dass er auf seine Deckung achten muss. Ein einzelner, lang gezogener Laut bedeutet: „Akute Gefahr!"; Pfiffe in Serie: „Beizeiten bitte alle in den Bau." Weltweit verstehen das fast alle Mitglieder der 14 Arten umfassenden Familie.

Pfiffe sind die Universalsprache, das Esperanto des Murmeltiers – auch wenn sich die Dialekte stark unterscheiden: Warnt das mongolische Steppenmurmeltier beispielsweise mit einem durchdringenden „chang-chang", versteht schon der Nachbar im nicht weit entfernten Altai-Gebirge wenig mehr als Bahnhof. Das Altai-Murmel reagiert nur auf „kafi-kafi", was einige Bergkämme weiter „kupi-kupi" heißt. Das Schweizer Murmeltier vertraut dagegen auf ein energisches „wedsch-wedsch-wedsch", wie Forscher herausgehört haben, und gibt ein lang gezogenes „pschüüüh!" von sich, wenn es sich unwohl fühlt. In Pschüüüh-Stimmung pfeift es sozusagen auf alles.

Und neigt sich das Jahr dem Ende zu, dann zieht sich das Murmeltier gänzlich zurück. Ein intensiver Winterschlaf ist das, in den es aber nicht abrupt fällt. Eher döst es ein wie ein Familienvater beim Fernsehabend. Ganz ruhig wird es schließlich und liegt da, als sei es tot: Das Herz schlägt seltener, die Körpertemperatur fällt von 36 auf unter fünf Grad, lediglich zweimal geht die Atmung pro Minute. Den Körper rollt es eng ein, wobei der Kopf zwischen den Hinterbeinen ruht und vom Schwanz bedeckt wird, weshalb der Winterschlaf zum Nachahmen nur für besonders bewegliche Menschen infrage kommt. Und für kontaktfreudige: Bis zu 20 Tiere liegen in den mit Heu ausgelegten Nestkammern, um sich gegenseitig zu wärmen, „soziale Thermoregulation" nennt sich das. Am tiefsten schläft, wer von den größten Fettreserven zehren kann. Sechs Monate dauert dieses Dasein im Energiesparmodus und wird nur alle zwei Wochen kurz unterbrochen – da geht das Murmeltier aufs Klo.

D ANN, IM APRIL, BETRITT ES DIE NATURBÜHNE AUFS NEUE, rank und schlank und um ein Drittel seines Herbstgewichtes von vier bis fünf Kilo erleichtert. Wovon viele Menschen träumen, ist dem Murmeltier wieder im Schlaf gelungen – abzunehmen. Vom Murmeltier lernen, heißt daher: Dick und im Kreis der Liebsten schläft es sich am besten.

Der gesunde Schlaf ist aber nicht die einzige Leistung, die am Murmeltier beeindruckt. Dass sein Fett Krankheiten heile und die Durchblutung fördere, behaupten manche, und dass es das Wetter und mit seinem Schatten sogar die Länge des verbleibenden Winters vorhersagen könne. Vor Jahren kam das amerikanische Murmeltier „Phil" aus der Kleinstadt Punxsutawney sogar zu Hollywoodruhm, weil der Schauspieler Bill Murray in seiner Nähe ein und denselben Tag wieder und wieder erlebte. Das ist natürlich Unsinn. Andererseits: Wenn Sie nach Lesen dieses Textes wieder und wieder in die Schweizer Berge fahren – vielleicht liegt das ja doch am Murmeltier. ∎

Auf die Pelle gerückt

Das **Bregalga-Tal** in Graubünden ist eines der murmeltierreichsten Täler der Schweiz. Mehrere Jahre untersuchte eine Forschergruppe hier das Leben der Nager. Was sie herausfand, lässt sich auf einem drei Kilometer langen Murmeltierlehrpfad lesen und erleben. Weitere Informationen sowie ein Audio-File mit Original-Murmeltier-Sound: www.murmata.ch. Am bequemsten aber rückt man dem scheuen Nager oberhalb von **Montreux** auf die Pelle. Vom mondänen Städtchen am Genfersee ruckelt eine Zahnradbahn direkt in ein 2041 Meter über Meer gelegenes Murmeltierparadies „Marmottes paradis", www.marmots.ch. Auf den **Rochers de Naye** sind sieben umzäunte Gehege zur adäquaten Präsentation des heimlichen Stars der Alpen aufgebaut worden. In Sachen Murmeltierschau ist dies sozusagen der letzte Schrei – oder besser: der letzte Pfiff.

DEUTSCHLAND

FRANKREICH

Basel   Zürich

ÖSTERREICH

Bern

Chur

Rochers de Naye   Bregalga-Tal

Montreux   Brig   • St. Moritz

Genf   Bellinzona

50 km

ITALIEN   GEO-Grafik

Markus Wolff ist GEO-Special-Redakteur. Der Murmeltierfreund wohnt in einem tunnelfreien Altbau in Hamburg.

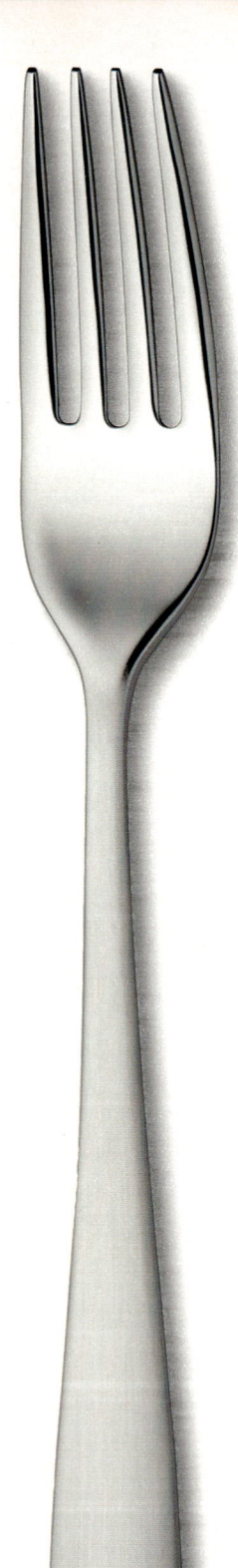

En G

Denkmäler auf dem Teller

Längst ist die Schweiz vermessen und analysiert: geografisch, historisch, kulturell. Nur die reiche Ess- und Trinktradition war bislang wissenschaftlich kein Thema. Jetzt soll es endlich ein Inventar des kulinarischen Erbes geben

TEXT ¬ **PAUL IMHOF**

BIS HEUTE wundert sich Isabelle Raboud-Schüle darüber, wie heftig ein Referat zum Thema „Wie das Fondue in die Schweiz kam" das Selbstverständnis ihrer Zuhörer erschüttern konnte. „Die Praxis, Käse zu schmelzen", hatte die Ethnologin im Regionalmuseum des Greyerzerlands bei einem Vortrag ausgeführt, „ist so alt wie das Käsemachen selbst." Das Nationalgericht konnte damit keine Erfindung der Eidgenossen sein. Und schlimmer noch, aus Sicht jener Westschweizer, die der Referentin lauschten: Selbst innerhalb der Schweiz ist das Fondue nicht „gruérienne", stammt also nicht aus der Region. Sondern – tags darauf posaunte die Boulevardzeitung „Le Matin" in heller Aufregung die finale Enthüllung ins Land: „La fondue est zurichoise!", es ist ausgerechnet über Zürich ins Land gekommen. *Quelle honte!* Was für eine Schande.

Den Zürich-Beweis, das älteste erhaltene Rezept „Käß zu kochen", hatte Raboud-Schüle in einem Buch der Anna Margeritha Gessner aus dem Jahr 1699 gefunden. Auf das wiederum war sie in einem Werk über „Essen und Trinken im alten Zürich" gestoßen. Damit war den Westschweizern das Fondue, das sie stets als Erfindung ihrer Region reklamiert hatten, entrissen.

Dingen auf den Grund zu gehen, auch wenn es für eine ganze Bevölkerungsgruppe schmerzhaft ist, liegt im Wesen von Isabelle Raboud-Schüle. Die gebürtige Walliserin kauft kein Brot, ohne die Bäckersfrau auszufragen; keinen Käse, ohne sich nach seiner Herkunft zu erkundigen. Ihre Mutter war Museumsleiterin, ihr Vater Dialektforscher. Er schulte die Tochter darin, genau hinzuhören. Sich zu interessieren, wie etwas gemacht wird – in der Heimat und nicht zig Flugstunden entfernt.

Und so ist Isabelle Raboud-Schüle, 50, zur Mitinitiatorin und schließlich zur ersten Präsidentin eines Projektes geworden, das so aufregend wie umfangreich ist: Erstmals soll das kulinarische Erbe des Landes systematisch erfasst, beschrieben und zu einem Inventar gebündelt werden. Und zwar, bevor einzelne Spezialitäten vergessen und verloren sind. Ein Forschungsgebiet, auf dem die Schweiz

uete!

erstaunlicherweise Entwicklungsland geblieben ist. Zwar gibt es zwischen Schaffhausen und Lugano kaum einen Feldweg, der nicht auf den Karten der Landestopografie eingezeichnet, kaum einen halbwegs behauenen Stein, der nicht benannt, vermessen und fotografiert worden wäre. Nur an die Esstradition des Landes, daran, dass es auch auf dem Teller beeindruckende Denkmäler gibt, hat lange niemand gedacht. Erst seit 2004 arbeitet der eigens gegründete Verein „Kulinarisches Erbe der Schweiz", vom Parlament angestoßen und sowohl von staatlichen als auch privaten Geldgebern mit zwei Millionen Franken unterstützt, an einem Inventar von zunächst etwa 400 handverlesenen Produkten.

GLEICH ZU BEGINN, während der ersten Erhebungen, ging es um die Wurst: Am zartesten, so wurde klar, ist die feine St. Galler Bratwurst, die zwar Kalbsbratwurst heißt, aber zu etwa einem Drittel aus Hals- und Nackenspeck vom Schwein besteht. Der Geschmack dieser hellen Wurst, sagt man, sei wie der Charakter der Ostschweizer: unaufgeregt, ausgeglichen, ohne große Ausschweifungen. Je weiter man jedoch von Osten gen Westen zieht, desto gröber wird das Wurstbrät

und desto intensiver sein Geschmack. In den Kantonen an der französischen Grenze schließlich schätzt man Saucissons und Saucisses aus grob gehacktem Fleisch, oft gewürzt mit Wein, leicht geräuchert und in Naturdärme gefüllt. Die Volkswurst aber bleibt der Cervelat, umhüllt von brasilianischen Rinderdärmen. Ein typisch gekrümmter Stumpen, den Generationen von Schweizern schon als Kind übers Lagerfeuer hielten.

Um ins Inventar aufgenommen zu werden, hat ein Produkt strenge Kriterien zu erfüllen: Es muss älter als 40 Jahre, also mindestens von einer Generation an die nächste weitergegeben worden sein; außerdem bis heute auf dem Speiseplan; käuflich zu erwerben; regional und national von besonderer Bedeutung. Und, und, und … Die Initiatoren suchen nach „kulinarischen Produkten", durchaus im Wissen, dass dies ein schwer einzugrenzender Begriff ist. Der Cervelat sowie der gern für Fondue verwendete Greyerzer-Käse jedenfalls sind bereits für würdig befunden worden. Ebenso wie „Bondelles", geräucherte Felchenfilets vom Bielersee, Dörrbirnen oder süßer Buttenmost (Hagebuttenkonzentrat); Basler Läckerli, Engadiner Nusstorte oder Aargauer Rüeblitorte. Als sicher gilt auch die Adelung von besonders bedeutsamen Industrieprodukten wie dem Würzmittel Aromat, dem Kultgetränk Rivella und natürlich Ovomaltine, auch wenn die Firma Wander längst ins Ausland verkauft worden ist. →

Haben es bereits ins Inventar geschafft: Wurstspezialitäten wie der Landjäger (ganz rechts im Bild)

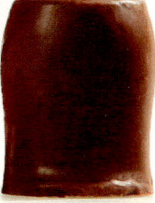

Gehören zur süßen Kategorie:
Branchli, Nussschokolade, Badener Steine
und der Confiserie-Schokokuss

Ü BER AUFNAHME ODER ABLEHNUNG entscheiden die Mitglieder des Vereinsvorstands und sieben fest angestellte Mitarbeiter des Inventars. Ein studierter Theaterwissenschaftler ist darunter, jemand mit Niederlandistik im Nebenfach, Soziologen und Volkskundler. Sie alle haben einen kühnen Vorsatz gefasst: Sämtliche Lebensmittel wollen sie mindestens einmal probiert haben – eine Fleißarbeit, die sie über Monate quer durchs Land getrieben hat.

Sie haben Stadtarchive, Bibliotheken und gar Kirchenchroniken durchforstet, saßen am Küchentisch von Älplerinnen, standen in Räuchereien, haben pensionierte Metzgermeister befragt. In Hunderte Töpfe haben sie ihre Nasen gehalten, alte Rezepturen entdeckt, diskutiert und debattiert. Stets sind sie auf ihren Reisen den Duft- und Geschmacksnuancen des Landes gefolgt, bis sie Mitte März endlich vermelden konnten: „Die Hälfte ist im Topf", 200 Produkten wurden alle Geheimnisse abgerungen. 89 Spezialitäten aus der Sparte „Metzgerei und Fisch" zählen dazu, womit dieses Kapitel abgeschlossen wäre.

Für die beiden Kategorien „Bäckerei und Konditorei" sowie „Confiserie und Süßwaren" schwärmen die Forscher weiterhin aus, voraussichtlich werden sie auf über 200 weitere Erbstücke stoßen; bei „Käse und Milch", „Getränken" und „Früchten und Gemüse" rechnen sie mit etwa 100 Produkten.

Eine „Leidenschaft für Speis und Trank" treibt Jan Jirát, 27, zur kulinarischen Detektivreise. Der gebürtige Baselbieter, der „mit Traumfrau und vielen Kräutern" in Schaffhausen lebt, hat sich bereits während seines Volkskundestudiums mit der „mittelalterlichen Konservierung des Herings" befasst und will nun, als Mitarbeiter des „Kulinarischen Erbes", jedes Detail über ein besonderes Brötchen in Erfahrung bringen: das Weggli. Rund, etwa handtellergroß und mit einer exakt mittigen Falte in der Oberseite, ist es landesweit bekannt, wenn auch nicht immer unter gleichem Namen. In Basel zum Beispiel ist das Weggli ein „Schwöbli", in Unterwalden ein „Mutschli". Genaueres gilt es zu erforschen.

In der berühmten Zürcher Bäckerei Buchmann, einem im Jahr 1909 gegründeten Familienbetrieb, knipst Jan Jirát sein kleines Aufnahmegerät an. „Ist das Weggli ein Leaderprodukt, also eines der häufig gekauften Produkte Ihrer Bäckerei? Oder ist es eine Spezialität?", fragt er Daniel Gränacher, den Produktionsleiter. „Beides auf einmal", antwortet dieser, „wir backen mindestens 2500 Stück am Tag." Mit am Tisch sitzt auch Roland Hengartner, der Produktmanager jener Großbäckerei, die den Konkurrenten Buchmann vor Kurzem gekauft hat: „Es ist definitiv das wichtigste Kleinbrot." Gränacher: „Man muss es einfach im Angebot haben."

„Was ist drin?", setzt Jirát gleich nach und breitet einen Fragebogen aus. Rohstoffe und Zutaten fragt er ab, Herkunft und, falls vorhanden, Varianten des Produkts. Natürlich beißt er auch immer wieder in eine Kostprobe. „Weißmehl ist drin", sagt Produktionsleiter Gränacher. „Salz, Wasser, in einer guten Bäckerei ordentlich Butter."

„Milch?"

„Nicht zwingend. Man kann Milchpulver dazugeben."

„Und was ist vor allem typisch?"

„Einschnitt und Form", antwortet nun Produktmanager Hengartner. „Stellen Sie sich eine Mutter vor, die jedem ihrer beiden Kinder ein halbes Weggli geben will, und das Weggli ist nicht sauber in der Mitte zu teilen. Diese Mutter hat ein großes Problem!"

Die beiden Bäcker spielen Pingpong mit ihrem Wissen.

„Auch das Zürcher Murren ist bemerkenswert!"

„Zürcherbrot!"

„Und das Buechme-Bürli erst!"

Jan Jirát winkt nach einer Stunde ab und packt zusammen. Um das Bürli mit seinem besonders weichen Brotteig wird es erst in St. Gallen gehen. Die Ursprünge liegen dort – und die Zeit drängt: Ende 2008 sollen die ersten Ergebnisse der Inventur veröffentlicht werden, zuerst einmal im Internet. Später, so hoffen alle, als Buchprojekt. Ein paar Tausend Fragebogenseiten werden Jirát und seine Kollegen bis dahin zusammengetragen haben. Gegessen ist die ganze Sache damit aber nicht. Denn was schon jetzt deutlich wird: In der mehrsprachigen Schweiz ist die kulinarische Vielfalt überdurchschnittlich groß. Hier treffen mit der französisch-atlantischen, der italienisch-mediterranen und der deutsch/österreichisch-kontinentalen Strömung drei der dominierenden Einflüsse Westeuropas aufeinander. „Wäre doch gelacht", sagt Jan Jirát, „wenn wir nicht noch mehr kulinarische Schätze heben könnten."

Selbstverständlich aufnahmewürdig: die Käsesorten Gruyère, Tomme de Rougemont und Sbrinz

▶ SPEZIALITÄTEN

Speisen wie Gott in der Schweiz

EINIGE, ABER LEIDER NICHT ALLE der erwähnten Spezialitäten finden sich im Warensortiment großer Lebensmittelketten, etwa bei Globus Delicatessa, aber auch Coop oder Migros. Nachfragen lohnt. In Einzelfällen lassen sich Produkte auch online bestellen.

Westschweiz und Wallis

Walliser Trockenfleisch, das nur aus Schweizer Rindfleisch hergestellt werden darf, findet man im ganzen Kanton. Besonders schmackhaft im **Château de Villa**, einem schweizweit beispielhaften Schaufenster für regionale Produkte: *Rue Ste-Cathérine 4 in Sierre, Tel. 027/455 18 96, www.chateaudevilla.ch.* Die **Metzgerei Nessier** bietet neben Trockenfleisch aus eigener Produktion auch raffinierte Trockenwürste an: *Furkastraße in Münster,*

Reife Leistung: Walliser Trockenfleisch

Tel. 027/973 11 21, www.metzgerei-nessier.ch. In der **City Metzgerei** von Visp erhält man frisches und getrocknetes Fleisch von Ehringer Rindern, der berühmten schwarzen Bergrasse: *Märtmattenstr. 1, Tel. 027/ 945 10 33.* Typische Waadtländer-Produkte findet man inmitten der Altstadt von Lausanne: **La Ferme Vaudoise**, *Place de la Palud 5, Tel. 021/351 35 55,www.laferme vaudoise.ch.* Die beliebtesten Westschweizer Würste, „Saucisson vaudois", sind aus grob gehacktem Schweinefleisch und kalt geräuchert: etwa **Charcuterie Berger**, *Rue d'Yverdon 12 in Payerne, Tel. 026/660 23 67.* Herausragend auch die Käsespezialität „Vacherin Mont d'Or" – vor allem bei Maître Rodolphe Gosteli, der als Käser schon Weltmeistertitel eingeheimst hat: **Fromagerie des Landes**, *Rue du Village 1 in Le Solliat, Tel. 021/845 60 65, www.delice maitrerodolphe.com.*

Seit 100 Jahren am selben Ort: die Bäckerei Schwyter in der Neugasse, St. Gallen

Nordwestschweiz und Jura

Gegenüber vom Bahnhof in Glovelier zaubert Bernard Colomb traumhafte Pralinés, etwa mit Absinth in der Masse: **La Chocolatière**, *Hôtel de la Gare, Tel. 032/426 72 54.* Eigene Kreationen aus Grand-Cru-Schokolade bietet Maren Gnädinger in Basel an: **Xocolatl**, *Blumengasse 3, Tel. 061/262 01 05, www.xocolatl-basel.ch.* Und auch für Fischprodukte wird die Nordwestschweiz gerühmt: Je nach Saison fängt Marcel Martin täglich Felchen im Bielersee, die er sofort filetiert und dann räuchert: **Fischerei Martin**, *La Baume 8 in Ligerz, Tel. 032/315 12 73.*

Nordostschweiz

Nach Jahrzehnten rasanter kulinarischer Öffnung und der Einbürgerung weltweiter Spezialitäten richtet sich das Interesse auch in Zürich und Umgebung wieder auf lokale Genüsse. Restaurants, die landestypische Rezepte, Zutaten und Weine bieten, sind zum Beispiel **Alpenrose** (siehe Seite 134) und **Terroir** (siehe Seite 137). Als schmuckes Geschäft mit einem Schatz an Produkten aus der französischsprachigen Schweiz gilt das **Welschland**, *Zweierstr. 56 in Zürich, Tel. 043/243 98 51.* Knapp 100 Kilometer entfernt, in St. Gallen, gibt es die beste Kalbsbratwurst: **Metzgerei Schmid**,

St.-Jakob-Str. 48, Tel. 071/244 81 32. Das passende Bürli – ein Brötchen, das ins Inventar aufgenommen wurde – kauft man in der **Bäckerei Schwyter**, *Neugasse 16, St. Gallen, Tel. 071/228 50 50, www.schwyter.com.*

Südostschweiz und Tessin

In jener Gegend auf der Alpensüdseite, die die Schweizer aus gutem Grund nicht den Italienern gegönnt haben, liegt das Bleniotal, wo im Sommer „Formaggi delle Alpe Ticinese" produziert werden: formidable Käsesorten. Wer die Geduld aufbringt, mehrere der Alpen zu besuchen, kann Wandern mit Degustieren verbinden. Die Käse schmecken nie gleich. Man findet die lokalen Sorten auch in Dorfläden, zum Beispiel in Olivone oder Malvaglia, die auch ganz besondere Salami bieten: **Salumeria Blotti**, *Tel. 091/870 10 83.* Für Bündnerfleisch und luftgetrocknete „Salsiz" von einsamer Klasse empfiehlt sich im Unterengadin: **Hatecke**, *Center Augustin, Scuol, Tel. 081/ 864 11 75, www.hatecke.ch.* Exquisit dargeboten werden klassische Bündner Spezialitäten auch im **Restaurant Alter Torkel**, *Jenins, Tel. 081/302 36 75, www.torkel.ch,* oder im **Restaurant Zum Ochsen**, *Malans, Tel. 081/322 11 17, www.donatsch-malans.ch.* ∎

Autor **Paul Imhof**, 56, verantwortet den „Schauplatz Schweiz", die Schweizseiten von GEO. Zudem die kulinarischen Themen beim „Tages-Anzeiger". Zuletzt wagte sich der Gourmetspezialist an die Kolumne „Zehn Wochen lang abnehmen". Ein Projekt, das selbstredend zum Scheitern verurteilt war.

Der Berg

R
U
T
S
C
H
T

TEXT → ERWIN KOCH

In den Alpen ist längst nicht mehr alles »felsenfest«. Der Klimawandel sorgt auch hier für bewegte Zeiten. Marianne und Hansruedi Burgener hat er fast die Existenz gekostet. Eines Morgens entdeckten die Wirtsleute kleine Risse in ihrer Terrasse …

RECHTS: Die Stier-egg-Hütte am **ABGRUND**. Sie wird abgebrannt, bevor sie stürzen kann. Für die Pächterfamilie geht dennoch ein Stück Heimat den Berg herunter. **LINKS:** Wenig später bröckelt oberhalb der Stieregg die **EIGER-OST-WAND**. Gegenüber hatte Familie Burgener gerade ein neues Haus bezogen

STUMM HOLT ER DAS ALBUM, einen schweren blauen Ordner, gefüllt mit den jüngsten Jahren seines Lebens, 2004 bis 2008. Im Hinterzimmer legt er das Werk auf den Tisch, Wind lärmt ums Haus, Föhn, der nordwärts braust, und Hansruedi Burgener, Pächter der Berghütte Bäregg, 1775 Meter über den Meeren, beginnt zu blättern, fast ungelenk. Denn Burgeners Hände, beinahe Tatzen, sind für Grobes gedacht. Burgener war, bevor er sich und seiner Familie den Traum von der Berghütte erfüllte, Lastwagenfahrer, auch Tiefbauarbeiter, Bergführer, Skipistenchef, im Sommer hat er Lawinen im Auftrag der Abteilung Naturgefahren des Kantons Bern den Weg verbaut. Selten war er bei Marianne und den zwei Söhnen zu Hause in Grindelwald, Berner Oberland.

Schließlich, als die Jungs groß genug waren, neun und elf, um einen schmalen, steilen Pfad allein zu gehen, bewarben sich Hansruedi und Marianne Burgener-Röthlisberger um die Pacht der Berghütte Stieregg, ein Haus aus Holz und Liebe, auf eine Wiese gesetzt, wo sommers Schafe weiden, im Winter Unwirtlichkeit herrscht. Es hieß, die Stieregg, thronend über dem Unteren Grindelwaldgletscher, dem Ostende des berühmten Eiger so nahe, dass man glaubt, man könne die Wand berühren, mit Blick auf das Eismeer, das vom Mönchsjoch lappt, auf Ochs und Großes Fiescherhorn – es hieß, die Stieregg sei eines der schönsten Bergrestaurants der Alpen.

„Vielleicht", sagt Hansruedi Burgener über den Tisch, „war es ein Glück, dass wir nur ein Jahr dort waren." Weshalb? „Sonst hätten wir uns zu sehr verliebt."

Marianne kochte, Hansruedi servierte, Sommer 2004, Mai bis September. Während der Woche lebten die Söhne bei den Großeltern im Dorf, stiegen am Freitag in die Pfingstegg-bahn, dann zu Fuß auf die Stieregg, eine Stunde weit, gingen am Sonntag wieder ins Tal, wo sie die Schule besuchten. Wanderer kamen und gingen; manche, die auf der Wiese saßen und arglos ihr Sandwich entblößten, wurden von Sigi und Chico erschreckt, den beiden Eseln. Schlau genug, sich nur von hinten zu nähern, stahlen diese mit schnellem Biss von den fremden Speisen.

„Normalität", sagt der Mann und blättert in seiner Erinnerung. Zwar, sagt er, zwar habe man gewusst, dass der Hang, auf dem das Haus stand, nicht mehr stabil und ewig sei, die Stieregg war eine Moräne, nichts als Schutt, den der Gletscher, als er noch wuchs, einst zu riesigen Wällen drückte. „Aber dass es dann so schnell gehen würde, hatte niemand erwartet."

AM 1. MAI 2005, EINEM SONNTAG, als der Schnee bereits geschmolzen war, stiegen Hansruedi und Marianne Burgener zum ersten Mal in jenem Jahr auf die Stieregg, besahen sich das Haus, die Küche, die Schlafzimmer der Gäste und lüfteten die Räume. „Normalität", knurrt Burgener.

Am 16. Mai kamen sie wieder und entdeckten vor der Hütte feine Risse im Boden. Sie dachten sich wenig, füllten sie mit Erde und Kies.

Am anderen Morgen waren die Risse wieder da, und Hansruedi Burgener, in den Bergen groß geworden, mit ihren Launen vertraut, war nicht mehr wohl. Er rief Hans Rudolf Keusen an, einen Geologen aus der Nähe von Bern und Geschäftsführer der Geotest AG, den Burgener aus früheren Sommern kannte, als er noch Felsen gesichert und Lawinenzäune errichtet hatte. Hans Rudolf Keusen, selbst Berggänger und vielleicht der bekannteste Fachmann der Schweiz in Sachen stürzender Berge, reiste auf die Stieregg, wunderte sich und schrieb auf, was er maß und ahnte. →

→ FREITAG, 20. MAI: Die Risse haben sich auf rund 2 cm geöffnet. Es wurden zwei behelfsmäßige Messstellen (Holzpfosten) eingerichtet, die täglich abgelesen werden.

„Das war die schlimmste Zeit", erinnert sich Hansruedi Burgener und legt die große Hand ins Gesicht. „Die Stieregg war unsere Existenz. Konnten wir bleiben? Mussten wir gehen?" So elend könne das wohl nicht sein mit ein paar Spalten auf der Terrasse, meinten manche Eigentümer des Bergrestaurants Stieregg, Mitglieder der Bergschaften Grindel und Scheidegg, Risse habe es dort schon früher gegeben.

→ FREITAG BIS DIENSTAG, 20.-24. MAI: Die horizontalen Bewegungen (Öffnung der Risse) nehmen bis auf 2 cm pro Tag zu. Auf Anordnung der Geotest AG werden sieben weitere Messpunkte an der Abrissfront und beim Riss auf der Terrasse eingerichtet.

Burgener blättert durch sein Album der jüngsten Jahre, findet endlich, unter Plastik geschützt, ein Foto: Risschen und Risse, als wären sie mit der Hitze der Sonne gewachsen.

EINMAL NOCH schliefen Hansruedi und Marianne Burgener im Haus auf der Stieregg, es war ein Knirschen im Gebälk, ein fremdes Knarren die ganze Nacht, am Morgen stand die Fahnenstange schief. „Das war", sagt Burgener leise, „nicht einfach." Er schweigt. „Einfacher wurde es, als wir wussten, hier können wir nicht bleiben, hier müssen wir weg."

→ MITTWOCH, 25. MAI: Die Messungen zeigen eine vertikale Bewegung der abgelösten frontalen Schuppe von bis zu 7 cm. Der Riss ist rund 200 m lang, verläuft in Ost-West-Richtung parallel zur Abrisskante und greift bis 30 m ins Gelände der Stieregg. Es ist eine steil stehende Gleitfläche zu erwarten. Der Restaurantbetrieb kann über Tag beibehalten werden. Über Nacht dürfen sich keine Personen im Haus aufhalten.

Ans Aufgeben, Herr Burgener, haben Sie nie gedacht? „Ins Tal zurückzukehren?" Er legt den Kopf in die große Hand, schaut aus dem Fenster, blickt zum Eismeer, zum grauen Gletscher. „Ich nicht. Aber Marianne." Er habe, sagt er, sehr bald und felsenfest an eine neue Berghütte an einem anderen Ort geglaubt. Und kaum spricht er das Wort aus, muss er laut lachen: felsenfest!

→ SONNTAG, 29. MAI: Das Ausmaß der Rutschmasse wird auf rund 500 000 m³ geschätzt. Das gesamte Terrain hat sich rund 80 cm gesenkt. Die Messung wird aus Sicherheitsgründen eingestellt, der Wanderweg noch besser mit Stacheldraht abgesperrt.

„Der Gemeindepräsident war gekommen, auch der Feuerwehrkommandant, Marianne kochte eine Suppe, die letzte an jenem Herd. Vier Stunden vielleicht waren wir auf der Stieregg, ein bisschen traurig, ratlos, und während dieser Stunden verschob sich das Gelände um einen halben Meter. Wir ahnten, dass bald etwas geschehen würde. Und wir überlegten zu bleiben, um dabei zu sein, wenn es geschieht. Dann aber, um 15 Uhr, stiegen wir ins Tal."

Gegen 19.30 Uhr streichen dichte Staubwolken über die Pfingstegg hinweg. Vermutlich ist die Rutschmasse zu diesem Zeitpunkt spontan abgeglitten, notierte der Geologe.

Hansruedi Burgener, Bergwirt im Sommer, Pistenchef im Winter, blättert im Ordner, legt den schweren Finger auf eine

LINKS: Den neuen Nachbarn der Burgeners taufte das Boulevardblatt »Blick« **MONSTERFELSEN.** Er soll das Volumen von 2000 Einfamilienhäusern haben. Von der Bäregg-Hütte ist der bereits gut erkennbare Abriss nur durch eine Schlucht getrennt. **RECHTS:** Die Burgeners auf der Sonnenterrasse jener Hütte. Im Sommer strömen bis zu 500 Schaulustige pro Tag zu ihnen, lassen den gegenüberliegenden Felsen nicht aus den Augen und bestellen fleißig **BERGSTURZKAFFEE**

Fotografie. „Keine Terrasse mehr, das Haus drei Meter vor dem Abgrund."

Hans Rudolf Keusen, Mitglied der Nationalen Plattform Naturgefahren und Präsident der Eidgenössischen Geologischen Kommission, sagte im Radio, der warme Monat Mai und, damit verbunden, die Schneeschmelze könnten eine Ursache des Abrutsches sein. Vor 50 Jahren noch habe das Eis des Unteren Grindelwaldgletschers fast die Stieregg erreicht, nun aber habe es diese Moräne nicht mehr gestützt.

Ein gemeinsamer Bericht von OcCC (Organe consultatif sur les Changements Climatiques) und ProClim (Forum for Climate und Global Change) sagt voraus, dass sich das Klima in der Schweiz bis zum Jahr 2050 im Herbst, Winter und Frühjahr um rund zwei Grad Celsius erwärme, im Sommer um drei. Die Fachleute glauben, es sei, weil die Winter ständig wärmer und nasser würden, die Sommer aber trockener, nun häufiger mit Felsstürzen zu rechnen.

→ **FREITAG, 3. JUNI:** Die südwestliche Ecke des Hauses hängt in der Luft.

Burgener schaut aus dem Fenster der neuen Bäregg, hebt die Schultern. „Es war nichts zu machen."

Schwarzer Rauch füllte das Tal am Abend des 3. Juni 2005. Die Stieregg-Hütte, von der Feuerwehr entzündet, damit sie nicht auf den Unteren Grindelwaldgletscher stürzte, stand in Flammen. Marianne und Hansruedi Burgener sahen zu und wussten nichts zu reden.

ELF TAGE SPÄTER, am 14. Juni 2005, brachte ein Helikopter drei Baucontainer auf eine kleine Wiese, die Bäregg, 120 Meter höher gelegen als die verlorene Stieregg. Der Platz ist felsig und flach, dem Ostende des berühmten Eiger so nahe, dass man wiederum glaubt, die Wand berühren zu können. Hansruedi Burgener stellte Tische auf, Bänke und Sonnenschirme, das Provisorium für einen Sommer, er servierte, Marianne kochte, die Söhne halfen. Arbeiter der Gemeinde Grindelwald schlugen einen neuen Weg aus dem Hang, der in einem weiten Bogen um die abgerutschte Stieregg zur neuen Bäregg hinaufführt.

„Ein schwieriges Jahr", sagt Burgener, „ein wichtiges." Weshalb? „Wir wollten uns und der Welt zeigen, dass es weitergeht hier oben." Hansruedi Burgener besprach sich mit den Eigentümern des Bodens, den Bergschaften Grindel und Scheidegg, man rechnete und plante, entschied sich endlich für ein neues Haus auf der Bäregg, 800 000 Franken teuer, 30 Sitzplätze in der Gaststube, 50 auf dem hölzernen Balkon, 28 Schlafstellen unter dem Dach, eigene Abwasserreinigung, Sonnenenergie. Spatenstich war am 22. März 2006. Helikopter brachten Maschinen,

dann Beton, 46 Kubikmeter, dann die hölzernen Wände, das Dach. Hansruedi Burgener leitete den Bau, meistens waren sie zu zweit auf der Bäregg, manchmal zu zehnt.

Am 11. Juni 2006, es war Sonntagvormittag und warm, klingelte Burgeners Mobiltelefon. Der Betreiber der Grindelwaldner Gletscherschlucht, einer Touristenattraktion im Tal, sagte: Es staubt hier. Ist etwas passiert bei dir oben? Nichts gehört, nichts gesehen, meinte Burgener und arbeitete weiter am neuen Haus, noch drei Wochen bis zur Eröffnung. Schließlich griff er doch zum Fernglas, richtete es auf das Ostende des Eigers, auf eine riesige Wand, von den Einheimischen Schlosslauenen oder Ostegg genannt. Burgener sah einen Riss, fein und waagrecht, etwa 250 Meter lang, Brocken stürzten aus dem Berg und fielen aufs tote Eis des Unteren Grindelwaldgletschers.

„Und dann ging es wieder los", knurrt Hansruedi Burgener über den Tisch, er schüttelt den Kopf. Lärm dringt aus der Küche, Marianne backt Kuchen, für ihren Kuchen ist sie berühmt, Aprikose und Apfel. Einmal in der Woche flattert der Helikopter auf die Bäregg, bringt frische Ware.

WIEDER REISTE DER GEOLOGE HANS RUDOLF KEUSEN in die Enge, er besah sich die Wand und schätzte, der Riss sei bereits einen Meter breit. Vier Tage später, aus dem Helikopter abgeseilt, schlug der Rettungschef der Gemeinde sieben Messpunkte in den rutschenden Fels, Bolzen aus Stahl.

Die Eigerflanke bröckelt, war in der Zeitung „Der Bund" am 17. Juni zu lesen. Der Druck des Schmelzwassers, so laute das Urteil des Geologen Keusen, habe diese Spalte geöffnet. Wenn alles abstürze, könnten bis zu zwei Millionen Kubikmeter Gestein auf den Gletscher donnern.

→ **SONNTAG, 25. JUNI:** Anzahl und Größe der Felsabbrüche nehmen zu und haben große Staubwolken zur Folge. Die vorläufige Schließung der Gletscherschlucht wird nötig. Immer mehr Publikum findet sich auf der Bäregg ein, um das Naturspektakel zu verfolgen.

Hansruedi Burgener blättert durch die Erinnerung, er sagt: „Wir waren überfordert damals. Das Haus war noch nicht fertig, da draußen lagen fünf, sechs Helikopternetze voller Ware, Gläser, Teller, Gabeln, Messer, und die Leute kamen, um den Eiger zu sehen, wollten trinken, wollten essen, wollten reden." →

Seit die weißen Riesen wanken, hat **FELSSTURZ-TOURISMUS** Hochkonjunktur. Dieser Weg führt zur neuen Bäregg: »Monsterfelsen gucken«. Warnhinweise beachten Wanderer dabei ganz genau – sie bewahren auch bei **»ACHTUNG, GEFAHR!«**-Schildern stoische Ruhe

→**DIENSTAG, 27. JUNI:** Die Felsspalte ist zu groß geworden, um sie zu überspringen. Die Verantwortlichen beschließen die Installation einer Infrarot-Distanzmessanlage, welche die Bewegungen bis auf 2 mm genau feststellen kann.

→**DONNERSTAG, 29. JUNI:** Der Grindelwaldner Rettungschef, an der Seilwinde des Hubschraubers gesichert, installiert vier schwere Messstationen. Ratlosigkeit bei den Experten: Ob und wann der große Bergsturz kommt, weiß niemand.

Dieser Monsterfels, errechnete die Redaktion des Volksblattes „Blick" Ende Juni, sei so groß wie 2000 Einfamilienhäuser, 250 Meter lang, 200 Meter hoch, fünf Millionen Tonnen schwer. Schuld sei die Erderwärmung, das Wegschmelzen der Gletscher, das Verschwinden von Permafrost.

Tatsächlich verloren die Gletscher der Alpen zwischen 1850 und 1975 ungefähr die Hälfte ihrer Masse. Seither schmelzen sie in Rekordgeschwindigkeit. Zwischen 1975 und 2000 verloren sie abermals 25 Prozent, zwischen 2000 und 2005 noch einmal 10 bis 15 Prozent.

P**ERMAFROST IST DAUERND GEFRORENER BODEN,** gleichsam versiegelt und damit geschützt vor eindringendem Wasser. Die Permafrostgrenze in den Alpen ist seit dem Jahr 1850 um 200 bis 300 Meter gestiegen. Das Gebirge taut auf.

→**DIENSTAG, 4. JULI:** Ein großer Felsvorsprung in der Nähe des Wasserfalls stürzt am frühen Abend in die Tiefe. Eine mächtige

Staubwolke wird nach Grindelwald geweht und deckt das Gletscherdorf mit feinem, weißem Staub ein.

Journalisten und Kameraleute reisen im Hubschrauber an, Maschinen kamen und gingen, Burgeners Söhne begannen zu zählen, 22 Medienvertreter an einem einzigen Tag. Diese, in ihrer Langeweile, gaben den Felsteilen Namen: Mariannes Nase, Schwarze Madonna, Bär, Mönch. Und als einer Hansruedi Burgener fragte, ob er, im Angesicht von so viel Bergsturz, nicht längst ein entsprechendes Getränk erdacht habe, log der Wirt: Wir haben unseren Bergsturzkaffee. Marianne, dem Schwindel ihres Mannes ausgesetzt, mischte schnell Kaffee, Zucker und Schnaps in Bierhumpen, füllte die Gläser mit geschlagenem Rahm und krönte das Gericht mit einem Edelweiß aus Marzipan.

„Wirtschaftlich gesehen", sagt Burgener ein Jahr nach dem Ereignis, „hatten wir eine gute Zeit."

→**DONNERSTAG, 6. JULI:** Die Felspartie rutscht 77 cm pro Tag.

Der Eiger bricht auseinander, war in der „Mittelland-Zeitung" zu lesen.

→**SONNTAG, 9. JULI:** Der Fels senkt sich 86 cm pro Tag.

Noch nie in ihrer fast 40-jährigen Geschichte brachte die Pfingsteggbahn, eine Gondel, an einem einzigen Tag mehr Menschen auf den Weg, der zur Bäregg führt: 1831 Passagiere. Die Gemeinde Grindelwald, vorsichtig geworden, schlug Warntafeln in den Hang, auf denen in Deutsch, Englisch, Niederländisch und Französisch zu lesen war: „Staub, Lärm, Erschütterungen, Luftdruck, kleine Mikroerdbeben – bewahren Sie Ruhe, und verlassen Sie den Weg nicht!"

Und Marianne, auf der Bäregg, hatte keinen Kuchen mehr und keine Kraft, neuen zu backen.

→ **DIENSTAG, 11. JULI:** Spalt schon sechs Meter breit.

„Der Monsterfels kommt. Die Frage ist nur, wann", titelte der „Blick". Studenten vom Institut für Geomatik der Universität Lausanne stellten einen Laserscanner auf die Bäregg, ein Gerät im Wert von 200 000 Franken, tasteten damit gleichsam den ganzen Felsen ab, drei Millionen Messpunkte.

„Ja", knurrt Burgener und blättert durch die Erinnerung und schweigt.

Und dann? „Dann", sagt er endlich, „dann war es so weit."

→ **DONNERSTAG, 13. JULI, 19:22 UHR:** Eine gigantische Malmkalkplatte rutscht weg und reißt einen 100 m hohen Pfeiler mit in die Tiefe. In einer Kettenreaktion löst sich der ganze nördliche Teil der Schlosslauenen. Es kracht und bebt, die Luft vibriert. Auf der Bäregg bleibt der Boden still. Ein halbes Dutzend Augenzeugen verfolgt das Szenario von dort aus mit ungläubigem Staunen. Eine 50 m hohe Felssäule richtet sich auf und bleibt stehen, wird aber in einem zweiten großen Bergsturz von einem über 1000 m³ großen Brocken geknickt und in die Tiefe gerissen. Eine weiße Staubwolke breitet sich über dem ganzen Tal aus. Das Dorf ist von der Bäregg aus bis zum Einsetzen des Regens um 21 Uhr nicht mehr zu sehen.

Der Erdbebendienst registrierte den Fall um 19.25, 19.26 und 19.39 Uhr.

„Und ich war beim Einkaufen im Tal", sagt Burgener.

Der Geologe stellte anderntags fest, höchstens ein Fünftel des rutschenden Felsens sei auf den Gletscher gestürzt, 460 000 Kubikmeter. In Erwartung des Restes schraubten „Blick"-Leute eine Webcam neben die Fahnenstange auf der Bäregg: „Eiger gucken! Dank Blick-Webcam sind Sie live dabei."

→ **SONNTAG UND MONTAG, 16. UND 17. JULI:** Es scheint, als gönne sich der Berg eine Verschnaufpause.

„Seither ist er ziemlich ruhig", sagt Hansruedi Burgener, „er rutscht langsam ins Tal und schiebt sich in den müden alten Gletscher, versinkt quasi darin, als wäre das Eis weich wie Honig. Weltweit einmalig, sagen die Geologen."

Und wenn er eines Tages doch kommt? „Er ist willkommen."

Bis es so weit ist, dringt Lärm nur aus der Küche der Bäregg, 1775 Meter über den Meeren. Marianne backt Kuchen, Aprikose und Apfel. ∎

Erwin Koch, 52, hat als Autor schon viel erlebt – aber noch nie einen Apfelkuchen, der mit jenem auf der Bäregg vergleichbar war.

| INFO

KLIMAWANDEL

Eisgenossen auf dem Rückzug

Links: 1900 schmiegte sich der Große Aletschgletscher noch an die Belalp
Rechts: 2005 hat der Alpen-Riese dramatisch abgegeben. In Zahlen: 2,5 Kilometer

Links: 1905 geht der Palü-Gletscher fast auf Tuchfühlung zur Alp Grüm
Rechts: 2005 hält er dagegen bereits mächtig Abstand – 1,1 Kilometer

Die Gletscher studieren

In den vergangenen Jahrzehnten wurde den Alpen gehörig eingeheizt; um fast zwei Grad stieg die Durchschnittstemperatur. Konsequenz: Felsen bröckeln und Gletscher schrumpfen – oder werden, wie der **Gurschengletscher** bei Andermatt, mit „Frischhaltefolien" vor der Sommersonne geschützt. Doch was lässt sich langfristig gegen die Folgen der Klimaerwärmung tun? Eine Sonderausstellung im **Gletschergarten Luzern** gibt noch bis 2. November 2008 Antworten: *Denkmalstr. 4, Tel. 041/410 43 40, www.gletschergarten.ch; Eintritt 12 CHF.*

Die Bäregg besuchen

Ab Grindelwald mit der Luftseilbahn auf die Pfingstegg, von dort weiter zu Fuß Richtung Schreckhornhütte. Wer nach anderthalbstündigem – laut Hüttenwart Burgener – „kinderleichtem" Marsch müde am Berghaus Bäregg ankommt, verrät sich als Städter. Einen Bergsturzkaffe für acht Franken bekommt er trotzdem serviert. Für völlig Erschöpfte: Übernachtung inklusive Halbpension 70 CHF pro Person. Reservierung: *Tel. 033/853 43 14, www.baeregg.com.*

DIE HOHE KUNST DER VERSCHWIEGENHEIT

Die Schweizer sind so bescheiden, dass sie einen der größten Vorzüge ihres Landes nahezu verstecken: die exquisiten Privatsammlungen. Erst ein spektakulärer Raubzug gab ihnen die nicht erwünschte Aufmerksamkeit

Der Sämann von Vincent van Gogh vor dem riesigen Ball einer untergehenden Sonne

SAMMLUNG BÜHRLE ZÜRICH

Vielleicht die Königin unter den Schweizer Kunstsammlungen. Zwar kennt das adelsfreie Land nur Gleiche unter Gleichen, aber ein bisschen weniger gleich ist der Bilderschatz des Emil Georg Bührle eben doch. Der Industrielle, der mit dem Patent auf ein automatisches Geschütz seine Oerliker Fabrik einst zu einer Waffenschmiede mit großer Durchschlagskraft ausbaute, begann in den 1930er Jahren, Kunst zu kaufen. Wie bei fast allen Sammlern aus der ersten Hälfte des 20. Jahrhunderts dominierten auch bei ihm die Stars des Impressionismus und Nachimpressionismus: Cézanne, Degas, van Gogh, Gauguin, Matisse und Picasso.

Stillleben mit Sammler (1): Emil Georg Bührle 1958 inmitten seiner Preziosen. Vier von ihnen, darunter van Goghs Blühender Kastanienzweig und Cézannes Knabe mit der roten Weste (Mitte und unten links), rissen Räuber im Februar 2008 von der Wand. Die Opfergabe von Gauguin (2) und Degas' Kleine vierzehnjährige Tänzerin (3) waren – ein Glück – zu schwer für sie

TEXTE ¬ **HANS-JOACHIM MÜLLER**

NICHT EINMAL DEM BESTEN FREUND in Deutschland hätten wir von den märchenschönen Begegnungen mit Cézanne und Degas, Monet und van Gogh erzählt, die wir des Öfteren in Zürich und anderswo haben. Denn still ist der Stolz im Land und verschwiegen das Kunstglück hinter artig geschnittenen Hecken. Aber dann kamen Leute mit Lieferwagen und Strumpfmasken und rissen die Bilder, unsere Bilder heraus aus der Königin der Schweizer Kunstsammlungen, der Sammlung Bührle. Der geschätzte Wert der vier im Februar geraubten Schätze: 110 Millionen Euro. Und plötzlich weiß alle Welt, welch begehrte Kunst es zwischen Rhein und Alpen gibt.

Vom Kunstland Schweiz zu reden heißt, von der triumphalen Privatisierung der Künste zu reden. Kein anderes Land verfügt über ein vergleichbar engmaschiges Netz an museal aufbereitetem privaten Kunstbesitz. Begründet zumeist in der ersten Hälfte des 20. Jahrhunderts, haben nicht wenige der ehemaligen Familiensammlungen ihre Eigenständigkeit behalten und bezaubern an stillen Orten noch immer ihr treues Publikum. Man kann quer durch das Land reisen, von einer verwunschenen Villa zur anderen, von einem Stiftermuseum zum nächsten, und reist dabei durch die lückenlose Kunstgeschichte des 20. Jahrhunderts. Eine Perlenschnur. Eine Kette, an der die Kleinode in schon luxuriöser Häufung hängen. Dass es in der streng föderalistischen Schweiz kein urbanes Zentrum gibt, mithin auch keinen Prado, keinen Louvre, keine National Gallery, hat den Kordon privaten Gönnertums nur dichter werden lassen. Kenner verweisen auf das mustergültige Stiftungs- und Steuerrecht.

Doch auch die unbeirrbare Landestugend, vergleichsweise unspektakulär mit den ererbten und erworbenen Reichtümern umzugehen, mag zur Sozialverträglichkeit der privaten Kunstinitiativen beigetragen haben. Medienstars waren die potenten Schweizer Sammler nie. Und der Selbstdarstellungsdruck, dem die Kunstaufkäufer in anderen europäischen Ländern erliegen, scheint hier noch ungewöhnlich vormodern ausgebildet zu sein. Lieber füllt man die Depots im Keller, baut einen geräumigen Kunsttrakt an den Wintergarten an, umgibt sich mit akkurat gestutztem Grün und rühmt die komplizierten demokratischen Prozeduren, die einer umstandelosen bürgerlichen Machtentfaltung dann doch nie im Wege waren. Wer wie der Chirurg und Orthopäde Maurice Edmond Müller, der mit Patenten auf das künstliche Hüftgelenk ein hübsches Vermögen gemacht hat, rund 50 Millionen Euro für ein mittlerweile aufgeblühtes Klee-Museum in Bern verspricht, dem lässt das ansonsten launische Stimmvolk alles durchgehen.

Uns Kunsttouristen kann das nur recht sein. Und irgendwann wird sich sogar die Aufregung um den großen Kunstraub legen. Der van Gogh ist bereits gefunden, die Leute mit dem Lieferwagen und der Strumpfmaske bringen sicher noch den Cézanne zurück. Und dann stehen wir wieder staunend davor und erzählen niemandem davon.   →

Das Leuchten der klassischen
Moderne: Über Monets Seerosen
(linkes Bild) und Giacomettis
Figuren schwebt ein transparen-
tes Hightech-Dach, durch das
Tageslicht auf die Exponate der
Fondation Beyeler flutet

FONDATION BEYELER
BASEL

Niemand mit halbwegs entwickelter Bil-
derlust kommt an der Fondation Beyeler
vorbei. Im 1997 eröffneten Privatmuseum
gehört Warten am Eingang deshalb ebenso zum Alltag wie andächtiges Staunen.
Empfindsames Einvernehmen zwischen
dem anspruchsvollen Stifter und seinem Architekten Renzo Piano hat eines
der großartigsten Museen für die Kunst
des 20. Jahrhunderts geschaffen. Ernst
Beyelers Kollektion, der Frucht einer
kunsthändlerischen Weltkarriere, wurde
lange Zeit gelassen, um auf ihren zentra-
len Säulen Picasso, Léger, Matisse, Klee,
Dubuffet und Giacometti wachsen zu
können. Heute erscheint die Inszenierung
der exquisiten Bilder geradezu perfekt. Ein Zauber immer wieder: der Blick
von Monets „Seerosen-Triptychon" zum
Seerosen-Teich draußen im Park. In den
ersten zehn Jahren ihres Bestehens ist
die Fondation zu einem der erfolgreichsten Schweizer Museen geworden: mit
fast 390 000 Besuchern im Jahr 2007.
Statistisch gesehen, muss man also bei
jedem Besuch mit mindestens tausend
Gleichgesinnten rechnen.

→

STIFTUNG ROSENGART LUZERN

Das jüngste der Schweizer Sammlermuseen, im nobel umgebauten ehemaligen Nationalbank-Gebäude eröffnet, verströmt noch immer die Frische einer gerade renovierten Wohnung. Mehr als 200 Bilder und Zeichnungen sind zu sehen, die Hinterlassenschaft einer überaus erfolgreichen Kunsthändlerkarriere – begründet von Vater Siegfried Rosengart, fortgeführt von Tochter Angela. Die Kollektion ist durchaus eigensinnig. Als mächtige Stützen der Bilderarchitektur fungieren Klee und Picasso, die den Besuch des selten überlaufenen Museums zum Erlebnis machen.

Porträts einer Dame (1+2): Stifterin Angela Rosengart und Pablo Picasso waren befreundet, der Meister verewigte die Kunsthändlertochter nicht weniger als fünfmal – etwa 1958. Ein repräsentatives Zuhause für ihre über 50 Picassos und weiterer Werke hat Rosengart 2002 gefunden: die neuklassizistische ehemalige Nationalbank in Luzern (3). Hier hängen auch das kubistisch zersplitterte Bergdorf (herbstlich) von Paul Klee (4) und Picassos Kleines Mädchen mit Spielzeugschiff (5), über das Angela Rosengart sagt: »Ich habe nie etwas gekauft, das mir nicht auch ganz persönlich etwas bedeutet«

Herr im Smoking (1): Oskar Reinhart, hier um 1960, verwirklichte seinen Traum mit 39 Jahren – er widmete sich fortan ausschließlich der Sammelleidenschaft. Caspar David Friedrichs berühmte Kreidefelsen auf Rügen (2) trug er zusammen, ebenso Werke von Carl Spitzweg, Lucas Cranach dem Älteren oder der Impressionisten Sisley, Renoir und Monet. In Reinharts einstigem Wohnhaus (3) ist heute ein Teil der Sammlung zu sehen

1

2

3

SAMMLUNG OSKAR REINHART
WINTERTHUR

Das kleine Land hat große Museen. Aber sein größtes Museum ist doch sein kleinstes, eine Privatvilla. Anders als bei den meisten seiner kunstliebenden Zeitgenossen erfüllte sich Oskar Reinharts Kunstliebe nicht in Paris allein. Berlin und München waren ebenfalls Orte, deren Kunst seine Begehrlichkeiten weckte. Und so kam es, dass ein von Reinhart erworbenes Bild wie Caspar David Friedrichs „Kreidefelsen auf Rügen" zur Schweizer Schulbuch-Ikone geworden ist. 1951 übergab der Sammler der Stadt Winterthur 600 Werke, vor allem Romantiker und Realisten, für die am Stadtgarten ein eigenes Museum eingerichtet wurde. Der französische Part der Sammlung verblieb in der Villa „Am Römerholz", einem Traumort des wunschlosen Kunstglücks.

→

VILLA FLORA
WINTERTHUR

Flora war, als es noch Göttinnen gab, die Göttin der blühenden Natur. Sie hat den ganzen Tag Blumen gesammelt und ist über ihren glücklichen Zeitvertreib unsterblich geworden. Und auch wenn die Winterthurer Bildersammler Arthur und Hedy Hahnloser trotz ihrer Leidenschaft gestorben sind, so kümmert sich ihre verzweigte Nachkommenschaft noch immer um den glücklichen Zeitvertreib der Ahnen und unterhält am Stammsitz der Familie eines der schönsten Museen der Schweiz. Das Ehepaar Hahnloser begann 1907 zu sammeln. Wobei Engagement und Aufgeschlossenheit für die schweizerisch-französische Gegenwartskunst – Hodler, Vallotton, Bonnard, Vuillard, Maillol, Redon oder Rouault – stilbildend für nicht wenige Sammler ihrer Generation wurden. Seit 1995 ist ein Flügel der Mitte des 19. Jahrhunderts erbauten Bürgervilla zugänglich.

Der Zauber der Unzugänglichkeit umgab die Villa Flora und ihren Garten mit den Maillol-Skulpturen jahrzehntelang. Nur Freunden und Künstlern wurde das Privileg eines Besuchs eingeräumt. Heute kann man Hodlers »Genfersee mit Blick auf die Savoyerberge« (rechtes Bild) schon für 12,50 Franken Eintritt sehen

SAMMLUNG SIGG
MAUENSEE

Die künstlerischen Entwicklungen in China verfolgt Uli Sigg, ehemals Vizepräsident des Verwaltungsrats der Ringier-Gruppe, seit den 1980er Jahren. Er spricht Chinesisch, war Schweizer Botschafter in Peking und ist heute mit der weltgrößten Sammlung chinesischer Gegenwartskunst Freund, Förderer und wohl wichtigster westlicher Ansprechpartner der jungen chinesischen Künstler, von denen nicht wenige zu den Shootingstars des zeitgenössischen Kunstbetriebs zählen. Uli Sigg konzentriert sich nicht auf bestimmte Werke oder Künstlerpersönlichkeiten, er sammelt enzyklopädisch – gleichsam als Archivar einer Epoche. Dabei macht er keinen Hehl daraus, dass ihm selbst nicht alles gefällt.

Avantgarde aus Fernost: Junge chinesische Kunstwerke stehen hoch im Kurs – so wie die Polyestermänner von Yue Min Jun (1), das Porträt Mao Zedongs von Yu Youhan (2) oder die Holzskulptur Chain von Wang Keping (3). Für alte Meister interessiert sich Sammler Uli Sigg (4) dagegen »nicht so sehr«. Kunst, sagt er, müsse »noch Fleisch und Blut haben«. Pro Jahr kauft er bis zu 70 Objekte. Auch, um sie wieder zu verleihen

▶ **SAMMLUNGEN**

Kunst im perfekten Rahmen

DIE VORGESTELLTEN KUNSTADRESSEN,
eine Auswahl aus mehr als 800 in der Schweiz,
halten für Vorspiel und Nachspiel zu Hause
vorzügliche Kataloge und Bildbände bereit,
oftmals auch ein animiertes Internetange-
bot, durch das es sich lustvoll klicken lässt.

Fondation Beyeler
*Baselstr. 101, Riehen bei Basel, Tel. 061/
645 97 00, www.beyeler.com, Eintritt: 23 CHF.*
Das Museum am Stadtrand von Basel ist ein
hoch professionell arbeitendes Kunstunter-
nehmen, das seinen Gästen alles zu bieten
hat, was zum kulturellen Wellness-Programm
dazugehört: Safran-Risotto mit Kaninchen-
filet im ambitionierten Restaurant beispielsweise hebt die Stimmung für Cézanne und
Picasso beträchtlich. Tipp: Auf der Website
lässt sich ein **Fondation Beyeler-Package**
buchen, bestehend aus „einer Übernachtung
im Hotel Ihrer Wahl, Frühstück, Mobility
Ticket sowie einem Eintrittsbillet". Nur
Schauen muss man noch selbst.

Sammlung Bührle
*Zollikerstr. 172, Zürich, Tel. 041/444 22 86,
www.buehrle.ch, derzeit geschlossen.*
Ein spektakulärer Raub hat die Sammlung
im Februar 2008 schwer getroffen. Deshalb
kann das Museum, das in einem noblen
Zürcher Wohnhaus aus dem Jahr 1886 unter-
gebracht ist, vorübergehend nur online
besucht werden. Eine **virtuelle Tour** erlaubt
Rundblicke in allen wesentlichen Räumen
und zeigt auch die beiden Gemälde, die noch
immer verschwunden sind: Cézannes „Der
Knabe mit der roten Weste" und Degas'
„Graf Lepic und seine Töchter". Die gestoh-
lenen Werke von van Gogh und Monet sind
aufgefunden. Eine Wiedereröffnung ist
„im zweiten Halbjahr 2008" geplant.

Villa Flora
*Tösstalstr. 44, Winterthur, Tel. 052/212 99 66,
www.villaflora.ch, Eintritt: 12,50 CHF,
montags geschlossen.*
Die privaten Museen prunken nicht nur
mit ihren hochkarätigen Sammlungen, sondern locken immer wieder auch mit Jahres-
ausstellungen. In der repräsentativen
Villa Flora sind noch bis zum 28. September 2008 die faszinierend kühl-heißen
Bilder von Félix Vallotton zu sehen.
Übernachtungstipp mit exzellenter Küche:
Gasthof zum goldenen Kreuz, *Zürcher-
str. 134, Frauenfeld, Tel. 052/725 01 10,
www.goldeneskreuz.ch, DZ ab 190 CHF.*

Sammlung Reinhart
*Haldenstr. 95, Winterthur,
Tel. 052/269 27 40, www.roemerholz.
ch, Eintritt: 10 CHF, montags
geschlossen.*
Wer mit dem Auto anreist, lässt es am
besten in der gut ausgeschilderten Bahn-
hofsgarage und spaziert dann zu Fuß
über Lind- und Haldenstraße die knapp
zwei Kilometer zur Sammlung Oskar Reinhart „Am Römerholz". Parkplätze vor Ort
sind rar. So exquisit die Sammlung drinnen,
so mustergültig die elektronische Führung:
Der **viersprachige Audioguide** erklärt ohne
pädagogische Besserwisserei die Haupt-
werke des Museums. Bis 24. August 2008
thematisiert die Sonderausstellung den
französischen Zeichner und Maler Honoré
Daumier, 2009 ist das Museum wegen Um-
baus geschlossen. Spätestens dann ist ein
Besuch im **Museum Oskar Reinhart am
Stadtgarten** Pflicht: *Stadthausstr. 6, Tel. 052/
267 51 72, www.museumoskarreinhart.ch.*

Stiftung Rosengart
*Pilatusstr. 10, Luzern, Tel. 041/220 16 60,
www.rosengart.ch, Eintritt: 18 CHF.*
Mit über 200 Werken von 23 Künstlern ist
die Stiftung längst kein Kleinmuseum mehr.
Man sollte also Zeit mitbringen oder sich
einmal für Klee (ca. 125 Arbeiten) und beim
nächsten Besuch für Picasso (ca. 50 Bilder)
entscheiden. Bei Letzterem gingen die
Kunsthändler Siegfried und Angela Rosengart zu Lebzeiten ein und aus. Im Museums-
shop ist deshalb das schöne Erinnerungs-
büchlein **„Besuche bei Picasso"** mit
zahlreichen wenig bekannten Fotos des
Genies erhältlich (26 CHF).

Sammlung Sigg
*Schloss Mauensee, Mauensee, Tel. 041/
921 30 11, www.kulturregionsursee.ch. Die
Sammlung ist nicht öffentlich.*
Sammler Uli Sigg residiert in einem Schloss
mitten im Mauensee. Seine Sammlung mit
über 1200 Arbeiten von rund 200 Künstlern
ist nicht öffentlich zugänglich, wird aber in
repräsentativen Tranchen immer wieder auf

Ausstellungstournee geschickt. Eine
Auswahl mit 50 Hauptwerken ist bis zum
25. Mai 2008 in der **Fundació Joan Miró**
in Barcelona zu sehen. Wem das zu weit weg
ist: Einen guten Überblick bietet der Katalog **Mahjong. Chinesische Gegenwartskunst
aus der Sammlung Sigg**, Hatje Cantz, 58 €.

Gegenwartskunst
Privatmuseen konzentrieren sich vor allem
auf die klassische Moderne. Vergleichbare
Orte für zeitgenössische Kunst gibt es in
der Schweiz wenige. Von Bedeutung sind die
Hallen für Neue Kunst in Schaffhausen,
die Werke in geradezu archaischer Andacht
aufbewahren: *Baumgartenstr. 23, Tel. 052/
625 25 15, www.modern-art.ch, Eintritt: 14 CHF.*
Etwas dynamischer geht es in Zürich zu, wo
auf dem **Löwenbräu-Areal** ein Kunstmultiplex
entstanden ist: acht respektable **Galerien**,
das **Migros Museum**, die **Kunsthalle** –
alles unter einem Dach: *Limmatstr. 270,
www.migrosmuseum.ch und www.kunsthalle
zurich.ch, Eintritt jeweils 8 CHF.* Zwar sind
die Zeiten schon wieder vorbei, als die
Sammler hier zu Vernissagen mit Maibach-
Limousinen vorgefahren kamen. Aber ein
Magnet ist dieser Ort noch immer. Zumal
jedes Jahr im Juni, wenn sich im keine
hundert Kilometer entfernten Basel die
große Kunstwelt zur **Art Basel** trifft:
www.artbasel.com.

Art Hotels
Schadet ja nichts, wenn sich nach Tagen im
Museum auch die Nächte kunstgerecht
gestalten lassen. Wer auf die Kategorie „Art
Hotel" abonniert ist, findet bei *www.swiss
hotels.com* unter der Oberkategorie „Themen-
hotels" und der Unterkategorie „Designhotels"
einige gute Adressen in der Umgebung der
Museumsorte. Zum Beispiel **The Hotel**,
*Sempacherstr. 14, Luzern, Tel. 041/226 86 86,
www.the-hotel.ch, DZ ab 430 CHF.* ■

Autor **Hans-Joachim Müller**, 61, ist eine Koryphäe der Kunst-
kritik und kennt viele Sammler persönlich. Wie nahe der
einstige Feuilletonchef der „Basler Zeitung", der heute an der
Hochschule für Kunst und Gestaltung in Basel lehrt, am Geschehen ist, konnte man an seiner Wortwahl nach dem Bührle-
Raub merken. Beständig sprach er von „tiefem Schock".

Widmer
wandert

Als Wanderkolumnist der »Weltwoche« hat sich Thomas Widmer – obwohl
Fangemeinde erlaufen. Wo Widmer hintrat, war jüngst zu lesen, füllen sich noch
Fußgänger nun besondere Touren aus. Per pedes geht es mitten hinein in

FOTOS ¬ ADRIANO HEITMANN

Der Doubs, hier beim Viadukt
nahe Saint-Ursanne, fließt nur auf
29 seiner 430 Kilometer als
Schweizer Fluss. Frankreich, **zu**
dem er teilweise sogar die
Grenze bildet, ist immer nahe

in diesem Bild nur eine Miniatur im Grünen – eine gewaltige
Wochen später die Berghütten. Für GEO Special wählte der unaufhaltsame
die vier Sprachregionen der Schweiz. On y va ! Avanti! Dai! Und: los!

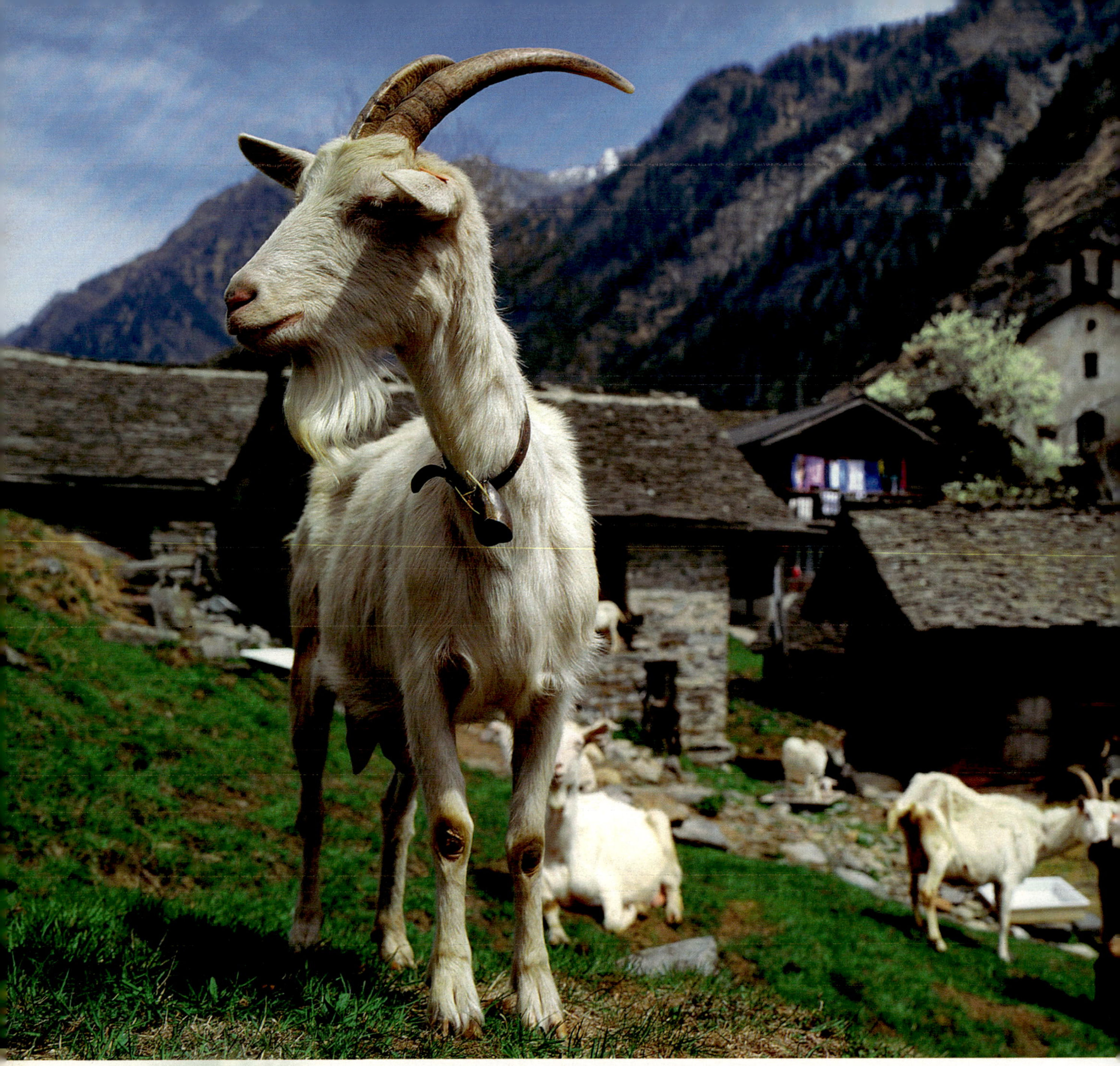

Cama
Verdabbio
Sta. Maria in
Calanca
Sta. Maria
Assunta
Castaneda
Moesa
Grono
1 km
GEO-Grafik

2

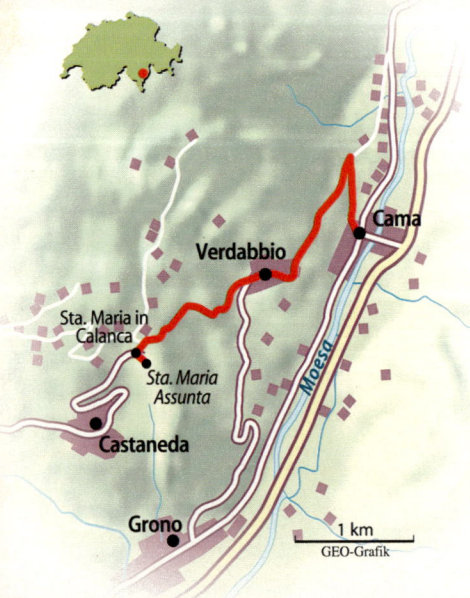

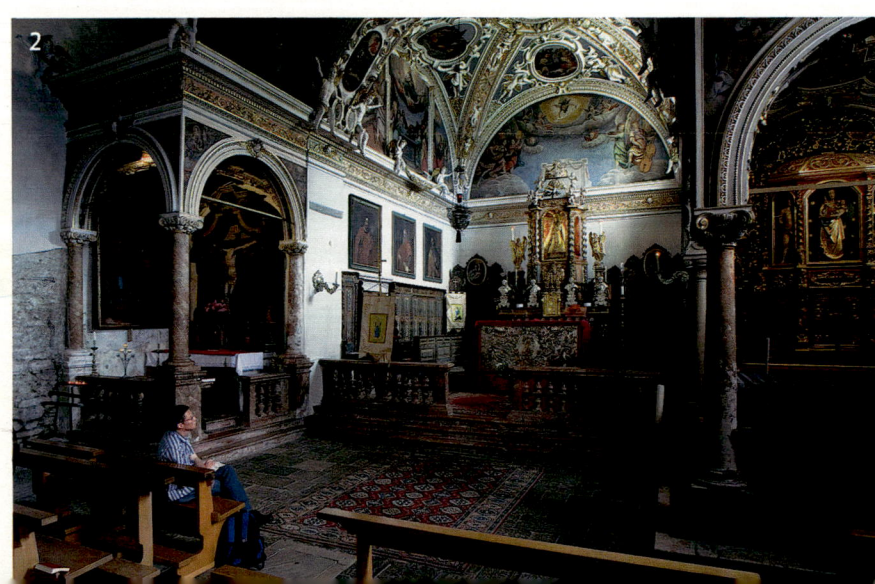

»Wandern«, sagt
Thomas Widmer,
»ist ein Teil meines
Lebens, der mich
glücklich macht«

1) **Eigenwillig:** Seit jeher
ist das raue Calancatal
eine der entlegensten
Gegenden des Landes.
Robustheit erfordert
das hiesige Leben – für
Ziegen demnach wie
gemacht. 2) **Ehrwürdig:**
Die »italienische
Schweiz« ist nicht gleich
Tessin, denn auch zu
Graubünden gehören
stattliche italienisch-
sprachige Täler – und
Kirchenjuwele wie
Santa Maria Assunta
nahe Cama. 3) **Eindrucks-**
voll: der Lagh de Cama
inmitten eines wald-
reichen Naturreservats.
Sein Wasser sei
»schnapsklar«,
sagen die Kenner

WAS FÜR EIN EMPFANG! In der
Tessiner Kantonshauptstadt
Bellinzona, wo wir auf den Bus
warten, geht das Wasser auf
uns nieder, als stünden wir
unter einer Dusche. In Cama
steigen wir eine halbe Stunde
später aus: kein Regen. „Dort
liegt Santa Maria", sagt Paolo,
der Freund eines Freundes,
ein Ortskundiger. Und deutet
auf das Ziel unserer Wanderung, in einen Steilhang. Ich
sehe nur Nebel.

Paolo will ohnehin, dass wir zuerst einkehren. In einem
Lokal, dem Grotto „Milesi Belloli", sitzen die Dörfler unter
Kastanienbäumen. „Ach, herrliches Tessin!", möchte ich angesichts der stilvollen Szene bewundernd seufzen, bloß: Wir
haben auf der Anreise eine Kantonsgrenze überquert und sind
jetzt in Graubünden – das ebenfalls italienischsprachige
Täler hat. Die Einheimischen hier sprechen einen Dialekt weit
abseits der Hochsprache. Sie schneiden immer wieder einem
Substantiv oder Verb den Endvokal ab, garnieren ihre Sätze so
reichlich mit Üs und Ös wie ihre Salami mit Pfefferkörnern.
Eines verstehe ich, als Paolo die Kellnerin an unseren Tisch
ruft: „Sciura" heißt Signora.

Der Wald, durch den wir anschließend laufen, könnte
am Amazonas liegen. Feuchtigkeit dampft durch seine Wip-
fel. Menschen treffen wir keine an, bloß ihr Werk: die Fun-
damente einstiger Häuser. Und Mäuerchen, die zerfallen, seit
keiner mehr den kargen Boden ringsum bestellt. Unrentable
Steilhänge sind in der ganzen Südschweiz längst aufgege-
ben, Bewohner abgewandert; die Natur erobert sich ihr Territorium zurück. Unser Pfad ist von Kastanienhüllen gepols-
tert. Bildstöcke wiederum zeugen davon, dass es sich um einen
Pilgerweg handelt. Santa Maria Assunta, die 600 Meter über
Cama gelegene Kirche, zieht nicht nur zu Mariä Himmelfahrt
die Wallfahrer an.

Nach schweißtreibenden zweieinhalb Stunden sind auch
wir oben. Die gut 800 Jahre alte Kirche, ein Schmuckstück der
Südschweiz, teilt sich ihren Felssporn mit einem Burgturm.
Wir staunen vor allem über ihre Kassettendecke, die so ob-
sessiv bemalt ist, als seien orientalische Meister am Werk
gewesen. „1606", raunt mir Paolo ins Ohr, der sich einen Kunst-
führer gekauft hat. Marmorne Säulen, versilberte Büsten, ver-
goldeter Altarzierrat und eine Hochdosis Putten sind Ausdruck
des katholischen Ausschmückungsfurors.

Eine Kostbarkeit allerdings fehlt, erzählt mir Paolo. Der
spätgotische Holzaltar, der die Kirche einst schmückte, steht
seit 1887 in der Barfüßerkirche zu Basel. In der Not mussten
ihn die Calanchini verkaufen. Das schwer zugängliche Tal,
dessen vordersten Teil wir kennengelernt haben, ist und war
die meiste Zeit arm. Indem Paolo und ich jetzt ins „Ristorante
della Torre" einkehren, leiten wir aber subito eine gezielte
Wirtschaftsförderungsmaßnahme ein.

→

1) **Ermattet:** Widmer freut sich über das ausgeprägte Bankwesen in Vals. »Strapaze, Strapaze, Strapaze«, notiert er am Ende der Etappe. 2) **Essenziell:** Bruchgestein, zu »Steinmännchen« aufgeschichtet, weist den Weg – immer auf und ab. 3) **Eigenständig:** Vals mit seinen Steinplatten-Dächern ist deutschsprachige Insel im rätoromanischen Sprachgebiet. 4) **Einladend:** das Peiltal mit Valserhorn und Valserberg. Es gilt als Premium-Schweiz

|RUMANTSCH|

DIE ERSTEN GEHMINUTEN vom 157-Einwohner-Dorf Nufenen führen mich komfortabel ins Grüne. Aber dann: Wanderabzweigungen in den Hang. Nun geht es zweieinhalb Stunden so steil aufwärts, dass ich bald keuche wie ein altes Pferd. Nur auf dem Zwischenplateau der Alp Piänetsch ist ein Durchatmen möglich. Flux tanke ich Brennstoff in Form von Dörrbananen.

Dann endlich: der Passübergang des Valserbergs. Hier oben bläst der Wind auch im Hochsommer eisig. Ich montiere Faserpelz, Windjacke und die Skimütze gleich mit – und das in einer Wüste: Steine allenthalben, endlose Geröllhalden, Felsflanken zur Linken und zur Rechten, in die es die Schweizer Armee selbstverständlich nicht versäumt hat, ein paar Bunker einzubauen. Aber der Blick hinab ins lange, menschenlose

3

Hintere Peiltal entschädigt mich. Das Wasser der Bäche, die ich überquere, schießt in feinen Kaskaden nieder. Ich fühle mich wie ein Hubschrauberpilot in kanadischer Wildnis.

Im Seitental von Peil erreiche ich ein erstes Sträßchen und will gern glauben, dass Vals hinter der nächsten Wegbiegung liegt. Weit gefehlt! Es dauert noch einmal zwei Stunden, bis ich im Kurort ankomme. Warum tut sich einer eigentlich das Wandern an, frage ich mich. Weil, so lautet meine profane Erklärung an dieser Stelle, man in der magischen Therme von Vals ins warme Wasser gleiten darf. Und weil man, zweitens, auf diese Weise die Geschichte erlaufen kann.

Denn meine heutige Wegstrecke vom Hinterrhein über den Valserberg nahmen schon die Walser unter die Füße. Ein mittelalterliches Alemannenvolk, das sich auf die Besiedlung besonders hoch gelegener Gebiete verstand und in der Schweiz viel Boden erschließen konnte. Um die Wende vom 13. zum 14. Jahrhundert gründete eine Walsergruppe auch Vals. Was erklärt, warum die Bewohner von Vals – im rätoromanischen Sprachgebiet – Deutsch sprechen. In den folgenden Jahrhunderten wurde die Pionierroute zum wichtigen Handelsweg; legendär die Valser Bergträger, die bis zu 100 Kilogramm pro Gang über den Pass trugen. Das relativiert dann doch wieder den Wandererstolz. Rucksack samt Inhalt wog in meinem Fall garantiert nicht mehr als fünf Kilo. Irgendwie sind mir die Vorfahren unheimlich.   →

Seit Stararchitekt Zumthor aus lokalem Gestein eine Therme schuf, ist der Exportschlager des Ortes Valser Quarzit

FRANÇAIS

JURA, DAS IST WOHLTUENDE ENTLEGENHEIT, ein Gegengewicht zur dicht besiedelten Mittellandschweiz, pures Wanderterrain. Und mein Zwei-Tages-Marsch durch diese Symphonie aus Tannen, Kuhweiden und Felsen ist trotzdem eine Drei-Städte-Tour. Die Altstadt von Porrentruy mit ihren Bürgerhäusern aus örtlichem Kalkstein erzählt von der Pracht eines alten Regimes: Die Basler Fürstbischöfe herrschten acht Jahrhunderte lang über den Jura – bis zur Französischen Revolution.

Stadt Nummer zwei, die ich über den Bergkamm Les Chainions und den Weiler Seleute erreiche, ist der Höhepunkt der Wanderung: Saint-Ursanne. Sie liegt geborgen in einer Schleife des Flüsschens Doubs, das sich hier Hunderte Meter tief in den Kalkstein gefressen hat. Unweit soll sich um 600 der Wandermönch Ursicinus in einer Höhle niedergelassen haben, aus seiner klerikalen Keimzelle wuchs die Stadt. Als religiöses Zentrum konnte sie der wirtschaftlichen Abseitslage trotzen und strotzt nur so von baulichen Preziosen: romanisch der Chor der Kirche, frühgotisch der Kreuzgang, gotisch das Langhaus. Und nach dem Sehsinn bekommt auch der Geschmackssinn Hochgenuss geboten: Am Doubs esse ich eine jener gebratenen Forellen, für die Saint-Ursanne ebenfalls berühmt ist.

Am nächsten Morgen: Aufstieg zur Hochebene von La Caquerelle. Gegen Mittag erreiche ich die Passhöhe des Col des Rangiers, wo ich bei einer Pilzschnitte und einem Glas Weißwein über das Ende der Fürstbischöfe sinniere: Als die Französische Revolution kam, mussten die adeligen Kleriker fliehen. Mit ihnen zog das Deutsche als Herrschaftssprache von dannen – um bald mit den Bernern zurückzukommen, die sich den Jura im Jahre 1815 während des Wiener Kongresses schnappten.

Auf der Pont Saint-Jean von Saint-Ursanne thront der Heilige Johannes von Nepomuk, auch Schutzheiliger der Verschwiegenen. Dass im Doubs besonders schmackhafte Forellen schwimmen, hat sich dennoch herumgesprochen

Über ausgedehnte *Pâturage boisé*, locker bewaldete Weide-fläche, erreiche ich am frühen Abend Delémont. In Stadt Nummer drei spielt das Finale der Geschichte: 1979, nach bösen Wirren, hatten die Katholiken des Nordjura die protestantischen Berner abgeschüttelt. Es entstand das frankofone Gebilde „République et Canton du Jura" mit Delémont, der alten Marktstadt der Fürstbischöfe, als Hauptort. Der jüngste Kanton trägt den Hirtenstab jener Gottesmänner im Wappen, deren Sprache sich hier letztlich nicht durchgesetzt hat.   →

1) Epochal: Die Ruinen des elsässischen Morimont sind Schauplatz eines legendären Schwurs: Mit der Auflehnung gegen die Berner Obrigkeit kulminierte 1826 eine Entwicklung, an deren Ende der neue Kanton Jura stand. **2) Erfrischend:** In Saint-Ursanne, der »Perle« jenes Kantons, schöpft Widmer neue Kraft

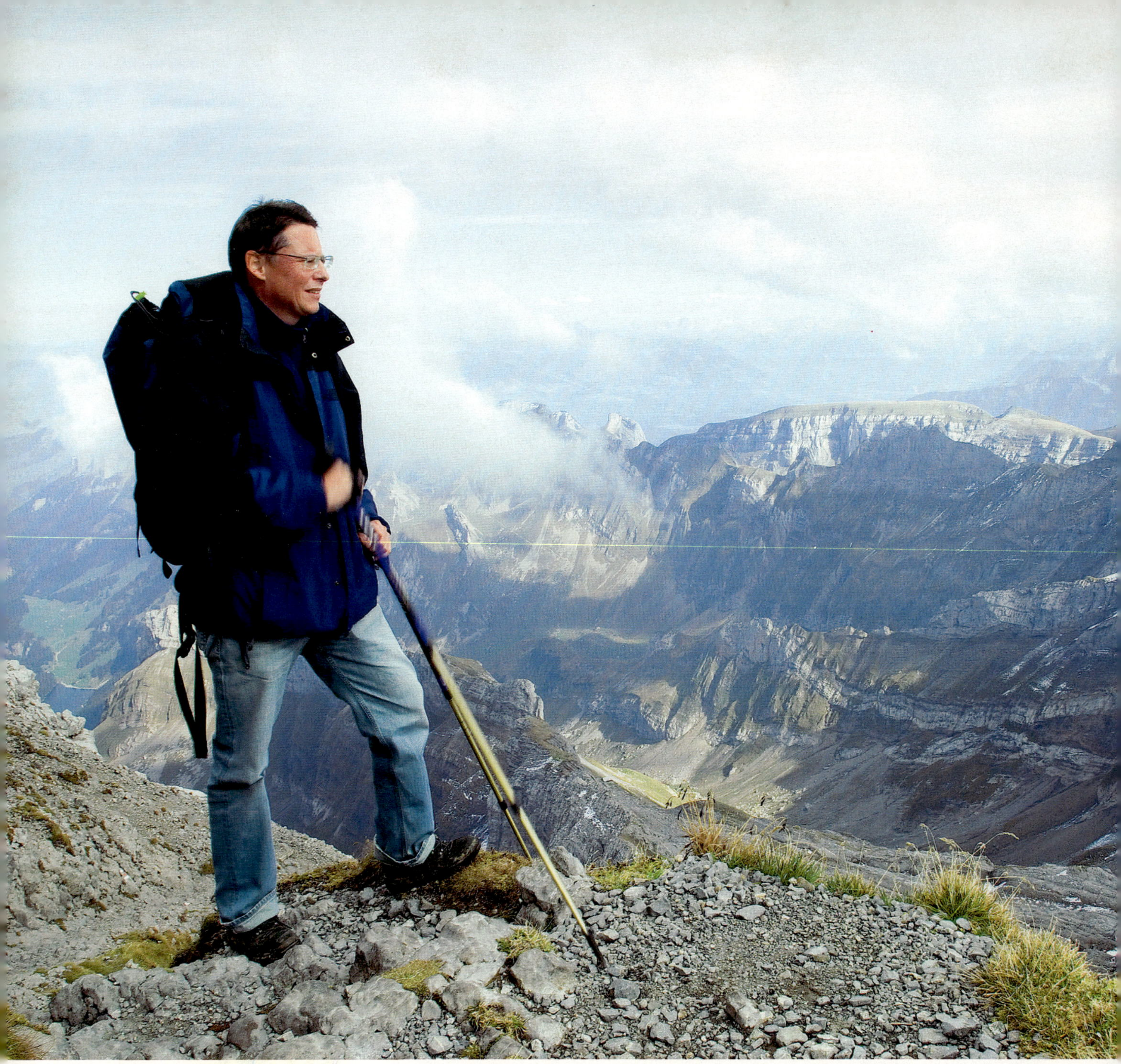

Trogen
Speicher
Teufen
Gäbris
Burgruine
Clanx
Gais
Sitter
Appenzell
Schwende
Wasserauen
Seealpsee
Meglisalp
Säntis
2502 m
Altmann
2436 m
4 km
GEO-Grafik

2

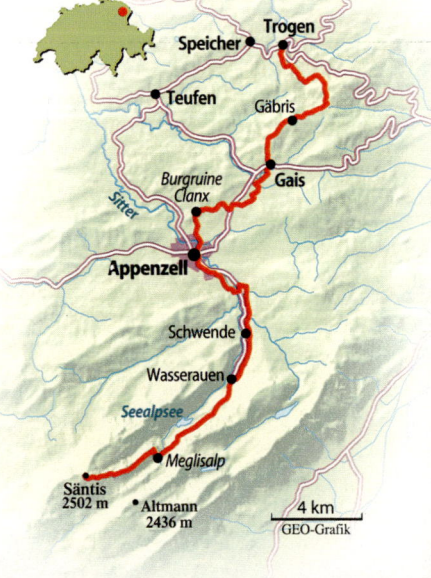

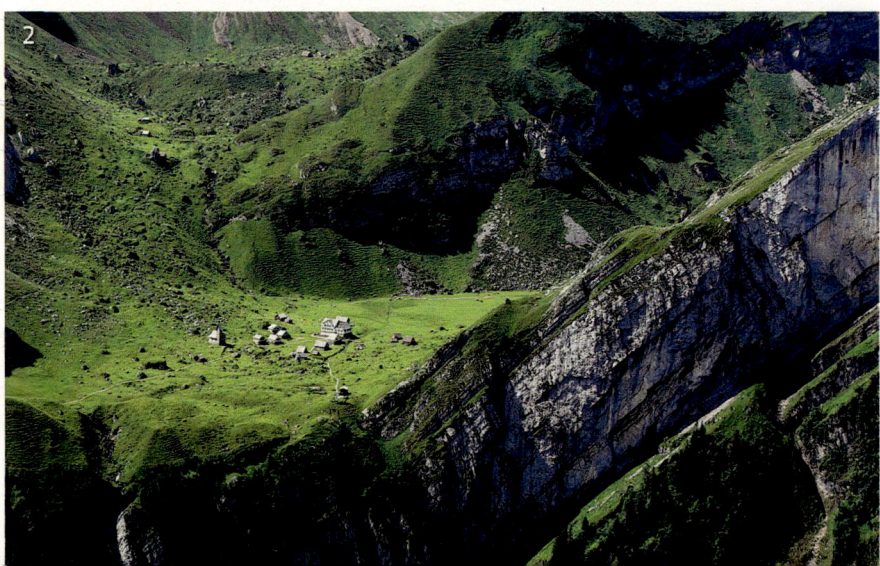

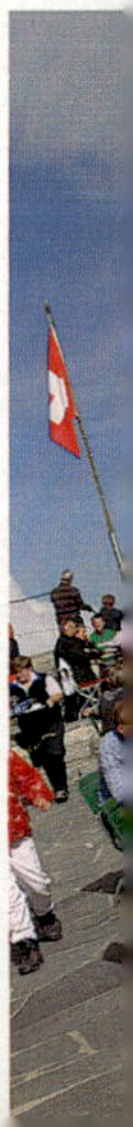

Geheimnisträgerinnen heißen diese Trachtendamen in Appenzell

BELLA IST DIE HÜNDIN meiner Schwester. Sie begleitet mich auf den ersten zwei der drei Wandertage durchs Appenzellerland – eine ideale Weggefährtin, schließlich handelt es sich bei Bella um einen Appenzeller Bläss. Und zwar um ein gutmütiges, streichelbares Exemplar. Schwarzer Kopf, zwei braune Tupfer über den Augen, die Nasenpartie weiß, wird sie von Fremden gern bewundert, vorsichtig gekost und fotografiert. Der Ordnung halber sei klargestellt, dass ich selbst Appenzeller bin, ein Landsmann also von Bella. Das aber beeindruckt niemand.

Im Ebnetschachen, eine Gehstunde nach dem Start in Trogen, sind wir schon im typisch appenzellischen Hügelland: In einer Abfolge von Tannenhainen, Bächen und einsamen Häuschen. Dass die Appenzeller am liebsten vereinzelt wohnen, erklärt sich leicht: Der Riese Säntis soll einst mit seinem Sack am gleichnamigen Berg hängen geblieben sein; der Sack riss auf, und eine mittlere Menge Häuser purzelte heraus. So kam mein Völklein, das unter guter Nachbarschaft respektvolle Distanz versteht, zur Lebensform der Streusiedlung. Auf dem Hügel Gäbris, wo Bella und ich uns eine Siedwurst teilen, die Schwester der Münchner Weißwurst, haben wir den Säntis mit seinem Markenzeichen, dem mehr als 100 Meter hohen Funkturm, bereits gut im Blick. Dort wollen wir hin.

1) Ertappt: Dass er seine Wanderungen mit einem Höhepunkt auf deutschschweizer Boden beschließt, meint Widmer nicht regionalpatriotisch. Die Sicht vom Säntis auf den Altmann hat es ihm einfach angetan. **2) Entrückt:** Zweieinhalb Wanderstunden unterhalb des Säntis liegt die Meglisalp – wenige Häuschen plus lawinensicherem Kirchlein. **3) Erholt:** Widmer auf der Terrasse des Lokals »Alter Säntis«. Ein Logenplatz mit Panorama, von dem es, wie der Autor zwiespältig notiert, »nur bergab gehen kann«

Am zweiten Tag wandern wir durch Wiesen und Wald, vorbei an der Burgruine Clanx, nach Appenzell, dem Hauptort Innerrhodens. Bella genießt den Auslauf und macht mich glücklich, indem sie keine einzige Kuh ankläfft. Überall sehen wir nun Bildstöcke, Kruzifixe und Kapellchen. Bei aller Winzigkeit des Ländchens leisten sich die 68 000 Appenzeller aus konfessionellen Gründen zwei Kantone. Ausserrhoden (wo wir gestartet sind) ist protestantisch, Innerrhoden katholisch, und beide sind es auf prononcierte Weise. In Appenzell ist Wanderschluss für Bella; sie wird meiner Schwester rückerstattet.

Für die fünf Flachkilometer nach Wasserauen leiste ich mir am nächsten Morgen den Zug und amüsiere mich über den im Abteil gesprochenen Dialekt: Obwohl ich wenige Kilometer entfernt aufgewachsen bin, verstehe ich kaum etwas. Ist das wirklich Deutsch, frage ich mich, während ich die stark nasalen Vokale höre; ich tippe auf Hindi. Auch sonst wird es anstrengend – nämlich alpin.

Unsere Landeskunde endet im Rausch der totalen Rundsicht: auf dem Säntis, dem höchsten Berg der Ostschweiz, 2502 Meter. Allerdings stehen wir auf einem Gipfel, der Gegenstand eines bis vor das Bundesgericht gezogenen Rechtsstreites dreier Kantone war, die jeweils auf ihn Anspruch erhoben. Das salomonische Urteil teilte allen dreien ein Stück Säntis zu. Ein Gast, der mit der Schwebebahn ankommt, steht auf Ausserrhoder Boden. Sitzt er im modernen Gipfelrestaurant oder auf dessen Terrasse, konsumiert er auf St. Galler Territorium. Und die Gipfelplattform samt Gasthaus „Alter Säntis" sind Innerrhoder Hoheitsgebiet. So ist die Schweiz: eine Integrationsmaschine, die immer neue Differenzen bereinigen muss.
→

Mit dem Pfadfinder Widmer in alle Sprachregionen

Auch Graubünden hat sein Matterhorn: das Zervreilahorn

FÜR GEO SPECIAL hat Thomas Widmer vier Routen ausgearbeitet, die Sie zu den Höhepunkten aller Sprachgebiete führen – und das mit unterschiedlichem Schwierigkeitsgrad. Für den Überblick: *www.mapplus.ch*; Schweizkarte, stark vergrößerbar. Und *www.sbb.ch*; wichtige Fahrpläne.

Wanderung 1

■ Cama–Verdabbio–Santa Maria in Calanca.
Gehzeit: 2,5 Stunden, leicht.
Höhendifferenz: 600 Höhenmeter.
Einkehr: Lokale in Cama und in Santa Maria, ein Lokal in Verdabbio. Bestellen Sie wie die Einheimischen Nostrano: einen einfachen Roten aus dem Tazzin (Tässchen), gemischt mit Zitronen-Gazosa (Limonade).
Sehenswürdigkeit: In Verdabbio lohnt sich der Blitzabstecher zum Sass de l'Orch, einem Zehn-Tonnen-Felsbrocken, den dank seiner speziellen Form und Lage jedes Kind ins Schaukeln bringen kann. Der Stein befindet sich gleich oberhalb des Dorfes.
Übernachtung: Eine gehobene Hotellerie gibt es im Calancatal nicht. Empfehlenswert dennoch: das **La Cascata** in Augio, *Tel. 091/828 13 12, www.lacascata.ch,* DZ ab 55 CHF, dessen Kulisse ein Wasserfall bildet.
Verkehr: Am Start- und Zielort der Wanderung verkehren regelmäßig Busse.
Auskunft: **Graubünden Ferien,** *Tel. 081/254 24 24, www.graubuenden.ch.*
Literatur: Hintergrund bietet **Werner Wild, Toni Lampert: Hinterrhein,** Terra Grischuna, 2002, 11,90 €.

Wanderung 2

■ Nufenen–Alp Piänetsch–Valserberg–Alp Wallatsch–Inder Peil–Bodahus–Vals.
Gehzeit: 7 Stunden, anstrengend, man muss mindestens einen Liter Wasser dabeihaben.
Höhendifferenz: 1100 Meter aufwärts, 1300 abwärts.
Einkehr: am Start- und Zielort. Auf dem Weg liegt auch die Alp Wallatsch, wo man in der Alpsaison frisch gemolkene Kuhmilch erhält.
Übernachten: Viele Hotels in Vals, **Visit Vals** vermittelt, *Tel. 081/920 70 70, www.vals.ch.* Apropos: „Vals" wird mit F ausgesprochen wie „falls".
Therme: Das berühmte Bad von Peter Zumthor zieht mit seiner kühn-minimalistischen Gestaltung nicht nur Architektur-Klassen, sondern auch Besucher an. Reservieren Sie: **Therme Vals,** *Tel. 081/926 80 80, www.therme-vals.ch.* Wer im **Hotel Therme** wohnt, hat täglich bis 11 Uhr exklusiven Zugang.
Unternehmungen: Ein Vals-Aufenthalt ist nicht komplett ohne zwei Dinge. Erstens: Dorfbesichtigung. In der Kirche St. Peter und Paul das Deckengemälde nicht übersehen! Es zeigt die Berufung Petri am See Genezareth, wobei der Künstler das lokale Zervreilahorn (das „Matterhorn Graubündens") in die biblische Landschaft versetzt hat. Zweites Muss: der hochgelegene Zervreilastaudamm. Busse ab Postamt, atemraubende Strecke. Im **Zervreila Restaurant** gibt es hervorragenden Heidelbeerkuchen, die Beeren sind vor Ort gepflückt, *Tel. 081/935 11 66, www.zervreila.ch.*

Wanderung 3

■ *Tag eins:* Porrentruy–Fréteux–Les Chainions–Seleute–Saint-Ursanne; *Tag zwei:* Saint-Ursanne–La Caquerelle–Col des Rangiers–Delémont.
Gehzeit: 4,5 Stunden am ersten, 5,5 Stunden am zweiten Tag mit etwas Kondition leicht zu machen.
Höhendifferenz: je 400 Meter auf- und abwärts an beiden Tagen.
Einkehr: In Saint-Ursanne isst man wunderbare Forellen im **Restaurant Demi-Lune** direkt am Doubs, *Tel. 032/461 35 31, www.demi-lune.ch/restaurant.htm.* In **La Caquerelle** ist das gleichnamige Restaurant empfehlenswert, *Tel. 032/426 66 56.*
Übernachten: Zimmer in Saint-Ursanne sind begehrt, früh buchen! **Jura Tourisme** hilft, *Tel. 032/420 47 70, www.juratourisme.ch.*
Unternehmungen: Der Doubs (vom Lateinischen *dubius:* ungewiss, zweifelhaft) wechselt bei Saint-Ursanne die Richtung, hier ist Kanufahren möglich. Anvertrauen kann man sich: **Le Clip,** *Place du 1er Mai 1, Saint-Ursanne, Tel. 032/461 37 22.*

Wanderung 4

■ *Tag eins:* Trogen–Schurtannen–Ebnetschachen–Unterer Gäbris–Gäbris–Gais; *Tag zwei:* Gais–Sammelplatz–Burgruine Clanx–Appenzell; *Tag drei:* Appenzell–Schwende–Wasserauen–Schrennenweg–Meglisalp–Wagenlücke–Säntis.
Gehzeit: 4 Stunden (Tag eins, mäßig anstrengend), 2,5 Stunden (Tag zwei, leicht), 7,5 Stunden (Tag drei, anstrengend). Für die Strecken Gais–Appenzell und Appenzell–Wasserauen kann man den Zug nehmen.
Höhendifferenz: je 350 Meter auf- und abwärts (Tag eins); 100 Meter auf- und 200 abwärts (Tag zwei); 1700 Meter aufwärts (Tag drei).
Einkehr: Im Appenzellerland gibt es viele von Bauernfamilien nebenbei geführte Kleinwirtschaften. Typisch: der **Untere Gäbris** 20 Gehminuten vor dem eigentlichen Gipfelrestaurant, *Tel. 071/793 12 01.*
Übernachten: Ein Erlebnis ist die Übernachtung auf der **Meglisalp** (*Tel. 071/799 11 28, www.meglisalp.ch*) oder im **Alten Säntis** (*Tel. 071/799 11 60*): einfache Verhältnisse, zum Teil Massenlager. Weitere Informationen über **Appenzellerland Tourismus,** *071/788 96 41, www.appenzell.ch.* ■

Autor **Thomas Widmer**, 45, ist aus reiner Not – keine Jobs im Heimatkanton – ins Flachland emigriert; er arbeitet sozusagen unter Protest in Zürich. Soeben sind seine Kolumnen in Buchform erschienen („Zu Fuss – 2", Echtzeit Verlag, 24 €). Fotograf **Adriano Heitmann**, 57, lebt italienischsprachig in Stabio.

NZZ
Intelligente Vielfalt

PUBLICIS

NZZ FOLIO
Die Zeitschrift der Neuen Zürcher Zeitung

Das Do[...]
[...]m Beispiel [...]

**Endlich Zeit
fürs Folio.**

Aufatmen, den Alltag abschütteln und sich in NZZ Folio vertiefen. Lesen, was über die kurzatmige Tagesaktualität hinaus von Interesse ist. In Themen eintauchen und Genaueres erfahren. Qualitätsjournalismus bedeutet beharrliche Recherche, verlässliche Information, kompetente Gewichtung, aber auch Lesevergnügen. Dafür steht NZZ Folio. Davon zeugen die zahlreichen Journalistenpreise. NZZ Folio bekommen Sie im Abonnement der Neuen Zürcher Zeitung gratis. Als Separatabo: Tel. 044 258 12 66 oder www.nzzfolio.ch

NZZ FOLIO

dossier

Landesinformationen in komprimierter Form

SCHWEIZ

1291: Der Eid der Genossen auf der Rütliwiese gilt als Geburtsstunde der Schweiz

GESCHICHTE

WELTOFFENHEIT IN HOMÖOPATHISCHER DOSIERUNG

Was mit einem Schwur gegen Unterjochung begann, wurde eine große Erfolgsgeschichte. Oberste Priorität bis heute: die Schweizer Eigenständigkeit

58 v. Chr. Bedrängt von Germanen, brennen Tausende Helvetier ihre Häuser nieder und wandern nach Gallien aus. Dort aber hat Julius Cäsar gerade seinen Eroberungszug begonnen. Der römische Feldherr schlägt die Eingewanderten bei Bibracte (nahe Autun) und zwingt sie zur Rückkehr in die alte Heimat. Bis 15. v. Chr. wird auch das Gebiet der heutigen Schweiz von Rom unterworfen. Ein Vierteljahrtausend lang herrscht Frieden. Währenddessen verschmelzen Sprache und Kultur der Einheimischen mit denen der Römer. Als der Niedergang des Imperiums beginnt, strömen deutschsprachige Alemannen ins Alpenland. Im Westen herrschen bald die Burgunder, unter denen sich das Franko-Provenzalische entwickelt. Und der Süden wird Teil des italienischen Langobardenreichs. Mit den altansässigen Rätiern legen die Einwanderer so den Grundstein für die heutige Viersprachigkeit der Schweiz.

***

Im August **1291** schließen die Waldstätte Uri, Schwyz und Unterwalden einen Bund, um sich gegen das Machtstreben der Habsburger zu wappnen. Wie durch ein Wunder gelingt es den vereinten Bergbewohnern 1315, ein haushoch überlegenes Ritterheer der Österreicher zu schlagen. Weitere Triumphe folgen. Und so eilt den kriegerischen Eidgenossen bald ein Ruf der Unbesiegbarkeit voraus, der sie zu gefragten Söldnern in ganz Europa macht. Ihr Bund, der bis Anfang des 16. Jahrhunderts auf 13 Talgemeinschaften anwächst, löst sich 1499 vom Heiligen Römischen Reich. 1515 aber kommt es bei Marignano zu einer verheerenden Niederlage – gegen die neuen Kanonen des französischen Königs sind die Eidgenossen machtlos. In den folgenden Jahrhunderten zieht es der Bund vor, „still ze sitzen" und sich aus den Kriegen der europäischen Großmächte herauszuhalten. Die Neutralität entspringt nicht nur staatspolitischer Vernunft: Oft sind die einzelnen Orte viel zu zerstritten, um an eine gemeinsame Außenpolitik zu denken.

***

11. Oktober **1531**. In einer aussichtslosen Schlacht gegen die katholischen Kantone fällt bei Kappel der Feldprediger Ulrich Zwingli. Der Wortführer der Reformierten hat den neuen Glauben in der deutschsprachigen Schweiz verbreitet. Nach seinem Tod wird Genf zum Zentrum der helvetischen Reformation. Denn ab 1541 verwandelt der strenge →

1531: Reformator Ulrich Zwingli (Mitte) stirbt auf dem Schlachtfeld bei Kappel

Reformer Johannes Calvin die unabhängige Stadt in einen Gottesstaat: Er verbietet Tanz und Gesang, lässt Bürger von einer Sittenpolizei bespitzeln und säubert die Kirchen von Bildern und „des Teufels Sackpfeife", der Orgel. Calvin, dessen Lehre weit nach Europa und später in die Neue Welt ausstrahlt, predigt Fleiß und Sparsamkeit. Im wirtschaftlichen Erfolg, so mahnt er, zeige sich dessen göttliche Auserwähltheit. Innerhalb der Eidgenossenschaft stehen vor allem Städte auf Seiten der Reformation. Angeführt von Bern und Zürich übernehmen diese nach den Villmergerkriegen (1656/1712) die politische Vorherrschaft.

***

Im Winter **1803/04** ringt Friedrich Schiller in seiner Weimarer Schreibstube mit einem neuen Bühnenstoff, den ihm sein Freund Johann Wolfgang von Goethe von einer Schweizreise mitgebracht hat. Schiller leidet unter ständigen Schmerzen und Atemnot.

Dennoch studiert er unermüdlich alte Chroniken und bittet seinen Verleger, ihm Prospekte von den Alpen zu schicken – denn Schiller hat die Schweiz nie gesehen. Mit der Kraft seiner Dichtkunst beginnt er die Sage von „Wilhelm Tell" in Szene zu setzen: den Rütli-Schwur, den Apfelschuss und die Ermordung des tyrannischen Landvogts Gessler. Der Mythos aus den Anfängen der Eidgenossenschaft ist erstmals im 15. Jahrhundert in der Schweiz belegt. Von einem Jäger, der einen Apfel vom Haupte seines Kindes schießen muss, erzählt man sich aber bereits um 1200 – damals allerdings nur in Dänemark. Schillers Verarbeitung des Stoffes wird auch in der Schweiz ein grandioser Erfolg. Und sie erweckt den Nationalhelden Tell, den es vermutlich nie gegeben hat, endgültig zum Leben.

***

Am 12. September **1848** verwandeln die Schweizer ihre lose Allianz in einen Bundesstaat und geben sich eine demokratische Verfassung. Bereits 1798 war die Schweiz kurzzeitig zur Republik erklärt worden, nachdem französische Revolutionstruppen das Land erobert hatten. Die Regierung des neuen Einheitsstaates lenkt die Außenpolitik, sie schafft die Zölle an den Kantonsgren-

zen ab und führt den Schweizer Franken als gemeinsame Währung ein. Ihre Wirtschaftspolitik beschleunigt die Industrialisierung und den Bau der Eisenbahnen. So zieht die Schweiz, bis Ende des 18. Jahrhunderts ein armes Auswandererland, innerhalb weniger Jahrzehnte mit den großen Industrienationen gleich. Da die Alpenbewohner kaum über natürliche Rohstoffe verfügen, entwickeln sie Produkte, bei denen vor allem Erfindergeist und Qualität gefragt sind: darunter Uhren – und die erste Milchschokolade.

***

Im Mai **1939** wird der Grenzpolizist Paul Grüninger ohne Pensionsanspruch fristlos entlassen, weil er Hunderten von Juden zur Flucht in die Schweiz verholfen hat. Die Regierung verhält sich im Zweiten Weltkrieg offiziell neutral. Doch aus Angst vor dem übermächtigen Nachbarn und vor „jüdischer Überfremdung" schickt sie bis Kriegsende über 24 000 von den Nazis Verfolgte nach Deutschland zurück – und damit meist in den sicheren Tod. Auch wirtschaftlich arbei-

1848: Aus losem Bund wird ein Bundesstaat

ten die Eidgenossen mit Hitlers Regime zusammen: Schweizer Banken legen von Holocaust-Opfern geraubtes Gold an und gewähren Kredite, die auch zum Kauf von Waffen dienen. Nur widerwillig und erst auf massiven internationalen Druck, stellt sich das Land seit Mitte der 1990er Jahre dieser Vergangenheit. Seine Regierung richtet eine Historikerkommission ein, die betroffen Banken zahlen in einen Holocaust-Fonds.

Wilhelm Tell: Sechs von zehn Schweizern glauben, dass es ihn wirklich gegeben hat

1971: Sensation! 53 Jahre nach den deutschen dürfen auch die Schweizer Frauen wählen

Auch Paul Grüninger wird rehabilitiert – nachdem die Behörden dies zuvor mehrmals abgelehnt hatten.

***

7. Februar **1971**. In einer Volksabstimmung billigen zwei Drittel der Männer, dass die Schweiz – als eines der letzten Länder weltweit – das Frauenwahlrecht einführt. Auf Kantonsebene allerdings bleiben manche Herren weiterhin unter sich: Erst nach einem Machtwort des Bundesgerichts gewährt auch Appenzell-Innerrhoden 1990 seinen Frauen das Stimmrecht.

***

Am 2. Oktober **2001** steht die gesamte Flotte der Swissair am Boden. Denn die Fluggesellschaft mit dem Schweizerkreuz am Heck, einst Inbegriff der Zuverlässigkeit, kann ihre Kerosinrechnungen nicht mehr bezahlen. Seit Ende der 1990er Jahre hat der Konzern etliche marode Airlines gekauft und sich damit übernommen. Als die Swissair in Konkurs geht, hinterlässt sie rund zehn Milliarden Euro Schulden. Mit staatlichen Zuschüssen wird die Nachfolgegesellschaft Swiss gegründet, die jedoch seit 2005 zur deutschen Lufthansa gehört. Die größte Firmenpleite in der Geschichte der Schweiz trifft nicht nur die Inhaber der Volksaktie Swissair – eine ganze Nation steht nach dem „Grounding" unter Schock. Sie verarbeitet das Trauma in mehreren Büchern, einem Kinofilm und einem Gerichtsprozess gegen die einstige Firmenführung – der im Juni 2007 mit Freisprüchen endet.

***

10. September **2002**. Nach jahrelangem Hadern tritt die Schweiz den Vereinten Nationen bei – als 190. Mitglied. Unnachgiebig bleiben viele Eidgenossen jedoch hinsichtlich einer Mitgliedschaft in der Europäischen Union, die ihre Regierung 1992 in Brüssel beantragt hat. So muss das Verhältnis zum übrigen Europa bis heute in zahlreichen Verträgen gesondert ausgehandelt werden – eine Lösung, an der inzwischen auch die politische Elite Gefallen gefunden hat.

***

Am 12. Dezember **2007** kommt es unerwartet zu einem für die stabilen Schweizer Verhältnisse untypischen politischen Erdbeben: Das Parlament verweigert Justizminister Christoph Blocher die Wiederwahl – und ersetzt den umstrittenen Rechtspopulisten von der Schweizerischen Volkspartei (SVP) im Bundesrat durch seine moderate Parteikollegin Eveline Widmer-Schlumpf. Blocher hat die SVP mit populistischen Parolen zur stärksten Partei der Schweiz geformt. Seit seiner Abwahl steuert er einen radikalen Oppositionskurs.

2002: Freude! Die Schweiz wird UN-Mitglied

***

Am Abend des 7. Juni **2008** wird im Basler St. Jakob-Park das Eröffnungsspiel der Fußball-Europameisterschaft angepfiffen. ■   *Susmita Arp*

2008: St. Jakob-Park Basel

DIE SCHWEIZ IN ZAHLEN

- **Offizieller Name:** Schweizerische Eidgenossenschaft
- **Gliederung:** 26 Kantone, 2715 Gemeinden mit Größen zwischen 0,3 km² und 282 km²
- **Fläche:** 41 285 km²
- **Bundessitz:** Bern (128 561 Einw.)
- **Weitere Städte über 100 000 Einw.:** Zürich (376 815), Genf (185 855), Basel (187 713) und Lausanne (129 273)
- **Höchster Berg:** Dufourspitze, 4634 Meter
- **Tiefster Punkt:** Lago Maggiore, 193 Meter
- **Wärmster Ort:** Locarno-Monti, 11,5° C Jahresmittel

- **Kältester Ort:** Jungfraujoch, –7,9° C
- **Windigster Ort:** Jungfraujoch, 285 km/h in Böenspitzen

DIE MENSCHEN
- **Einwohner:** 7,6 Mio., davon 75 % in den Städten
- **Ausländer:** 20,7 %, davon rund 170 000 Deutsche
- **Auslandsschweizer:** 668 000 und damit fast jeder 10. Schweizer; 415 000 in Europa (davon 75 000 in Deutschland), 169 000 in Amerika, 36 000 in Asien, 28 000 in Ozeanien, 19 000 in Afrika

- **Sprachen:** 63,7 % Deutsch, 20,4 % Französisch, 6,5 % Italienisch, 0,5 % Rätoromanisch (jeweils erste Sprache)
- **Religion:** 41,8 % Katholiken, 35,3 % Protestanten, 4,3 % Muslime

WIRTSCHAFT
- **Bruttoinlandsprodukt je Einwohner:** 58 084 USD (Deutschland 40 415 USD)
- **Arbeitslosigkeit:** 2,5 % (Prognose für 2008)
- **Haupthandelspartner:** Deutschland, gefolgt von Italien und Frankreich

- **Exportgüter:** Chemikalien, Maschinen, Elektronik – und fast 60 000 Tonnen Käse
- **Tourismus:** 20,9 Mio. Übernachtungen, davon 6,1 Mio. aus Deutschland

POLITIK
Die Regierung besteht aus sieben gleichberechtigten Bundesräten, aus deren Reihen jährlich ein neuer Bundespräsident mit hauptsächlich repräsentativer Funktion gewählt wird (2008: Pascal Couchepin). Einen Regierungschef gibt es im föderalistischen Bundesstaat nicht.

POLITISCHER ORGANISMUS

DIE TÜCKEN DES SONDERFALLS

Vier von zehn Schweizer Bürgern wissen nicht, wer ihr Staatsoberhaupt ist. Das Ergebnis einer GEO-Umfrage zeigt, dass in der Schweizer Politik nicht nur das Verhalten eines gewissen Herrn Blocher unerklärlich ist

DER MANN IST EMPÖRT. Soeben hat seine Parteifreundin Eveline Widmer-Schlumpf ihre Wahl zur Bundesrätin angenommen – und ihm selbst damit das sicher geglaubte Regierungsamt entrissen. Jetzt steht der Gedemütigte vor der Bundesversammlung, dem Schweizer Parlament, sein Kopf ist hochrot, seine Finger umklammern das Rednerpult. Er sagt: „Parlamente können zwar Leute aus der Regierung entfernen, aber nicht aus der Politik." Das klingt wie eine Drohung; wieder einmal geriert sich Christoph Blocher, Vizepräsident der Schweizerischen Volkspartei (SVP), als aufrechter und unbeugsamer Kämpfer gegen das politische Establishment.

Möglich wurde die Abwahl des ungeliebten Justizministers durch einen geheimen Plan, den seine Gegner ausheckten: Linke, Grüne und Konservative entschlossen sich, gemeinsam gegen Blocher und für seine Parteikollegin zu stimmen. Ihr Coup glückte, die Sektkorken knallten. Und das, obwohl die SVP bei der vorangegangenen Parlamentswahl stärkste Partei geworden war.

Die Episode vom Dezember 2007 stellt einen Traditionsbruch in der politischen Kultur der Eidgenossenschaft dar. Denn eigentlich lauten deren Wesensmerkmale: Konsens und Kompromiss. Das kommt nicht von ungefähr. Ein Staat, dessen Bürger Deutsch, Französisch, Italienisch und Rätoromanisch sprechen, kulturell unterschiedlich geprägt sind und in geografisch abgetrennten Landesteilen leben, muss auf Ausgleich bedacht sein. Zumal seine Bürger Werkzeuge der direkten Demokratie zur Hand haben, mit denen sie Regierung und Parlament beinahe jederzeit auf die Finger klopfen können: 100 000 Unterschriften reichen aus, um das Parlament per Volksabstimmung

zu umgehen. Zudem muss jede Verfassungsänderung und kann jede Gesetzesinitiative – sobald 50 000 Stimmberechtigte dies wollen – mit einem Referendum abgesegnet werden. Oder eben nicht: Was für Bundesräte und Abgeordnete bedeutet, ihre Beschlüsse auf Eis legen oder überarbeiten zu müssen. 1959 etwa lehnten die Schweizer den „Bundesbeschluss über die Einführung des Frauenstimm- und -wahlrechts in eidgenössischen Angelegenheiten" ab. Erst als die Vorlage 1971 noch einmal zur Abstimmung gestellt wurde, gaben sie ihr Jawort: Seitdem dürfen auch Schweizerinnen zur Wahl gehen. Kein Wunder also, dass der Politikwissenschaftler Silvano Moeckli glaubt, das Referendum schwebe „wie ein Damoklesschwert über dem gesamten Gesetzgebungsprozess". Zumal in Sachen Frauenwahlrecht auch ein Nachteil direktdemokratischer Verfahren deutlich wurde: Manchmal dauert es unglaublich lange, bis Neuerungen eingeführt werden.

Wollen Schweizer Politiker also effizient arbeiten, müssen sie stets berücksichtigen, was das Volk über ihre Arbeit denken könnte. Da macht es natürlich einen guten Eindruck, wenn man sich demonstrativ einig ist – was die Verfassung dem Bundesrat, der siebenköpfigen Regierung, übrigens auch explizit vorschreibt: Die „oberste leitende und vollziehende Behörde" soll ihre Beschlüsse „als Kollegium" treffen und vertreten. Das gilt auch für Bundesräte, die abweichender Meinung sind. Streitigkeiten zwischen den Chefs von Finanz-, Volkswirtschafts-, Umwelt-, Verteidigungs-, Außen-, Innen- und Justizministerium kamen in der Schweiz deshalb so gut wie nie vor. Bis Christoph Blocher 2003 zum Bundesrat gewählt wurde: Der Rechtspopulist widersetzte sich den Spielregeln der Schweizer Konsensdemokratie, er säte Streit, machte keinen Hehl aus seinem Machtanspruch – und wurde damit

Laptop und Ledersessel: das Bundesratszimmer in Bern. Links Eveline Widmer-Schlumpf, für die SVPler Blocher weichen musste

zum Fremdkörper im harmonieträchtigen Politikbetrieb.

An den Karren fahren konnte ihm trotzdem lange niemand: Die Schweizer Verfassung sieht keine Sanktionsmöglichkeiten bei Verstößen gegen das Kollegialprinzip, wie etwa ein Misstrauensvotum, vor. Anders als in Deutschland, wo der Bundeskanzler die Richtlinien der Politik bestimmt, ist ihr politisches System ohne Machtzentrum. Einen „Bundeskanzler" gibt es zwar auch, sein Amt hat mit dem deutschen aber lediglich den Namen gemein: Er koordiniert die Ministerien. Und der „Bundespräsident" sitzt zwar dem Bundesrat vor – allerdings nur für ein Jahr und nicht als Chef, sondern als „Primus inter pares". Was zur Folge hat, dass laut einer aktuellen Umfrage von Isopublic, dem Schweizer Gallup Institut, vier von zehn Schweizern den Namen ihres aktuellen Staatsoberhauptes nicht kennen.

Eine Tatsache, die das Selbstverständnis jener Eidgenossen unterstreicht, die Personenkult um ihre Volksvertreter stets mit Argwohn beachten. Da das Prinzip der direkten Demokratie auf allen Ebenen des Föderalismus – im Bund, den 26 Kantonen und in 2715 Gemeinden – gilt, sind die Schweizer laut Wissenschaftler Moeckli „Weltmeister im Abstimmen". Tatsächlich durften sie zwischen 1848 und April 2008 allein auf Bundesebene 546-mal über Sachfragen entscheiden. Aufgrund dieser Frequenz üben die Schweizer auch gern Enthaltsamkeit. So beteiligten sich gerade 48,5 Prozent der Wahlberechtigten an den Nationalratswahlen im Oktober 2007. Und die Zahl derer, die bei Volksabstimmungen mitmachten, stieg zwischen 1991 und 2007 nur zweimal über durchschnittliche 50 Prozent pro Jahr: als die Eidgenossen 1992 den Beitritt zum Europäischen Wirtschaftsraum ablehnten, 2005 aber das Schengener Abkommen guthießen. In allen anderen Jahren lag die Beteiligung im Durchschnitt bei 43,9 Prozent. Die mächtigen Schweizer Stimmbürger haben also auch die Wahl, nicht zur Wahl zu gehen.

POPULISMUS

DIE ANGST VORM SCHAF

Parolen gegen Ausländer brachten Wählerstimmen. Viele fürchten, dass ihr Land dadurch in Misskredit gerät

Schwarze Schafe raus! Umstrittenes Plakat

MIT DER ANGST VOR ÜBERFREMDUNG lassen sich in der Schweiz seit 1970 Wählerstimmen gewinnen. Damals wurde die bisher radikalste Volksinitiative gegen Ausländer, die „Schwarzenbach-Initiative", knapp verworfen. Wäre sie angenommen worden, hätten etwa 300 000 Menschen das Land verlassen müssen. Heute schaffen es 7,6 Millionen Schweizer, rund 1,6 Millionen Ausländer zu integrieren. Das sind 20,7 Prozent der Einwohner. Zum Vergleich: Bei einem gleich hohen Ausländeranteil würden in Deutschland 17 Millionen Nichtdeutsche leben. Hierzulande machen Migranten aber nur gut sieben Millionen Menschen (oder etwa 8,8 Prozent) aus.

Im Frühling 2009 werden die Schweizer erneut entscheiden dürfen. Dann können sie über die „Ausschaffungsinitiative" abstimmen, die auch eine Abschiebung von kriminellen Jugendlichen samt ihren Eltern vorsieht. Die von der SVP lancierte Idee steht in einer Reihe von Volksinitiativen, die den diffusen Ängsten Ausdruck gaben: etwa die Initiativen „gegen die Überfremdung und Überbevölkerung der Schweiz" (1974), „für die Begrenzung der Einwanderung" (1988), „gegen Asylrechtsmissbrauch" (2002). Es spricht für das Selbstverständnis der Schweizer, dass solcherlei Anträge stets abgelehnt wurden. ∎ *Tom Dauer*

OPTIMISMUS

FREIHEIT DER FREIZÜGIGKEIT

Für Deutsche ist die Schweiz Auswanderziel Nummer eins. Und mehr noch: Endlich haben sie es dort auch zur Einwanderernation Nummer eins gebracht

DIE SEIT 2002 in mundgerechten Portionen eingeführte Personenfreizügigkeit mit der EU schmeckt allen: den Schweizer Arbeitgebern, die in der Hochkonjunktur endlich einmal keine Personal-Engpässe zu beklagen haben; den Gewerkschaften, die längst kein Lohndumping mehr befürchten – und den arbeitenden Europäern selbst, weil sie keine Aufenthaltsgenehmigung mehr brauchen. Für Bürger der 15 „alten" Mitgliedstaaten ist im Juni 2007 eine letzte Schranke gefallen: die Beschränkung der Zuwanderung. Ein gültiger Arbeitsvertrag reicht nun als Türöffner aus – den neben Franzosen und Portugiesen vor allem Deutsche häufig nutzen. Während vor dem Freizügigkeitsabkommen pro Jahr maximal 12 000 Arbeitskräfte aus dem „großen Kanton" eingewandert sind, beschritten 2007 mehr als 30 000 meist gut qualifizierte Deutsche den geebneten Weg zum florierenden Alpenraum. Erstmals überhaupt waren sie damit die größte Zuwanderernation. Böse (Schweizer) Zungen sprechen mittlerweile gar von einer Germanisierung des Landes, wissen aber auch, dass ohne die deutsche Arbeitskraft der eigene Wirtschaftsmotor arg ins Stottern käme. Offenheit ist in der Schweiz deshalb in Mode gekommen, eine kleine Revolution in einem zum Isolationismus tendierenden Land.

Schmuckstück der Wirtschaft: die Zürcher Bahnhofstrasse

WIRTSCHAFTSLAGE

REKORDGEWINNE! HOCHKONJUNKTUR!

Wirtschaftlich geht es den Schweizern so gut wie selten. Aber die Jubelstimmung könnte bald großem Zittern weichen: Den eidgenössischen Bankriesen UBS hat die amerikanische Kreditkrise schon jetzt schwer erwischt

ER KONNTE SEIN GLÜCK kaum fassen. Als „einfach wahnsinnig" beschrieb Markus Hünig, Präsident der Vereinigung Zürcher Bahnhofstrasse, das Kaufverhalten der Kunden. Zum Ende des Jahres ließen die Abrechnungen der Läden entlang der Hauptschlagader der Schweizer Wirtschaft keine Zweifel mehr zu: 2007 würde als Rekordjahr in die Geschichte eingehen. Allein die Uhren- und Schmuckbranche hatte in Sachen Umsatz gegenüber dem bereits hervorragenden Jahr 2006 nochmals um 39 Prozent zugelegt.

Das Shoppingfieber an der Bahnhofstrasse steht Pars pro Toto, denn die Wirtschaftslokomotive in der Schweiz braust bereits seit 2004 mit Volldampf auf der Hochkonjunkturschiene, stets befeuert von vitalen Konsumenten, die vor allem eines tun: Geld ausgeben. Die Stimmungsbarometer der Großbank UBS wie auch des Staatssekretariats für Wirtschaft attestieren dem Konsumenten denn auch beste Laune. Eine Ausgabefreudigkeit, die vor allem auf die gute Beschäftigungslage zurückzuführen ist. Sorgen um seinen Job muss sich derzeit kein Schweizer machen. Nach einer Prognose des Bundes soll die Arbeitslosenquote von bereits tiefen 2,8 Prozent noch 2008 auf 2,5 Prozent sinken – Zahlen, von denen in den Nachbarländern nur geträumt werden darf. Nicht minder ausgelassen ist die Stimmungslage bei den Arbeitgebern. Rekordgewinn! Bestes Geschäftsjahr der Firmengeschichte! Super-Abschluss! In allen Branchen ist die Tonalität von Pressemitteilungen, gänzlich unschweizerisch, protzig bis heiter.

Die Schweizer Wirtschaft, die ihre Exporte 2007 um zehn Prozent steigern konnte, geriet damit zu einem Musterschüler der Weltwirtschaft und überflügelte selbst Schwergewichte wie EU und USA mit einem breit abgestützten Wachstum: Das reale Bruttoinlandsprodukt (BIP) der Eidgenossen übertraf mit einem durchschnittlichen Zuwachs von 3,1 Prozent deutlich die Werte ihrer großen Partner (2,9 respektive 2,2).

Die Schweiz ist also alles andere als klein, wirtschaftlich gesehen. Das Land verfügt mit den Basler Pharmakonzernen Novartis und Roche, dem Nahrungsmittel-Multi Nestlé, dem Maschinenbauer ABB, den Versicherungsfirmen Zürich und Swiss Re sowie den Bankenriesen UBS und Credit Suisse über eine beeindruckende Zahl von Unternehmen mit Weltbedeutung. Diese „Elefanten" der Wirtschaft haben im Windschatten des globalen Aufschwungs exzellente Geschäfte gemacht – aufstrebenden Märkten wie China, Indien und Osteuropa sei Dank. Zudem hat die Schweizer Wirtschaft neben dem schwachen und damit exportfördernden Franken von einer nun voll umgesetzten Personenfreizügigkeit profitiert: Für EU-Bürger, oft gut ausgebildete Spezialisten, sind die Hürden zum Schweizer Arbeitsmarkt massiv abgebaut worden. Vor allem Deutsche, die Zuwanderernation Nummer eins, beschreiten den frei gemachten Weg (siehe Seite 123).

Für 2008 erwarten die meisten Prognostiker einen BIP-Zuwachs von knapp zwei Prozent, was nach den Jubel-Jahren auf ein moderateres Wachstum hindeutet. Aber: Die ganz große Party scheint vorbei. Niemand kann bisher genau abschätzen, wie sich die amerikanische Hypothekenkrise auf die weltweite Konjunktur und den Schweizer Finanzplatz auswirken wird. Vor allem die Milliardenabschreibungen der UBS infolge der Turbulenzen haben aufhorchen lassen. Ein weiteres Fragezeichen ist die Entwicklung des Frankens: Bleibt die Schweizer Währung gegenüber dem Euro so schwach? Und wie geht ein schwelender Steuerstreit mit der EU aus? „Nome nöd 'z gsprengt", würde der stets unaufgeregte Berner sagen: „ja nichts überstürzen". Denn überstürzte Aktionen hatten in der Alpenrepublik ohnehin noch nie Hochkonjunktur.

MARKENZEICHEN IN GEFAHR

Unbeirrt wirbt die Schweiz mit ihrem Bankgeheimnis – obwohl es schon ziemlich durchlöchert ist

DIE ROLLE DES STOLZEN VÖLKCHENS, das gegen fremde Einmischung aufbegehrt, gehört noch immer zu den Paraderollen der Schweizer; jüngst wieder aufgeführt während einer Debatte im Bundeshaus. Dort adressierte Bundesrat Hans-Rudolf Merz eine aufmüpfige Ansage an die Europäische Union, insbesondere an die Deutschen: „Am Bankgeheimnis werdet ihr euch die Zähne ausbeißen."

Diese steinerne Haltung ist für sensible Politiker Pflicht, sieht doch ein Großteil der Bevölkerung im Bankgeheimnis eine zentrale Säule der Schweizer Wirtschaft, gar ein symbolträchtiges Nationalheiligtum. Und das gilt es zu verteidigen. Mehr denn je. Denn, ausgelöst durch den deutsch-liechtensteinischen Steuerskandal um am Fiskus vorbeigeschleuste Millionen, wird das einstige Bollwerk zunehmend infrage gestellt. Wie andere deutsche Politiker hat auch Finanzminister Peer Steinbrück zum Kampf gegen die Steueroasen aufgerufen; und gleich noch hinzugefügt: „Wir reden auch über die Schweiz."

Dabei wähnte man sich jenseits der Grenze in Sicherheit. 2004 hatte die Schweiz sogenannte bilaterale Verträge II mit der EU geschlossen; dank geschickter Unterhändler schien das Bankgeheimnis und damit die Macht der Schweizer Banken, die momentan etwa 5000 Milliarden Franken horten, gerettet. Das Zauberwort hieß „Zinsbesteuerungsabkommen", und der Deal sah folgendermaßen aus: Die Schweiz erhebt eine Quellensteuer auf die Erträge aller europäischen Kontobesitzer und leitet diese direkt an die jeweiligen EU-Länder weiter. Entscheidend ist: Lediglich die Abgaben, nicht jedoch die Kundendaten rückt die Schweizer

Seite raus. Das Land treibt damit Steuern für andere Staaten ein – ein höchst ungewöhnlicher Vorgang.

Nun aber, nicht einmal vier Jahre nach dem vermeintlichen Husarenstück, wackelt das Bankgeheimnis durch die Attacken aus Deutschland erneut – stärker als zuvor. So forderte Bundeskanzlerin Merkel mit Blick auf die USA „gleiches Recht", womit sie auf ein oft verkanntes Detail verweist. Denn längst ist das Bankgeheimnis für Amerikaner poröses Stückwerk. Das zwischen den USA und der Schweiz geschlossene Doppelbesteuerungsabkommen verlangt seit 2001 Schweizer Amtshilfe bei Steuerdelikten und den Austausch von Daten US-amerikanischer Bürger. Damit ist die weltberühmte, unerschütterliche Diskretion der Schweizer Banker unterhöhlt.

Und auch im Umgang mit EU-Ländern erteilen die Schweizer – im Gegensatz zu Liechtenstein – in Steuerbetrugsfällen bereits Auskunft. Das

Kein Geheimnis: Ein UBS-Sitz ist in Basel

entscheidende Detail: Dies gilt nur bei betrügerischen Machenschaften wie Urkundenfälschung, nicht jedoch bei Steuerhinterziehung. Diesen kleinen Unterschied will Deutschland nun ausmerzen. Gelingt dies, ist das 1935 eingeführte Bankgeheimnis definitiv Vergangenheit. Hinter vorgehaltener Hand geben selbst Zürcher Banker zu: So wird es mittelfristig wohl kommen. Dann können sich die Hüter des dicken, helvetischen Portefeuilles nur damit trösten, dass sie auch anderes höchst attraktiv macht. ∎ *Yann Cherix*

KÄSE, WEM KÄSE GEBÜHRT

Die Ehre der Eidgenossenschaft stand jüngst im amerikanischen Wisconsin auf dem Spiel: beim »World cheese contest«, der Käse-Weltmeisterschaft

SUBVENTIONIERTE, MARKTFERNE HINTERWÄLDLER? Das Bild der Schweizer Bauern in der Öffentlichkeit bedarf offensichtlich noch mancher Korrektur. Helfen könnte dabei folgende Nachricht: 2007 wurden 176 280 Tonnen Käse produziert – Rekord in der langen Geschichte der eidgenössischen Milchverarbeitung. Geschmeidig und sämig präsentiert sich auch die Bilanz bei den Exporten. Die Ausfuhr von Schweizer Käse, angeführt von Emmentaler, Gruyère und Appenzeller, die fast zwei Drittel der gesamten Menge ausmachen, nahm im Vergleich zum Vorjahr um 5,8 Prozent zu. Eine Erfolgsmeldung, die dem gebeutelten Bauernstand guttut, wenn auch der Erfolg nicht ausschließlich auf eigenem Mist gewachsen ist. So profitierten die Landwirte vom markanten Anstieg der Weltmarktpreise und vom liberalisierten Käsemarkt der EU. Gänzlich auf Eigenleistung beruht hingegen ein anderer weitreichender Triumph: Bei der im März über die Bühne gegangenen Käse-Weltmeisterschaft setzte sich der Gruyère der Käserei Fritzenhaus in der Hauptkategorie „Käse des Jahres" gegen 2000 Mitbewerber durch. Damit ging der Titel zum zweiten Mal in der 50-jährigen WM-Geschichte dorthin, wo er hingehört: ins Mutterland des Käses.

Weltmeisterlich: der Gruyère
aus der Käserei Fritzenhaus

EROSION

MATTERHORN ADE?

Wasser, Eis und Wind sind die Feinde der Alpen. Sie könnten ihr zerstörerisches Werk künftig beschleunigen

Höhenrausch dank Kontinentalverschiebung: Bergsteiger in den Walliser Alpen

ANGESICHTS der imposanten Gestalt des Matterhorns ist es kaum zu glauben, dass auch das Schweizer Nationalsymbol nur ein Abfallprodukt geologischer Großereignisse – und damit eine vergängliche Erscheinung – ist. Denn Erosionsvorgänge im Gebirge sind ein alltägliches Phänomen: Gletscher nagen an Gesteinen, Frostsprengung zerstückelt festen Fels, der Wind fräst Gipfel und Grate ab, Wasser transportiert Schutt in die Ebenen. Würde dies nicht geschehen, wären die Berge zwischen Côte d'Azur und Adria heute etwa 8000 bis 10 000 Meter hoch.

Ihre Entstehung begann vor ungefähr 200 Millionen Jahren. Im Jura-Zeitalter drifteten die Afrikanische und die Europäische Platte auseinander (siehe unten). Zwischen ihnen entstand das sogenannte Tethys-Meer, auf dessen Grund sich im Laufe der Zeit mächtige Sedimentschichten ablagerten: Schlamm, Schotter oder Schalen von Meerestieren. Dann, vor 100 Millionen Jahren, begann die Kontinentalverschiebung, während der die Afrikanische Platte nach Norden auf die Europäische Platte geschoben wurde und sich Sedimentschichten („Decken") des Thethys-Meeres verfestigten und fal-

teten. Vor 20 Millionen Jahren wurden Druck und Hitze so groß, dass sich die Decken übereinanderschoben. Die alpidische Hebung nahm ihren Anfang und machte die Alpen zum Hochgebirge.

Zeitgleich begann die Erosion ihr architektonisches Werk: Während die Berge in langen geologischen Zeiträumen wuchsen, trugen Wind und Wasser mehrere Tausend Meter Gestein ab und beförderten es auf die Nord- und Südseite der Alpen. Der Inhalt dieser schuttgefüllten Becken hat heute in etwa dasselbe Volumen wie die noch erhaltenen Berge, denen die Eiszeiten des Pleistozän (vor 2,3 Millionen bis 11 000 Jahren) ihre aktuelle Gestalt gaben. So rieben, drückten und schoben etwa die Gletscher der Walliser Berge so lange an der dortigen „Dent-Blanche-Decke", bis sie das Matterhorn in all seiner Pracht herausgeschält hatten.

Wer heute von Zermatt auf den markantesten Gipfel der Schweiz steigt, klettert also genau genommen vom Urkontinent Europa durch das Tethys-Meer bis auf die Afrikanische Platte. Und er lebt gefährlich: Zweimal mussten die leichtesten Wege auf den 4478 Meter hohen Gipfel, Hörnli- und Liongrat, wegen Felsstürzen bereits gesperrt und mehrere Bergsteiger mit Hubschraubern geborgen werden.

Dieser natürliche Verfallsprozess des Matterhorns könnte in Zukunft durch die Klimaerwärmung noch beschleunigt werden. Schuld daran ist das Schwinden des Permafrosts, der die Gipfel bisher wie Mörtel zusammenhält. In den Schweizer Alpen beginnt die Permafrostregion ab etwa 2500 Meter Höhe – eine Grenze, die mit steigenden Temperaturen stetig nach oben wandert. Die gefährlichen Folgen: Sobald gefrorenes Wasser zu schmelzen beginnt, wandelt es sich vom Mörtel zum Schmiermittel. Felsmassen, die zuvor vom Eis zusammengehalten wurden, gleiten ab und stürzen zu Tal. Besonders schnell bei steilen Bergen, die wie das Matterhorn keine isolierende Schneeschicht tragen.

Wie Klimaveränderung und die Verschiebung der Permafrostzonen genau zusammenhängen, ist noch unzureichend erforscht. Um Erkenntnisse über diese Phänomene zu gewinnen, unterhält das Schweizer Permafrost Monitoring-Programm (Permos) derzeit 14 zwischen 20 und 100 Meter tiefe Bohrlöcher in den Alpen. Auch am Hörnligrat des Matterhorns auf 3300 Meter Höhe werden Temperaturen gemessen und analysiert. Den allmählichen Verfall des Nationalsymbols wird das nicht aufhalten – aber vielleicht dem ein oder anderen Gipfelstürmer das Leben retten.

Entstehung der Alpen vor ca. 200 Mio. Jahren

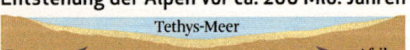

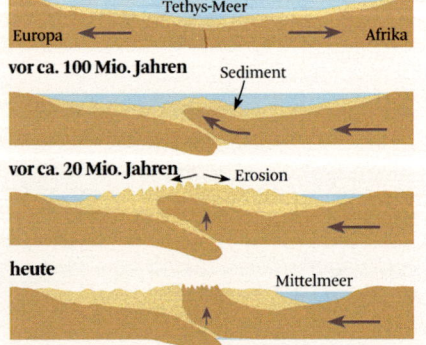

EXPANSION
....

GEDANKENEXPERIMENT IM MUSTERLAND

Einmal platt gedacht: Wäre die Schweiz das größte Land Europas, wenn man sie packen und glatt ziehen würde wie ein Tischtuch?

——

EIN MAJESTÄTISCHES BERGPANORAMA besitzt die Schweiz: allein 48 Viertausender, dazu etliche Hundert Drei- und Zweitausender. Viel Fläche, sollte man meinen. Deshalb hat das Bundesamt für Landestopografie der Schweiz (Swisstopo) tatsächlich eine Größenberechnung angestellt – und sie gestaltet sich komplizierter, als man glauben könnte. Denn ein dreidimensionales Gebirgsrelief ist keine glatte geometrische Fläche. Es besteht aus Fraktalen, deren Fläche immer größer wird, je genauer man sie misst. Sprich: je feiner das Gitternetz ist, das man über sie legt. Ein Gedankenexperiment, das man bis ins Unendliche treiben kann. Überdeckte man die Schweiz also mit Quadraten von 25 Meter Seitenlänge, wüchse ihre Fläche um rund 13 Prozent, von 41 285 auf 46 710 Quadratkilometer. Wären die Seiten der Quadrate dagegen einen Meter lang, käme man auf etwa 80 000 Quadratkilometer – was die nominelle Fläche Bayerns überträfe. Allerdings: Auch das größte deutsche Bundesland hat zwischen Bodensee und Berchtesgaden recht viel Bergmasse, die bei einer solchen Rechnung ins Gewicht fallen würde.

Fazit: Die Vertikale wird überschätzt. Selbst vollkommen flach wäre die Schweiz nicht das größte Land Europas. „Unsere Bescheidenheit gebietet uns, diesen Anspruch gar nicht erst zu erheben", sagt André Streilein, Leiter der Topografie bei Swisstopo. „Ohnehin", fügt er hinzu, „würden wir nie erlauben, dass man uns platt macht."∎

Tom Dauer

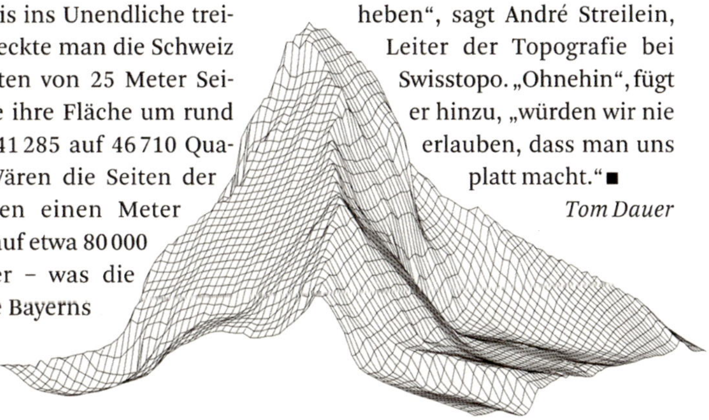

Matterhorn für Mathe-Asse: Eindeutig lässt sich seine Fläche nicht berechnen

inclusive — Hoch hinaus auf Piz Nair, Corvatsch, Muottas Muragl, und Diavolezza: Über 80 Hotels offerieren 12 Anlagen der Bergbahnen und z. T. öffentliche Verkehrsmittel mit der 2. Übernachtung inklusive.

War das Ihr Jauchzer eben?

Vielleicht steigen Sie ganz früh auf – das Moos noch nass vom Tau – und über die Krete blinzelt Ihnen die Sonne ins Gesicht. Vielleicht sitzen Sie irgendwo zuoberst und freuen sich aufs Hinuntergleiten. Vielleicht verlieren Sie sich gerade im Himmelsmeer. Vielleicht haben Sie soeben wieder mal gejauchzt. **www.engadin.stmoritz.ch**

ENGADIN St.Moritz

Diese Berge. Diese Seen. Dieses Licht!

Jetzt im Handel

Hier rauschen Meer und Wälder um die Wette: Kroatien.

Kolle Rebbe

Weitere Themen

Ökohotels
Gut zur Natur, gut zu den Gästen.

Ecuador
Die magische Welt am Äquator.

Plus Extra-Heft
Australien entdecken.

www.geo-saison.de

Lust auf Reisen. Mit GEO

service

Die wichtigsten Tipps

SCHWEIZ

HELVETISCHER HÖHENRAUSCH

Die Schweiz interessiert Sie? Kein Wunder, denn:
Hier ragen nicht nur die Gipfel heraus. Das Land bietet weit
mehr Abwechslung, als ein Urlaub Tage hat

ORIENTIERUNG
▼

Starthilfen für die Urlaubspla-
nung bietet **Schweiz Tourismus**.
Im **Internet**: *www.myswitzer
land.com*. Mit **Broschüren**: zu bestellen unter Postfach 16 07 54,
60070 Frankfurt/M. Und per
Service-Telefon: kostenlos
erreichbar unter Tel. 00800/
10 02 00 30, Mo–Fr 8–19 Uhr.

REISEFÜHRER
Guides in Buchform gibt es viele,
auch in bewährter Qualität von
Baedeker und Vis-à-vis. Besonders zu empfehlen: weniger bekannte Orientierungshilfen wie
die innovativen Gastroführer aus
der „… geht aus!"-Reihe (Edition
Überblick, jeweils 12,20 €). Offen
und ehrlich bewertet deren Redaktion Restaurants, Bars und
Hotels: Alteingesessenes, Exal-
tiertes, Places to be. Gibt es für

Basel, Zürich und das Tessin.
Außerdem: **Wanderland Schweiz**
(AT Verlag, neun Bände, jeweils
14,90–18,90 €). Ein Kompendium,
das der Vielfalt der Schweiz
gerecht wird.

EINREISE
Zwar werden Sie am Grenz-
übergang zur Schweiz nur noch
selten Ihren Pass zeigen müssen – dessen ungeachtet sollten
Sie Personalausweis oder Reise-
pass stets griffbereit haben.
Längere Aufenthalte über
drei Monate sind nur mit Visum
möglich: **Schweizerische Bot-
schaft**, Otto-von-Bismarck-
Allee 4A, 10557 Berlin, Tel. 030/
390 40 00, *www.eda.admin.ch/
berlin*. Wer darüber nachdenkt,
in die Schweiz zu ziehen, dem
seien die beiden Internet-
seiten *www.blogwiese.ch* und
www.hallo-schweiz.ch ans
Herz gelegt.

ANREISE
BAHN: Ohne Stau gen Süden –
dafür ist die **Deutsche Bahn** nach
wie vor die beste Option. 30-mal
täglich fahren ICE-Züge nach
Basel, Bern, Chur, Interlaken
und Zürich, von wo aus Anschluss
besteht. Zum Beispiel ins Wallis,
das durch den neuen **Lötschberg-
Basistunnel** um gut eine Stunde
schneller erreichbar ist. Früh-
bucher profitieren vom Angebot
Europa-Spezial, das Fahrten in
der zweiten Klasse ab 39 € ermöglicht; Kinder und Enkelkinder
bis einschließlich 16 Jahre fahren
kostenlos. Einziges Problem: Das
Kontingent ist schnell ausge-
schöpft. Weit flexibler und auch
für Nicht-Fußballfans geeignet:
der **One Country Pass**. Während
der EURO 08 gültig, ermöglicht
er freie Fahrt an drei, vier, sechs
oder acht Tagen. Erwachsene
zahlen zwischen 189 und 299 €,
Kinder und Jugendliche deutlich
weniger. Informationen in allen
DB Reisezentren, unter Tel. 118 61
oder *www.bahn.de*.

NACHTZUG: Züge der **City Night
Line** verkehren auf sechs Linien
nach Basel, vier davon führen
weiter nach Zürich. Die Preise
richten sich nach der gewählten
Komfortklasse – vom Sitzwagen
(125 €) bis zum Schlafwagen
de luxe (272 €). Für 29 € Auf-
schlag buchen Sie eine Weiter-
reise mit der SBB zu jedem
Bahnhof in der Schweiz hinzu.
Informationen beim **Nachtzug-
Servicetelefon** 01805/14 15 14
oder *www.nacht zugreise.de*.
AUTOZUG: Der DB-Autozug
nimmt Wagen in Hamburg oder
Hildesheim huckepack und bringt
sie über Nacht ins Grenzstädt-
chen Lörrach. Von dort sind es
nur noch wenige Fahrminuten in
die Schweiz und bis nach Basel.
Das Ticket Hamburg–Lörrach
beispielsweise kostet ab 154 €.
Informationen beim **DB-Autozug-
Servicetelefon** 01805/24 12 24
oder unter *www.dbautozug.de*.
FLUGZEUG: Direkt angeflogen
werden Zürich (Swiss, Lufthansa,
Air Berlin u. a.), Genf (Swiss, Easy   →

Das Alpenland gilt als Konzentrat aus höchst unterschiedlichen
Schokoladenseiten; eine davon ist das Berner Oberland

Neuerscheinungen und Klassiker

■ **Peter Bichsel: Eisenbahnfahren.** *Insel, 2002, 12,80 €.*
Wenn Bichsel höchst schweizerisch mit dem Zug reist, reist er eigentlich im Kopf. Er sitzt im Abteil zweiter Klasse und lauscht. Erspürt Gedanken, Weltsichten und Träume seiner Landsleute. In „Eisenbahnfahren" sind seine besten Geschichten von unterwegs vereint.

■ **Friedrich Dürrenmatt: Meine Schweiz.** *Diogenes, 1998, 9,90 €.* Ich bin gerne Schweizer, pflegte Dürrenmatt zu sagen. Eine Einstellung, die ihn belustigte und durchaus selbstironisch auf seine Heimat blicken ließ.

■ **Isabelle Imhof: Schwiizertüütsch. Kauderwelsch.** *Reise Know-How, 2007, 7,90 €.*
Pfiffig und um Redewendungen nicht verlegen, rüstet die Kauderwelsch-Broschüre alle Schweizbesucher, die nicht widerspruchslos „Löli" (Dummerchen) genannt werden möchten.

■ **Andri Pol/David Signer: Grüezi – Seltsames aus dem Heidiland.** *Kontrast Verlag, 2006, 33 €.* Der Bildband zeigt keine andere Schweiz, er zeigt sie anders: skurrile Momentaufnahmen vom Kuhfladen-Lotto bis zum Hasch-Fondue.

■ **Franziska Schläpfer: Schweizer Lexikon der populären Irrtümer.** *Piper, 2006, 8,95 €.*
Selbst Schweizerin, entkräftet Franziska Schläpfer Klischees durch präzis recherchierte Fakten. Von A wie Absinth bis Z wie Zwingli, über Frauenstimmrecht und Neutralität, stets verblüffend und oft amüsant.

■ **Stefan Schwietert: Heimatklänge.** *Indigo, 2008, 17,99 €.*
Der mehrfach preisgekrönte Dokumentarfilm dreht sich um drei eidgenössische Stimmkünstler, die Singtradition in die Moderne überführen. Heraus kommen virtuose Intonationen, die durch ihre Lebenssattheit berühren. Kritische Urteile von Traditionalisten werden nicht ausgespart.

Letztlich verbindet alle die Suche nach den Klängen der Heimat. Der passende Soundtrack auf CD ist schon erschienen (14,99 €).

■ **Martin Suter: Der letzte Weynfeld.** *Diogenes, 2008, 19,90 €.*
Der neue Roman des bedeutendsten Gegenwartsautors der Schweiz ist Unterhaltungsliteratur im besten Sinne – weniger gedankentief als „Die dunkle Seite des Mondes", dafür anregender als „Der Teufel von Mailand". Suter-Fans werden des Autors präzise Sprache und unbestechliche Beobachtungsgabe wiedererkennen. Neulinge verschlingen diesen Roman und verlangen nach mehr.

■ **Gabriel Vetter: Tourette de Suisse.** *Sprechstation Verlag, 2005, 14,90 €.*
Gabriel Vetters furiose Performance über das tragische Schicksal einer Cervelat-Wurst ist zu köstlich, als dass das Hörbuch im CD-Regal vergammeln dürfte. Poetry-Slam at its best.

■ **Markus Werner: Am Hang.** *Fischer, 2004, 7,95 €.* An einem Berghang im Tessin debattieren zwei Männer über Liebe, Verrat und Verlust. Was als Zufallsbekanntschaft begann, steigert sich zur fiebrigen Reise durch zwei Seelenlandschaften. Ereignisarm ist das Buch nur auf den ersten Blick. Trefflich umgesetzt auch als Hörbuch (25,99 €).

■ **Urs Widmer: Das Buch des Vaters.** *Diogenes, 2005, 8,90 €.*
Das Werk Widmers füllt jene Lücke, die der Vorgängerroman „Der Geliebte der Mutter" gelassen hatte: dieselbe Geschichte, diesmal aus anderer Sicht erzählt. Erneut vermengt sich Autobiografisches mit frivoler Fiktion, mehr denn je mit Parodie und schelmischer Kurzweil. Nicht nur für Fans.

■ **Bruno Ziauddin: Grüezi Gummihälse!** *Rororo, 2008, 8,95 €.*
Über das Verhältnis zwischen Deutschen und Schweizern ist bereits zu viel geschrieben worden, Ziauddin wagt sich dennoch an das Sujet – und kann überzeugen. Eine wortvirtuose Mentalitätsstudie.

Jet), Bern-Belp (Lufthansa, BA u.a.) und Basel/Mulhouse (Easy Jet, Ryanair). Die Flughäfen Zürich und Genf sind mit eigenen Bahnhöfen ans SBB-Netz angeschlossen. In Basel bringt Sie die Buslinie 50 zum Hauptbahnhof, in Bern das Airport-Taxi.

REISEKASSE
Ungezählt die Ausländer, die sich bei der ersten Kaffee-Rechnung an den Kopf fassen – nicht allein der Preise wegen. Besorgen Sie sich im Vorfeld **Schweizer Franken**, kurz CHF. 1 Franken hat 100 Rappen. Der Wechselkurs liegt derzeit bei **1,63 CHF für 1 €** (Stand: 8. Mai 2008). Damit vom Umrechnen entwöhnte EU-ler nicht die Kassen blockieren, werden vielerorts auch Euroscheine angenommen. Das Wechselgeld erhalten Sie in CHF zurück.

UNTERWEGS
AUTO: Lästige Wartezeiten am Grenzübergang vermeiden Sie, indem Sie schon vor der Abreise die auf Schweizer Autobahnen obligatorische **Vignette** an die Scheibe kleben. Die aktuelle erhalten Sie für 25 € bei der Deutschen Post und den meisten Automobilclubs, in Grenznähe außerdem bei Tankstellen.
BAHN, SCHIFF, POSTAUTO: Kaum ein Land, das einfacher mit öffentlichen Verkehrsmitteln zu entdecken wäre. **Swiss Travel** heißt das System, das Vorankommen ohne Auto so bequem macht: Mit einem **Swiss Pass** (ab 260 CHF) haben Sie an vier, acht, 15 oder 22 aufeinanderfolgenden Tagen oder während eines ganzen Monats unbeschränkt freie Fahrt auf insgesamt 20 000 Kilometer Bahn-, Postauto- und Schiffstrecken. Zusätzlicher Bonus: Gratiseintritte in 450 Museen sowie Rabatte bei Bergbahnen. Noch individueller wird die Reise mit dem **Swiss Flexi Pass** (ab 249 CHF), mit dem Sie drei, vier, fünf oder sechs Reisetage innerhalb eines Monats frei wählen können. Infos in DB-Reisezentren, Schweizer Bahnhöfen oder unter *www.swiss-pass.ch*.

HOTELS

Das Hotelangebot in der Schweiz ist überwältigend groß – und kann dennoch knapp werden. Insbesondere während der Fußball-EM sind Preisvergleiche angeraten, Hotelanbieter ziehen die Preisschraube kräftig an. Bezahlbar bleiben Bed-and-Breakfast-Angebote, siehe **Bed and Breakfast Switzerland Guide**. Im Web zu bestellen: *www.bnb.ch*, 25 CHF. Anregungen bei der Hotelsuche bieten auch **Schweiz Tourismus** (siehe Seite 129) und die Hotelagentur **Tourismus Schweiz**, auf deren Internetseite *www.hotelschweiz.ch* Sie sich per interaktive Landkarte durch Tausende Hotels klicken können.

SPRACHE

In der Schweiz sind Deutsch, Französisch und Italienisch verbreitet, je nach Landesteil. Rätoromanisch, die vierte offizielle Sprache, müssen Sie nicht lernen. Die Romanen im Kanton Graubünden sprechen alle perfekt Deutsch. Aber Vorsicht: Deutsch und das, was wir allgemein gerne als Schwyzerdütsch bezeichnen, sind ähnlich – und doch manchmal Welten voneinander entfernt. Was dem Besucher spätestens im Restaurant klar wird: beim Studieren der Speisekarte. Fleischvogel mit Blauchabis und Gschwellti? Dass es sich dabei um Rouladen mit Rotkohl und Pellkartoffeln handelt, verrät zum Beispiel ein 59-Seiten-Schnellkurs: **Wörterbuch Schweizerdeutsch – Deutsch**, Zweitausendeins, 2,50 €. Ansonsten: Stehen Sie zu Ihrem Nichtwissen! Deutsche, die sich allzu weit in die Gefilde des Schwyzerdütsch wagen, werden meist belächelt.

KOMMUNIKATION

Die **Notrufnummer** in der Schweiz lautet **114**. Eine dreiziffrige **Ortsvorwahl** (Basel 061, Bern 031) gehört zu jeder Schweizer Rufnummer und muss auch innerhalb des Landes gewählt werden. Die **internationale Vorwahl** der Schweiz lautet **0041**, die „0" der

Found in Translation: Einheit in Vielfalt ist der Kitt der Schweiz

Ortsvorwahl fällt dann weg (Basel 0041/61…). **Telefonkabinen** können meist nur per Karte freigeschaltet werden. Diese gibt es an allen Poststellen, Bahnhofsschaltern sowie in vielen Kiosken. **Internetzugang** bieten zahllose Cafés und die Lounges der Flughäfen. St. Gallen, Lugano, Luzern oder Montreux liegen zudem bereits in einer Gratis-WLAN-Zone. 2009, so der Plan, soll man in den meisten Schweizer Städten kostenlos im Internet surfen können.

GUT ZU WISSEN

■ Die Schweiz ist das **Land der Pässe** – und zwar nicht nur der Alpenpässe. Jedes Feriengebiet, außer der Region Freiburg, bietet Vergünstigungspässe: zum Beispiel **Arosa Card** (*www.arosa.ch/allinclusive*, kostenlos für Übernachtungsgäste, sonst 8 CHF) für freie Gondelfahrten und mehr. Fragen Sie gezielt nach!

■ Inhabern eines SBB-Tickets wird Reisen leicht gemacht: **Gepäckträger** schleppen Koffer und Taschen von den 650 Bahnhöfen des Landes in Ihr Hotel – und am Ende des Urlaubs auch wieder zurück. Pro Gepäckstück werden 10 CHF berechnet. Gegen Rückenschmerzen: *www.sbb.ch/baggage*.

Internet-Special

Gibt es noch Karten? Wo sind die Fanmeilen? Was wird in der dritten Halbzeit geboten? Antworten auf alle wichtigen Fragen rund um den Fußballrausch – pünktlich zum Anpfiff unter www.geo-special.de.

■ Dank der **Liberalisierung der Ladenöffnungszeiten** sind viele Einkaufszentren länger als 18.30 Uhr offen. Auch die täglich geöffneten **Railcitys** der Hauptbahnhöfe kurieren Konsumsucht zu später Stunde. Restaurants dagegen haben häufig sonntags und montags Ruhetag.

■ Die auf alle Produkte erhobene **Mehrwertsteuer** von 7,6 Prozent können Sie ab einem Einkaufswert von 400 CHF zurückfordern. Fragen Sie in Geschäften mit dem „Tax-Free-Shopping"-Logo nach dem **Global Refund Check**, der an Flughäfen und Grenzbahnhöfen eingelöst wird. →

INTERNET

LANDESKUNDE: www.bfs.admin.ch Bundesamt für Statistik. Klingt trocken, ist aber ein sprudelnder Infoquell.
www.dialekt.ch/liste.htm Tonbeispiele zum Einhören ins Schweizerdeutsche.
www.hallo-schweiz.ch Hilfreich für Deutsche, die es in die Schweiz zieht. Augenzwinkerndes Wörterbuch.
www.news.ch, www.nzz.ch, www.blick.ch, www.20min.ch Kurzweilige Einblicke in das, was Schweizer momentan umtreibt.
www.swissinfo.ch Ständig aktualisierte Seite, die im Ausland lebende Schweizer über Ereignisse im Heimatland informiert.
www.swissworld.org Wissenswertes, zusammengestellt von „Präsenz Schweiz". Gute Dossiers, auch zu Käse und Schokolade.

BLOGS: www.arlesheimreloaded.ch Journalist belauert Schweizer Volksvertreter – pointiert, eloquent, bisweilen schräg.
blog.rainbownet.ch Satiren und philosophische Spitzen der „Arbeitsgemeinschaft wider politischen Unfug" über Politik und Umwelt.
blog.sf.tv Redakteure des Schweizer Fernsehens fesseln mit Geschichten hinter den Geschichten.
www.blogwiese.ch Erlebnisse eines in der Schweiz lebenden Deutschen. Erklärt, warum es nicht popeln oder poppen, sondern pöpperlen heißt.
www.minubasel.ch Der Schweizer Kochmatador „-minu" salzt im Internet seine als *cuisine cruelle* bekannten Rezepte mit Glossen.

KULTUR: lexikon.a-d-s.ch Nützliches Lexikon, das alle Schweizer Schriftsteller der Gegenwart umfasst.
www.artfilm.ch Verleih für Autorenfilme. Sortiert nach Stichworten wie „Bauer" oder „Frau", dreiminütige Filmausschnitte.
www.hoerkolumnen.ch Von Bänz Friedli bis Peter Schneider – die besten Schweizer Kolumnisten als Podcast.
www.music.ch Swiss Music Directory, das größte und aktuellste Verzeichnis der eidgenössischen Musikszene.
www.swissart.net Bildende Kunst auf einen Klick. Künstler, Museen, Ausstellungen.
www.usgang.ch Wo wird die Nacht zum Tag? Die besten Clubs in Basel, Bern, Luzern, St. Gallen, Zürich und anderswo.

GIPFEL DER GASTFREUNDSCHAFT

Basel, Bern, Genf und Zürich punkten als EM-Gastgeber. Damit Sie sich – vor und nach dem Spiel – taktisch klug verhalten können: meisterliche Restaurants und Hotels

Schlaraffenland für neugierige Esser: Im Josef setzt man auf »globale Küche mit Erdhaftung« und hat den Hauptgang abgeschafft

ZÜRICH

Ob Zürich als Städtchen oder Stadt wahrgenommen wird, kümmert Zürcher wenig. Die größte Stadt des Landes ist für sie der Nabel der Schweiz. Wer sich dem Mainstream am See, in der Bahnhofstrasse, der Altstadt oder im Trendviertel Zürich-West etwas entziehen will: Auch im „Chreis Cheib", wie der Kreis 4 einst genannt wurde, lassen sich wunderbare Beizli entdecken, das **Eichhörnli** etwa. Mit dem **Greulich**, dem **Caduff's Wine Loft** und dem **Sankt Meinrad** ist die Gegend um die Stauffacher- und Kanzleistrasse schon fast zum Hotspot für Genießer geworden. Von einem Quartier zum anderen wechselt man praktischerweise mit „dem Tram", der Straßenbahn. Informationen zur **Zürich-Card**,

die auch für Bus, Schiff und Seilbahn gültig ist: www.zvv.ch. Die Stadtviertel selbst lassen sich zu Fuß oder mit einem Fahrrad vom **Gratis-Verleih Zürich rollt** (www.zuerirollt.ch) besser erkunden. Wer nicht allein losradeln will: Interessant sind – Tag und Nacht – die geführten, zweieinhalbstündigen Touren von **Zürich by Bike**: www.zuerich bybike.ch.

RESTAURANTS
Alpenrose
■ *Fabrikstr. 12, Tel. 044/271 39 19, www.restaurant-alpenrose.ch,* 🝱
Der Name des Lokals und seine Gestaltung mit getäfelten Wänden, Gamskopf und frischen Blumen sagen bereits vieles über die Küche: Sie ist bodenständig, aber beileibe nicht langweilig. Geboten wird „Edles aus der Schweiz", zubereitet mit Sorgfalt. Und im Keller liegen nur beste Weine.

Eichhörnli
■ *Nietengasse 16, Tel. 044/ 2411 28, www.restaurant-eichhoernli.ch,* 🝱

In der einfachen Quartierbeiz mitten im lebendig-farbigen Kreis 4 begrüßt ein überaus freundliches Wirtepaar, Nadine und Pascal Erb, seine zahlreichen Gäste mit einem herzlichen Du. *Comme il faut* sind die Kalbsleberli mit Zwiebeln und Salbei, begleitet von knusprigen Rösti. Sehr fein ein Fohlenfilet mit Oliven-Thymianbutter und Pommes allumettes, das teuerste Gericht der Karte (34 CHF). Jede Position der Weinkarte wird von einer Degustationsnotiz begleitet.

Josef
■ *Gasometerstr. 24, Tel. 044/ 271 65 95, www.josef.ch,* 🝱
Der eher laute, wuselige Pionier der Szene-Restaurants in Zürich hat ein klares Menükonzept: keine Hauptgänge. Aus zwei Dutzend Kleinigkeiten stellt sich der Gast ein Menü zusammen, für den normalen Hunger werden drei Tellerchen empfohlen, macht 47 CHF. Das Preis-Genuss-Verhältnis ist ausgezeichnet.

Ojo de Agua
■ *Oettenbachgasse 13, Tel. 044/ 210 47 00, www.ojodeagua.ch,* 🝱
Vier Holztische, zwei davon für nur zwei Personen: Das Weinkontor Ojo de Agua des umtriebigen Dieter Meier (Musiker-Duo „Yello", Biofarmer in Argentinien) ist nicht das kleinste, aber eines der kleinsten Zürcher Restaurants. Beim Essen heißt es nur: Fleisch oder Fleisch? Aus Argentinien sind auch die Weine.

Tessinerkeller
■ *Neufrankengasse 18, Tel. 044/ 241 22 28, www.levante.ch,* 🝱
Keine Erlebnisgastronomie!

Kein Schickimicki- oder Modepublikum! Der Wirt des rauchigverruchten Lokals, Christian Egger, will das so. Und was passiert? Das Lokal im Langstrasse-Quartier ist seit über zehn Jahren – trendy. So etwas wie der ungeschliffene Diamant unter den Juwelen der Stadt. Jeden Abend voll, und ohne Reservierung geht meist nichts. Stadtbekannt sind die hervorragenden *Moules et Frites*, besondere Erwähnung verdient auch der Weinkeller.

Caduff's Wine Loft
■ *Kanzleistr. 126, Tel. 044/ 240 22 55, www.wineloft.ch,* 🝱🝱
Als Greenhorn offenbart sich, wer minutenlang in der Karte nach Weinen sucht. Denn im souverän-lässig geführten Restaurant von Natascha und Beat Caduff geht es erst einmal in den Keller. Dort lagern, von Kerzen erleuchtet, Tausende Weinflaschen. Um genau zu sein: 2222 Positionen aus aller Welt. Man angelt sich seinen Favoriten – lassen Sie sich ungeniert vom Sommelier oder Beat Caduff selbst beraten – und steigt mit Flasche und Preiszettelchen wieder zurück ins luftig-loftige Lokal. Keinesfalls verpassen sollte man dort eine der Suppen. Die kräftige Wildessenz gibt es nirgends besser – oder auch die genialen „Hackfleischtätschli mit Herdöpfelstock", falls die mal wieder auf der täglich wechselnden Karte auftauchen.

Greulich
■ *Herman-Greulich-Str. 56, Tel. 043/243 42 43, www.greulich.ch,* 🝱🝱 →

Stadtbekannte Kombination: »Moules et Frites« im Tessinerkeller

🝱　　gut und günstig
🝱🝱　den Preis wert
🝱🝱🝱　edel

Mystische Geschichten hochalpiner Grenzgänger

Auf den Spuren von Schmugglern, Schafen und geheimnisvollen Figuren im Schnalstal/Südtirol

Alljährlich ziehen die 3.500 Schafe über den Gletscher vom Schnalstal in Südtirol/Italien ins österreichische Ötztal. Im Herbst geht die Reise wieder zurück ins Schnalstal.

Der Archeoparc in Unser Frau im Schnalstal.

DIE VERGLETSCHERTE BERGWELT der Südtiroler Grenzregion zwischen Schnalstal und Timmelsjoch bietet eine Vielzahl spannender Erlebnisse mit historischem Hintergrund. Schmuggler kamen aus dem Ötztal von Hochgurgl über das Königsjoch und versteckten sich im Pfelderertal auf der Zwickauerhütte, immer auf der Hut vor den „Finanzern" (italienische Grenzbeamte). Geschmuggelt wurde hauptsächlich Alkohol, Zigaretten, Zucker und Kaffee – Güter, die in Österreich günstig zu erwerben waren und auf italienischer Seite profitabel verkauft wurden.

Heutzutage besteht das „Schmugglergut" der Gäste hauptsächlich aus regionalen Produkten, wie Speck, Käse, Grappa und Wein aus dem Vinschger Bauernladen bei Naturns am Eingang des Schnalstales.

Auf den vielbeschriebenen Pfaden dieser Grenzregion tummeln sich heute Tourengeher, Genusswanderer und Schafe. So ist die Jahrtausende alte Weidewirtschaftsform der Transhumanz nicht minder spannend. Sie machte Schafe schon um 4.000 vor Christus regelmäßig zu hochalpinen Grenzgängern knapp unter und über der Dreitausendmetergrenze vom italienischen Südtirol ins österreichische Ötztal. Noch heute geht es im Frühsommer durchs Tisental über das Niederjoch ins Niedertal oder über das Hochjoch ins Rofental. Im Herbst kehren die etwa 3.500 Tiere gekräftigt in das milde Schnalstal und in den Vinschgau zum Überwintern zurück. Zu bei-

den Anlässen kommen Bauern, Freunde und Zuschauer zu einem Volksfest zusammen.

Spätestens seit dem Fund der Gletschermumie „Ötzi" weiß man, dass es vor ca. 5.000 Jahren nicht nur Schafe in dieser mystischen Gegend gegeben hat. Das archäologische Aktivmuseum ArcheoParc in Unser Frau im Schnalstal vermittelt lebendige Eindrücke aus jener Zeit vor etwa 5.300 Jahren. Auf drei Ebenen gibt es Texttafeln, Bilder, originalgetreue Rekonstruktionen von Ötzis Bekleidung und seiner Ausrüstung, Filme, Dioramen und eine 3-D-Multivisionsshow. Vom 4.000 Quadratmeter großen Freigelände aus, auf dem sich Nachbauten jungsteinzeitlicher Hütten, Lehmkuppelöfen, ein Fischteich und landwirtschaftliche Versuchsflächen für Getreide, Hülsenfrüchte, Mohn und Flachs befinden, kann man hinauf zum Tisenjoch, Ötzis Fundort, blicken. Lederbearbeitung, Bogenschießen, Feuerbohren, Brot backen – im ArcheoParc kann man selbst jungsteinzeitlich aktiv werden. In Begleitung eines Archäologen können Gäste aus dem Schnalstal oder dem nahe gelegenen Meran auf einer Skitour oder Wanderung Ötzis (vor)letzte Ruhestätte am Tisenjoch auf 3.220 Meter Höhe besuchen und dabei selbst zum Grenzgänger werden.

Info Ferienregion Meraner Land
meranerland.com . Tel. +39 0473 200 443

TIPP FÜR AKTIVE GENIESSER: Naturns

Der Ferienort Naturns bei Meran ist der einzige zertifizierte Alpine-Wellness-Ort Südtirols. Hier erwarten Sie 315 Tage Sonnenschein im Jahr und ein vielseitiges Aktiv-Angebot.
Bergliebhaber dürfen sich auf den 90 km langen, Meraner Höhenweg im Naturpark Texelgruppe freuen, der sich auch durch das Schnalstal erstreckt. Die einmalige Landschaft des größten Naturpark Südtirols können Sie jede Woche auch in Begleitung eines Naturparkführers erkunden.

Wandern und Wundern
Der Südtiroler Buchautor, Natur- und Landschaftsführer Karl Perfler bringt Ihnen auf seinen geführten Wanderungen mit viel Feingefühl die verborgenen Winkel und Naturerlebnisse rund um Naturns näher.
20. März bis 12. November 2008
• 7 Tage HP im Hotel*** ab **450 €** pro Person inklusive geführter Wanderung zum Thema „Waale & Wein", Transfer und Verpflegung

Rieslingtage in Naturns
1. bis 9. November 2008
Der edle Weißwein steht heuer bereits zum 4. Mal im Mittelpunkt von Seminaren, Verkostungen, Waalwanderungen und Weingut-Besichtigungen.

Weitere Infos:
Tourismusverein Naturns
Tel. +39 0473 666 077 . www.naturns.it

Im Restaurant des Designhotels hat sich David Martinez Salvany mit einer „mediterran-experimentellen" Küche innerhalb kürzester Zeit in die Herzen der Zürcher gekocht. Besonders freche Kombinationen wie Rindsfilet mit sautiertem Kalmar haben es dem katalanischen Küchenchef – neben dem FC Barcelona – angetan. Etwas Entdeckergeist und Verständnis erfordert die Küche zwar, aber selbst der Direktor der spanischen Handelskammer ist schon Stammgast. Einen guten Querschnitt durch Salvanys Repertoire bietet ein Degustationsmenü (3 bis 7 Gänge, 84–144 CHF).

Kronenhalle
■ *Rämistr. 4, Tel. 044/262 99 00,* *www.kronenhalle.com,* ◉◉
Irgendwie scheinen hier alle Stammgast zu sein. Nicht nur der blonde Tennisstar von einst oder der Verwaltungsratspräsident der größten Schweizer Bank. Das Magische an der Kronenhalle ist die entspannte Vornehmheit der Gäste und Bedienungen. Sie macht das Lokal mit seiner einzigartigen Gemäldesammlung zum (internationalen) Treffpunkt der Stadt. Meist bestellen die Gäste, ohne groß die Karte zu konsultieren. Oft von der *Voiture*, die zur Begutachtung von Tisch zu Tisch geschoben wird. Oder einen der Kronenhalle-Klassiker, etwa das „Robespierre", ein scharf angebratenes Rindsfilet, das erkaltet in feine Tranchen geschnitten und am Tisch über Feuer in einem braunen Kalbsfond fertig zubereitet wird.

Rive Gauche
■ *Talstr. 1, Tel. 044/220 50 60,* *www.agauche.ch,* ◉◉
Den Damen gefällt's auf Anhieb, den Geschäftsherren meist erst auf den zweiten Blick. Das Rive Gauche am einen Ende des Fünf-Sterne-Hauses **Baur au Lac** ist ein sehr gestyltes Restaurant. Mit Polstern in pistaziengrünem Leder und hellen Leuchten in Form umgekehrter Blumenvasen. Auch die Namen der einzelnen Speisen mögen etwas gesucht originell wirken – „Big Bertha" nennt sich ein 200-Gramm-Kalbspaillard (46 CHF), „Big Wave" ein Fisch-Trio vom Grill mit Wolfsbarsch, Wildlachs und Thunfisch (52 CHF) –, aber man isst gut und fühlt sich wohl.

Sankt Meinrad
■ *Stauffacherstr. 163, Tel. 043/ 534 82 77,* *www.sanktmeinrad.ch,* ◉◉
Auf hohem Niveau agieren Inszenierung und Küche auch in der Stauffacherstrasse. Die jungen Wirtsleute Sabrina Sterle und Tobias Meinrad Buholzer setzen im kürzlich eröffneten Sankt Meinrad auf eine Küche, die sich als modern-schweizerisch bezeichnen lässt: Saaner Gitzi, Toggenburger Kalbsnierstück, Entlebucher Lammrücken. Postwendend sind sie dafür auf die Watchlist des „Michelin"-Führers geraten.

Terrasse
■ *Limmatquai 3, Tel. 044/251 10 74,* *www.cafe-terrasse.ch,* ◉◉
Der frühere Nachtclub im hinteren Teil des Prachtbaus von 1858 ist vor ein paar Jahren in ein berauschend schönes Restaurant verwandelt worden. Der runde Raum mit seinen hohen Säulen und schweren Kronleuchtern strahlt Grandezza aus und bietet eine bemerkenswerte Sicht auf Limmat und Stadthaus-Quai – nirgends wirkt Zürich städtischer als hier. Zum Restaurant (sehr gepflegte italienisch-mediterrane Küche) gehören ein Bar- und Loungebereich sowie ein kleiner Garten, in dem im Sommer aufgetischt wird.

Terroir
■ *Rämistr. 32, Tel. 044/262 04 44,* *www.terroir.ch,* ◉◉
Wer nach der Ausstellung im Kunsthaus oder vor der Vorstellung im Schauspielhaus speisen will: Am Pfauen gibt es seit Kurzem ein Restaurant mit schweizerisch-schweizerischer Küche. Bei jedem Gericht werden die einzelnen Produkte zwinglianisch-streng deklariert. Beim „Cordon Bleu vom Chalb mit Zundhölzli" heißt es etwa, dass das Nierstück vom Muotathaler Kalb aus der Metzgerei Heinzer im Muotathal stammt. Die Stühle (Manufaktur in Glarus) sind ebenso schweizerisch wie der helle Holzboden (Tessiner Kastanienholz), selbst die Kleidung der Bedienungen ist *swiss made*.

mesa
■ *Weinbergstr. 75, Tel. 043/321 75 75,* *www.mesa-restaurant.ch,* ◉◉◉
Irgendwann kommt sie, die unvermeidliche Frage nach dem besten Zürcher Restaurant. Zu den ersten Adressen der Stadt gehört ohne Wenn und Aber das mesa, spanisch: der Tisch. Im etwas abseits der City gelegenen Lokal bittet Cuisinier Marcus G. Lindner zu einer eindrücklichen Aufführung seiner „Symphonie der Sinne". Die einzelnen Akte überschreibt er mit Lebenssinn, Wahnsinn, Feinsinn und Frohsinn. Weiter geht es mit Spürsinn (St. Pierre und Entenleber mit Muskatkürbis und Schweins- →

Weltneuheit: individuelle Rasenformen perfekt bewässern!

Der neue GARDENA Vielflächenregner AquaContour bewässert nahezu jede Rasenform! Einfach die Konturen-eckpunkte der gewünschten Fläche programmieren. Erhältlich als mobiler Regner oder als Versenkregner.

Unverbindliche Preisempfehlung:
149,99 € (als mobiler Regner)
199,99 € (als Versenkregner)

max. 380 m²

Weitere Informationen erhalten Sie unter www.gardena.de

GARDENA®
Erlebe Deinen Garten

schnauze) respektive Eigensinn (Rentierrücken an Feige und Schwarzwurzel mit Senfcreme). Und gipfelt, vor dem Schluss-applaus, im Leichtsinn (Heidel-beerliwanzen mit Sauerrahmeis und Tahiti-Vanille). Man bestellt einen Vier- bis Sechsgänger (126–165 CHF) oder wählt einzel-ne Gerichte à la carte.

Spice

■ Germaniastr. 99, Tel. 043/ 255 15 70, www.restaurant rigiblick.ch, ◉◉◉
Noch immer hängt „tout Zurich" am Telefon, um abends einen der 15 Tische im Spice zu bekommen. Mittags ist es etwas einfacher. Wer Lust auf etwas ganz Beson-deres hat, fragt nach dem „Chief's table", dem Tisch in der Küche. Zwei Sechs-Gang-Menüs werden angeboten: „Aurum" basiert auf französischer Küche, „Spice" nennt sich panasiatisch; beide kosten komplett 152 CHF, ohne

zweite Vorspeise und ohne Käse 115 CHF. Alle Gerichte kön-nen auch einzeln bestellt wer-den. Die Weinkarte besteht aus zwei Teilen: einem dicken Buch mit riesiger Auswahl von Ge-wächsen aus aller Welt und einem kleineren Büchlein mit den Raritäten.

CLUBS
Kaufleuten

■ Pelikanplatz 57, Tel. 044/ 225 33 00, www.kaufleuten.ch
Die Kaufleuten-Betreiber sehen sich selbst als Nummer eins der Schweizer Clublandschaft. Gewiss ist: Der prunkvolle Saal im Zürcher Bankenviertel ist für Musiker seit mehr als 20 Jahren und seit Kurzem auch für Literaten Pflicht. Einziger Wermutstropfen: Die Türsteher stehen ihren Chefs in Sachen Selbstbewusstsein in nichts nach.

Adagio

■ Gotthardstr. 5, Tel. 044/ 206 36 66, www.adagio.ch
Im Kongresshaus-Keller trifft sich unter Rundbögen Publikum ab 30 Jahren, erlöst von der steten Präsenz allzu junger Mit-tänzer in Zürichs Nachtleben. Weiterer Vorteil: Frischluft vom See ist in wenigen Tanz-schritten gleich jenseits der Straße zu haben.

Begehrte Plätze auf kulina-rischer Anhöhe: das Spice

Wiedereröffnetes Wahrzeichen: Dolder Grand am Zürichberg

HOTELS
Kafischnaps

■ Kornhausstr. 57, Tel. 043/ 538 81 16, www.kafischnaps.ch, DZ ab 88 CHF
Die Cafébar in der ehemaligen Metzgerei, in der es bis 16 Uhr Frühstück gibt, ist auch ein Bed and Breakfast – nicht weit vom Schaffhauserplatz entfernt. Mit einem Badezimmer und fünf schnapsigen Zimmern: Williams, Kirsch, Zwätschgge, Pflümli und Quitte.

Rothaus

■ Sihlhallenstr. 1, Tel. 043/ 322 10 50, www.hotel-rothaus.ch, DZ ab 129 CHF
Das Hotel an der Langstrasse ist speziell. Mitten im lebendigsten

Quartier der Stadt gelegen, bie-tet es 43 Zimmer zu recht mo-deraten Preisen, auch eine Suite im 5. Stock mit Terrasse. Beliebt ist das in der Bar servierte „Rot-haus"-Frühstück. In unmittel-barer Umgebung: die **Bar Rossi**, der Club **Zukunft**, die Galerie **Römerapotheke**.

Greulich

■ Herman-Greulich-Str. 56, Tel. 043/243 42 43, www.greulich.ch, DZ ab 275 CHF
Das elegante Designhotel mit seiner eindrücklich geschwun-genen Fassade im Zürcher Stadt-kreis 4 hat sich europaweit eine treue Stammkundschaft erarbei-tet und spricht vor allem Gäste aus der Mode-, Musik- und Archi-

Tolle Aussichten: **Lernen Sie die Schweiz von ihrer spekta-kulären Seite kennen!**

Die **Route Express Lines** fahren Sie über die schönsten Alpen-pässe mit schneebedeckten Berggipfeln und durch idyllische Täler mit schmucken Dörfern. Einsteigen und geniessen!

PostAuto Schweiz AG – Reisen und Freizeit www.postauto.ch/alpen

Die gelbe Klasse. **PostAuto**

DIE POST ✚

tekturwelt an. Mit gerade mal zehn Zimmern, acht Suiten und zwei „long stay appartements". Dazu: ein ausgezeichnetes Restaurant.

Rössli
■ *Rössligasse 7, Tel. 044/ 256 70 50, www.hotelroessli.ch, DZ ab 290 CHF*
Im Oberdorf, also mitten in der Altstadt, liegt an einer schmalen Gasse das charmante Hotel Rössli. Fantastisch ist die loftartige Suite von 100 Quadratmetern, inklusive Dachgarten mit Blick aufs Grossmünster. Im Haus befindet sich eine gut besuchte Bar und das nur abends geöffnete Restaurant **Stef's**. Unter gleichem Management: das Hotel **Seehof** hinter dem Opernhaus.

Plattenhof
■ *Plattenstr. 26, Tel. 044/ 251 19 10, www.plattenhof.ch, DZ ab 245 CHF*
Einen Abstecher in eine neue Designwelt macht der Gast im Plattenhof: In den 20 Designzimmern des im Universitätsquartier am Zürichberg gelegenen Hotels lässt sich die Raumfarbe selbst bestimmen. Etwas weniger futuristisch ist es in den 17 günstigeren Standardzimmern. Zum Haus gehören auch Bar, Lounge sowie das italienische Restaurant **Sento**.

The Dolder Grand
■ *Kurhausstr. 65, Tel. 044/ 456 60 00, www.thedolder grand.com, DZ ab 850 CHF, für die Maestro-Suite zahlt der Gast 14 000 CHF*
Nach vierjährigem Totalumbau – er kostete statt 250 Millionen rund 440 Millionen Franken – wurde The Dolder Grand im April 2008 wiedereröffnet (Architekt: Lord Norman Foster). Die „NZZ am Sonntag" bezeichnete das neue alte Luxushotel am Zürichberg mit seinen 173 Zimmern und Suiten sowie einem 4000 Quadratmeter großen Spa-Komplex als „Zürichs Schloss des 21. Jahrhunderts".

BASEL
▼

Besonders stolz ist man hier, dass Tennisspieler Roger Federer den lokalen Dialekt spricht. Aber nicht nur das: Basel hat auch sonst

Noch nicht alt und schon eine Basler Institution: das Acqua

Weltklasse zu bieten. Zum Beispiel in puncto Architektur. Das Faltblatt **„Architektur in Basel"** verrät, wo genau man für Meisterwerke von Stararchitekten wie Mario Botta, Herzog & de Meuron oder Diener & Diener in die Höhe schauen muss. Kostenlos zu haben: im **Architekturmuseum** am Steinenberg oder ein paar Schritte weiter bei **Basel Tourismus**. Zur Stadtbesichtigung nimmt man „das Drämmli", die Straßenbahn. Hotelgäste bekommen ein praktisches **Mobility-Ticket** geschenkt, mit dem öffentliche Verkehrsmittel kostenlos genutzt werden können. Die Altstadt mit ihren stillen Winkeln lässt sich zu Fuß entdecken. Entsprechend nah beieinander liegen alle erwähnten Tipps. Mit Ausnahme des **Bonvivant**: Das finden Sie im Viertel Gundeli hinter dem Bahnhof.

RESTAURANTS
Acqua
■ *Binningerstr. 14, Tel. 061/ 271 63 00, www.acquabasilea.ch,* ☻
Simon Lutz ist der Szenebeizer

Basels und seine Osteria im früheren Wasserwerk einer der *Places to be*. Über die Lounge gelangt man zur Bar und von dort an der offenen Küche vorbei zum eigentlichen Restaurant. Hier stehen unzählige Kerzen, und unter dicken Glasplatten plätschert ein Gewässer. Bestechend einfach ist auch die Mittagsformel: eine Vorspeise, ein Pasta-Hauptgericht, Hauswein – macht 20 CHF pro Person. Abends lautet die Frage: Fisch oder Fleisch? Es stehen zwei Dreigänger für je 65 CHF zur Wahl. Zum Acqua, zwischen Heuwaage und Zoo gelegen, gehören auch der Konzert- und Tanztempel **Kuppel**, der Club **Annex** und die **Baracca Zermatt**, wo im Winter Walliser Spezialitäten serviert werden.

Bodega
■ *Barfüsserplatz 16, Tel. 061/ 261 22 72,* ☻
Laut und voll ist es hier, doch das schreckt niemanden ab, sondern zieht die Basler magisch an. In der Bodega am „Barfi", die mit Kunst von Miriam Cahn, Markus Raetz oder Martin Disler nur so behängt ist, setzt man sich einfach dazu. Berührungsängste kennt hier niemand. Manchmal wird es etwas eng, sich einen Platz zu erkämpfen aber lohnt. →

Schönes Engadin

BIKER'S PARADISE - ENGADIN
BIKE WEEKEND AB CHF 230.- /PERS.
2 NÄCHTE . 2 TOUREN
BIKE WEEK AB CHF 900.- /PERS.
6 NÄCHTE . 4 TOUREN
7505 Celerina-St.Moritz . T+4181 8344795 . www.innlodge.ch

Sommerpauschalen:
Wellness, Wandern, Nordic Walking
z.B. 6 Nächte inkl. HP ab € 560

Hotel Nolda*
www.nolda.ch
Tel. + 41 (0) 81 833 05 75

Hotel Europa **
www.hotel-europa.ch
Tel. + 41 (0) 81 839 55 55

Legendäre Reisen in den Alpen

Nur € 50,–

Jetzt bestellen:
Tel.* 0180 - 506 20 00
www.geoshop.de
*14 Cent / Min. in Deutschland

Legendäre Reisen in den Alpen

Bis vor 200 Jahren galten die Alpen nur als Hindernis für Reisende. Dann entdeckte man sie als perfekte Urlaubswelt und Gegenbild zur Moderne – „Legendäre Reisen in den Alpen" erzählt in großartigen Bildern und ausführlichen Texten vom frühen Reisefieber in Europas schönstem Gebirge.

Format: 21 x 27 cm, 320 Seiten,
ca. 160 s/w- und 150 Farbfotos
Preis: € 50,00 [D] / € 51,40 [A] /
sFr 84.00 [CH]

GEOShop
Das Beste von GEO

Abgerechnet wird seit Jahren auf weißen Papiertischtüchern.

Zur Harmonie
■ *Petersgraben 71, Tel. 061/ 261 07 18, www.harmonie-basel.ch,* ©
In der lauten, schönen Jugendstil-beiz wird der beste Wurstsalat der Stadt serviert, mit allem, was hinein gehört: ein großer Klöpfer, also eine Wurst, Emmentaler, eine Tomate, eine Gurke, ein Ei, Zwiebeln, Friséesalat und die hausgemachte Salatsauce. In der Harmonie trifft man sich unverkrampft. Am Tisch unter dem ausgestopften Elch zum Beispiel. Wirtin ist Anna Götenstedt, die blonde Lebensgefährtin des legendären Basler Kneipiers Gusti Beerli.

Bonvivant
■ *Zwingerstr. 10, Tel. 061/ 361 79 00, www.bon-vivant.ch,* ©©
Mit seinem cool gestylten, in einer ehemaligen Seidenband-fabrik untergebrachten Restaurant – offene Küche als Blickfang, knallig blauer Linoleum-Boden, wolkige Lampen von Frank O. Gehry –, gehört Andreas Schürmann zu Basels Trendsettern. Der Hausherr steht selbst an den Töpfen, seine Küche ist bestechend einfach, fast puristisch, aber genial. Auf einer Schiefertafel steht säuberlich das täglich wechselnde Menü geschrieben. Ob Fleisch- oder Fisch-Tag ist, entnimmt man am besten dem Internet. Die knappe Weinliste zeugt von Kennerschaft.

Kunsthalle
■ *Steinenberg 7, beim Tinguely-Brunnen, Tel. 061/272 42 33, www.restaurant-kunsthalle.ch,* ©©
„Tout Bâle" is(s)t im wohl interessantesten Restaurant der Stadt. Zu diesem gehören die Terrasse der Campari-Bar, vor allem aber ein zauberhafter, konkurrenzlos schöner Garten, der im Sommer zum Treffpunkt im Herzen Großbasels wird. Drinnen sitzt man im holzgetäfelten, gemütlicheren oder hellen, vornehmeren Teil. Was auf den Tisch kommt, ist gut, auch wenn keine kulinarischen Höhenflüge erwartet werden dürfen.

Schlüsselzunft
■ *Freie Strasse 25, Tel. 061/ 261 20 46, www.schluessel zunft.ch,* ©©
In einem der wichtigsten Baudenkmäler Basels, dem gerade renovierten ältesten Zunfthaus der Stadt, findet sich der Schlüssel – das jüngste und gleichzeitig ein sehr altes Basler Restaurant (seit 1883). Im A-la-carte-Bereich bestellt man Fisch, die „Symphonie de poisson" für 52 CHF, etwa: Dorade, Red Snapper und St. Pierre mit Kokoscurrysauce.

Cheval Blanc
■ *Blumenrain 8, Tel. 061/ 260 50 50, www.lestroisrois.ch,* ©©©
Thomas Straumann kennt sich mit Weinen aus. Ein Saint Emilion, der Château Cheval Blanc, zählt

Hier wird das Essen zur Nebensache: Prominenten-Treff Kunsthalle

zu den Lieblingen des Besitzers – und Retters – des legendären Grandhotels **Les Trois Rois**, in dem sich das Restaurant befindet. Mittags empfiehlt Küchenchef Peter Knogl ein „Menu de Midi" für 78 CHF – bei sommerlichen Temperaturen lässt er auf der Rheinterrasse aufdecken. Momentan wird der erste Michelin-Stern im Haus gefeiert.

HOTELS
Teufelhof
■ *Leonhardsgraben 49, Tel. 061/ 261 10 10, www.teufelhof.ch, DZ ab 170 CHF*
In diesem „Kultur- und Gasthaus" wird vieles unternommen, damit sich der Gast wohlfühlt. Über acht von Künstlern gestaltete Zimmer verfügt das **Kunsthotel** (Nachteil: Treppen steigen), mit Möbeln der Designer Kurt Thut, Vico Magistretti und Achille Castiglioni ist das **Galeriehotel** eingerichtet. Des Weiteren bietet das Haus ein Café, welches gegen Abend zur stilvollen Bar mutiert, eine Weinstube mit geschütztem Innenhof und das edle Gourmet-Restaurant **Bel Etage**.

Krafft
■ *Rheingasse 12, Tel. 061/ 690 91 30, www.hotelkrafft.ch, DZ ab 250 CHF*

Bewohnbares Kunstwerk: Teufelhof, Zimmer Nummer 8

Das kleine, sanft renovierte Stadthotel ist vom Internationalen Rat für Denkmalpflege zum „Historischen Hotel des Jahres 2007" gekürt worden. Besonders begehrt sind die Zimmer mit Sicht auf Rhein, Altstadt und Basler Münster. Im heutigen Zimmer 401 schrieb einst Hermann Hesse an seinem Roman „Der Steppenwolf".

Les Trois Rois
■ *Blumenrain 8, Tel. 061/ 260 50 50, www.lestroisrois.ch, DZ ab 575 CHF, fragen Sie nach Spezialtarifen*
Das Grandhotel direkt am Rhein ist das erste Haus am Platz. Mit großem Respekt vor der alten Substanz wurde das einst vom Zerfall bedrohte Hotel aufwendig renoviert. Es erstrahlt nun wieder in der architektonischen Pracht von 1844, dem Jahr seiner Eröffnung.

CLUBS
Atlantis
■ *Klosterberg 13, Tel. 061/ 228 96 96, www.atlan-tis.ch*
Wo 1947 noch Alligatoren fürs Spektakel sorgten, stehen heute meist sportliche Männer im Fokus. Die Stars des FC Basel haben das populäre Atlantis zu ihrem Stammlokal erkoren. Sportbekleidung ist im edlen Altstadtgebäude aber trotzdem tabu.

→

Jetzt im Handel

Auch der siebte Himmel hat ein Basislager: Südtirol.

Kolle Rebbe

GEOSAISON Extra
SÜDTIROL
FÜR GENIESSER 2008

REZEPTE
Eine Top-Köchin
packt aus

WEIN
Die besten Lagen
und Winzer

BOZEN
Neue Tipps von
Kennern

VON BAUERNHOF BIS DESIGNHOTEL
Die schönsten Gasthäuser
für perfekte Ferien

PLUS: Wellness | Architektur | Restaurants

GROSSE KARTE
mit 125 Tipps und
Adressen

In dieser Ausgabe

Essen
Von einem Genuss-Gipfel zum nächsten.

Übernachten
Top-Adressen von zünftig bis stylish.

Entspannen
Wellnesskur mit Kräutern, Heu und Latschenöl.

www.geo-saison.de

Lust auf Reisen. Mit GEO

BERN

Bern ist nicht Hauptstadt der Schweiz, sondern Bundessitz – ein kleiner, aber im Bewusstsein der Eidgenossen feiner Unterschied. Der Attraktivität tut das keinen Abbruch. Auch die Stadt ist klein, aber fein und lässt sich problemlos zu Fuß erobern. Die kostenlosen Fahrräder von **Bern rollt!** (*www.bernrollt.ch, info@bernrollt.ch*) sind gegen eine Kaution von 20 CHF bei den Stationen Milchgässli (ganzjährig), Zeughausgasse und Hirschengraben zu haben. Wer sich lieber kutschieren lässt, dem sei die **Buslinie 12** empfohlen, die vom Hauptbahnhof zum **Zentrum Paul Klee** im Berner Fruchtland führt. An dieser Strecke liegen nicht nur beinahe alle Restaurant- und Hoteltipps – es lässt sich auf der zehnminütigen Busfahrt auch ein guter Überblick gewinnen. Sollten Sie im Sommer reisen: Ein Bad in der Aare ist ein Muss. Schwimmende Einheimische stürzen sich vor allem in den **Freibädern Marzili** und **Lorraine** in ihren Stadtfluss. Infos: *www.aaremarzili.info* und *www.lorrainebad.ch.*

RESTAURANTS
Café Kairo
■ *Dammweg 3, Tel. 031/330 26 25, www.cafe-kairo.ch,* Ⓔ
Wer gutes Bio-Essen gern mit einem Sahnehäubchen ungewöhnlicher Live-Musik garniert, ist im Café Kairo richtig. Im Keller spielen lokale Rock-'n'-Roll-Legenden, weit gereiste Troubadoure und vom Weg abgekommene Senkrechtstarter. Jeden Samstag –

inschallah! – trägt die Küchencrew außerdem Leckereien aus 1001 Nacht auf.

Della Casa
■ *Schauplatzgasse 16, Tel. 031/311 21 42, www.della-casa.ch,* Ⓔ *bis* ⒺⒺ
Hier wird eindrucksvoll demonstriert, was die Schweizer Küche alles zu bieten hat. Deftig ist die original Berner Platte mit Speck, Rindszunge und Zungenwurst. Speziell das Ochsenschwanzragout mit gebratenen Makkaroni. Klassisch die Bauernbratwurst an Zwiebelsauce und Röschti. Wie schon vor der Jahrhundertwende verkehren hier alle Kreise: vom Handwerker bis zum Bundesrat.

Flo's Restaurant
■ *Weissenbühlweg 40, Tel. 031/372 05 55, www.flos-restaurant.ch,* Ⓔ *bis* ⒺⒺ
Jungköchin Florina Manz machte bereits als Chef-Patissière im **Jöhri's Talvo** im Engadin von sich reden und bestätigt den Trend, dass in der Schweiz allgemein immer mehr Frauen Hotel- und Restaurantküchen erobern. Da die Devise in ihrem Küchenreich „marktfrisch" lautet, ändert sich die Auswahl ständig. Neugierige können die Tagesspezialitäten auf der Website inspizieren.

Gute Stube mit vielen Stammtischen: Della Casa

Gaumentanz
■ *Gerechtigkeitsgasse 56, Tel. 031/311 64 84, www.gaumentanz.ch,* ⒺⒺ
Mit Allerweltsgerichten gibt man sich hier nicht zufrieden, sondern serviert feine Geschmackskreationen à la New Fusion Food: Austernpilzbonbon mit Rote-Bete-Ruccola-Risotto auf Parmesanrahm etwa, gebackene Bärenkrebse mit Misodressing oder Dörrapfelterrine mit warmem Rahmapfel und Zimt-Honig-Mascarpone.

Wein&Sein
■ *Münstergasse 50, Tel. 031/311 98 44, www.weinundsein.ch,* ⒺⒺ
Ein Geheimtipp im authentischen Gewölbekeller. Kellermeister Beat Blum mag kein ausuferndes A-la-carte-Angebot, sondern setzt seine kulinarische Karte lieber jeden Abend auf ein viergängiges **Menu Surprise** (mit vegetarischer Alternative), in das er seine ganze Kreativität steckt. Weine kommen nicht aus Übersee, sondern von Weil (D) über Knoll (A) bis Gantenbein (CH). Unbedingt vorbestellen, im Sommer ist etwas mehr Platz.

Zimmermania
■ *Brunngasse 19, Tel. 031/311 15 42, www.zimmermania.ch,* ⒺⒺ
Hier kochen Janine Mangiantini und das erst 26-jährige Talent

Evelyne Lüthi Burgunderschnecken oder überbackene Zwiebelsuppe. Letztere sollten Bernreisende allein schon deshalb kosten, weil die Liebe zum Knollengemüse in der Stadt besonders groß ist. Was dem Münchner die „Wies'n", ist dem Berner der „Zibeler" – ein Zwiebelmarkt, jeweils am vierten Montag im November.

Meridiano
■ *Im Allegro-Grand-Casino-Kursaal, Kornhausstr. 3, Tel. 031/339 55 00, www.kursaal-bern.ch,* ⒺⒺⒺ
In diesem Gourmettempel verliebt man sich gleich doppelt – angesichts der grandiosen Aussicht auf Aare, Altstadt, Alpen und der genialen Haute Cuisine des stadtbesten Chefkochs Fredi Boss (17 Gault-Millau-Punkte). Boss, der über sich selbst sagt, er sei nur vom Namen her der Boss, pflegt in seiner Showküche mit viel Leidenschaft und Können die moderne französische Küche. Unaufgeregt, puristisch, schnörkellos. Vorbestellen!

HOTELS
Hotel Landhaus
■ *Altenbergstr. 4–6, Tel. 031/331 41 66, www.landhausbern.ch, ab 33 CHF im Mehrbettzimmer*
Backpacker und Familien finden unweit des Bärengrabens ein preiswertes – und gleichzeitig gutes Dach über dem Kopf. Die Zimmerauswahl reicht vom Mehrbettzimmer über das Vierer-Familienzimmer (200 CHF) bis zum Doppelzimmer (ab 120 CHF) – je nach Bedarf und Budget.

Hotel Allegro
■ *Im Allegro-Grand-Casino-Kursaal, Kornhausstr. 3, Tel. 031/339 55 00, www.kursaal-bern.ch, DZ ab 209 CHF*
Das innovative Vier-Sterne-Lifestyle-Hotel mit Bergsicht gehört zu den Aufsteigern. Bei 171 Zimmern haben Urlauber und Businessreisende die Qual der Wahl zwischen asiatischem Wohn-

Eindrucksvoller als der Ausblick ist nur die Speisekarte: Meridiano

→

Jetzt im Handel

Nur ein perfekter Zufall? Das Geheimnis der Naturgesetze.

Kolle Rebbe

Weitere Themen

Gorillas
Vom Filmmonster zur Intelligenzbestie.

Nanga Parbat
Der Schicksalsberg.

Neapel
Die Camorra, eine schrecklich nette Familie.

www.geo.de

GEO. Die Welt mit anderen Augen sehen

design und Broadway-Stil, Club-Zimmern und exklusiven Suiten – und drei Restaurants im Haus, darunter dem **Meridiano** (siehe Seite 140). Interessant sind auch Angebote wie „Nachtschwärmer-Package" und „Schönes Wochen-ende", Details auf der Website.

Hotel Bellevue Palace

■ *Kochergasse 3–5, direkt neben dem Bundeshaus, Tel. 031/320 45 45, www.bellevue-palace.ch, DZ ab 470 CHF* Durch die Eingangshalle des Hotels weht ein Hauch von Berner Adel, der Ausblick von der **Bundesrats-Terrasse** ist schlicht überwältigend. Wie Pascal Mercier in seinem Best-sellerroman „Nachtzug nach Lissabon" schreibt, hat man hier wirklich das Gefühl, fernab von allem zu sein, was laut und hässlich ist. Der Reisende nächtigt auf entsprechend hohem Niveau, aber auch der Besucher darf auf den roten Teppich.

CLUBS
Reithalle

■ *Neubrückstr. 8, Tel. 031/306 69 69, www.reithalle.ch* Besetzt, umkämpft, geduldet: Die autonome Reithalle blickt auf eine ereignisreiche Geschichte zurück. Wer sich von den etwas

Nur noch selten bar jeder Vernunft: die Reithalle

lotterigen Außenmauern nicht abschrecken lässt, entdeckt ein labyrinthartiges Kulturzentrum mit stets spannendem Musikpro-gramm. Wieder herausgefunden haben noch alle, die wollten.

GENF
▼

Genf, die Stadt der internatio-nalen Organisationen, ist in vie-lerlei Hinsicht spitze: auch als Gourmet-Metropole. Kulinarische Querfeldeinläufer sollten neben den vorgeschlagenen Restaurants auch dem lebensprallen **Multi-kulti-Quartier Pâquis** unweit des Bahnhofs einen Besuch abstat-ten. Hier wird besonders deutlich, was nicht nur die Küche der Stadt ausmacht: Jeder zweite der rund 185 000 Einwohner bringt kulina-risches Wissen aus dem Ausland mit. Nur 56 Prozent der Genfer sind gebürtige Schweizer, der Rest ist eingewandert. Gratis-Fahrräder für die Stadterkun-dung hat von Mai bis Oktober **Ge-nève roule**: *www.geneveroule.ch*. Verleihstationen: Place Mont-brillant, Bains des Pâquis, Plaine de Plainpalais, Place du Rhône.

RESTAURANTS
Au coin du Bar

■ *17, Rue Fr.-Versonnex, Tel. 022/786 38 19, www.aucoindubar.ch,* ⬤ Seit einiger Zeit liegen soge-nannte „Bars à Vin", Bars mit Spitzenweinen, im Trend. Neben dem **Chez Marius** (*9, Place des Augustins*, exzellente Küche) ge-hört vor allem dieses Minilokal zu den hoch gehandelten Adressen. Schmackhafte lokale Spezialitä-ten treffen hier auf verblüffen-de Weintrouvaillen. Hier will man nicht nur den Wein an den Gast bringen, sondern auch dessen Geschichte. Reservieren!

Bains des Pâquis

■ *30, Quai du Mont-Blanc, Tel. 022/738 16 16, www.bains-des-paquis.ch,* ⬤ Diese idyllische Badeanstalt aus dem Jahre 1872 verfügt über beides: Stadt- und Seesicht. Dementsprechend wohl fühlen sich die Gäste auf der kleinen, nur durch einen Steg zu errei-chenden Insel der Gastfreund-schaft. Im Imbiss wird gegrillt, Fruchtsaft gepresst, Hobel-fleisch drapiert, schnell und unkompliziert.

Hier kann man ins Wasser fallen, aber nicht kulinarisch: Bains des Pâquis

Restaurant du Parc des Bastions

■ *1, Promenade des Bastions, Tel. 022/310 86 66,* ⬤ *am Nach-mittag, später* ⬤⬤ Romantikerinnen und Romanti-ker, die gern gut essen, sei der schmucke Musikpavillon empfoh-len. Tagsüber funktioniert das Restaurant wie eine Brasserie, bietet einfache Mittagsgerichte, Tapas, Crêpes. Am Abend legt die Küchencrew an Raffinesse zu, und das Servicepersonal trägt vor wallenden weißen Vorhän-gen gastronomische Leckereien wie Pulpo-Carpaccio oder Bison-Tatar auf.

Bistro Café de Paris

■ *26, Rue du Mont-Blanc, Tel. 022/732 84 50, www.cafe-de-paris.ch,* ⬤⬤ Pain Paillasse, also Zwirbelbrot, kommt aus Genf. Ebenso die Café-de-Paris-Butter. François Vouillamoz, der das Original-rezept in einem Banksafe unter Verschluss hält, serviert in sei-nem nostalgischen Bistro pro Tag durchschnittlich 350 Portionen mit obligatem Café-de-Paris-Krön-chen, Salat und Pommes frites. Etwas anderes gibt es nicht.

Gaya

■ *19, Rue Ferrier, Tel. 022/732 46 36,* ⬤⬤ Die neuste Entdeckung an der Grenze zum Quartier Pâquis ist dieses authentische koreanische Restaurant, von dem gesagt wird, es sei mit seinem Barbecue-Tisch-grill das beste seiner Art in der

Stadt. Wem die leichte Küche aus dem Land der Morgenfrische noch gänzlich unbekannt ist, der hat hier Gelegenheit, sich in die hohe Kunst der koreanischen Kost einführen zu lassen. Reis, der Klassiker Bulgogi (marinier-tes Rindfleisch) und vor allem Kimchi (scharfer eingelegter Chinakohl) sollten jeden Anfän-ger überzeugen. Mani Deuseyo – guten Appetit!

L'O à la Bouche

■ *20, Rue de Servette, Tel. 022/ 740 40 70,* ⬤⬤ Vom Interieur her ist dieses Restaurant keine Augenweide. Umso angetaner ist man von dem, was Chef de Cuisine Habib in seinem Küchenreich zaubert. Einen äußerst geschmackvollen Kalbskopf zum Beispiel. Oder aber: geschmorte Rinderbacke im Teig. Innovative Kreationen, die den Gästen – wie der Restaurant-name prophezeit – Ooohs und Mmmmmhs entlocken.

Domaine de Châteauvieux

■ *Peney-Dessus, Satigny, Tel. 022/753 15 11, www.chateau vieux.ch,* ⬤⬤⬤ Genfs aktueller Spitzenkoch heißt Philippe Chevrier – immer noch. Ein Abend in seinem ehe-maligen Weingut setzt dem Genf-Urlaub die kulinarische Krone auf. Der Schweizer Koch des Jahres 2002 zelebriert innovative Haute Cuisine – ausgereift, raffiniert, intensiv. Ein Gast bemerkte tref-fend, dass er sich während des

Essens wie ein von furiosem Feuerwerk hypnotisiertes Kind gefühlt habe.

HOTELS

Hotel des Tourelles

■ 2, Boulevard James Fazy, Tel. 022/732 44 23, www.des tourelles.ch, DZ ab 160 CHF
Im 1885 erbauten Gebäude, 500 Meter vom Bahnhof und unweit der Rhône gelegen, ist jedes der 22 Zimmer unterschiedlich eingerichtet, und auch die Preise variieren. Wasserkocher, Teebeutel und vor allem Bücher, die andere Gäste nach der Lektüre für die Nachkommenden liegen lassen, stehen zu freien Verfügung. Unaufgeregt, aber charmant.

Eastwest

■ 6, Rue des Pâquis, Tel. 022/708 17 17, www.eastwest hotel.ch, DZ ab 460 CHF

Erst seit Dezember 2007 geöffnet, will dieses Hotel der Edelklasse im Genfer Ausgeh-Quartier Pâquis den Geschmack der heutigen „world traveler" treffen – mit einer subtilen Mischung aus Orient und Okzident. Das Haus, einziges Mitglied der „Small Luxury Hotels of the World" in Genf, verfügt über 41 komfortable Zimmer. Die Bar und das Restaurant **Sens** werden in Partnerschaft mit den Brüdern Pourcel geführt, den beiden mit Michelin-Sternen ausgezeichneten Chefs des **Jardin des Sens** in Montpellier.

Hotel-Restaurant Parc des Eaux-Vives

■ 82, Quai Gustave-Ador, Tel. 022/849 75 75, www.parcdes eauxvives.ch, DZ ab 460 CHF
Prachtvolles Herrenhaus mit sieben Zimmern der Luxusklasse

mitten im traumhaften Park von Les Eaux-Vives. Von der riesigen Terrasse aus genießt man einen einmaligen Ausblick auf den Genfersee und 350-jährige Sykomorenbäume. In der Küche des Hauses ist der Bretone Olivier Samson der Chef. Neben Chevrier (siehe Seite 142) ein weiterer Genfer Spitzenkoch.

CLUBS

Chat Noir

■ 13, Rue Vautier, Tel. 022/343 49 98, www.chatnoir.ch
Im alten Keller des Chat Noir ist man Paris ganz nah. Mitten in Carouge, dem schmucken Stadtteil mit Dorfcharakter, sorgen die Erben von Edith Piaf und Serge Gainsbourg mit hinreißenden

Konzerten für französisches Flair. Auch sprachunkundige Gäste werden hier zu später Stunde zu Chansonniers.

Judith Wyder und *Wolfram Meister* arbeiten als Autorin und Chefredakteur für „Zürich geht aus" (18,80 CHF) und andere Restaurantführer der Reihe. →

Fünf-Sterne-Blick: das Hotel-Restaurant Parc des Eaux-Vives

Brot und Spiele

Sleep Well, Eat Well, Stay Well.

Wer erleben will, was wahre Gastfreundschaft heisst, liegt mit einem Aufenthalt in einem unserer weltweit rund 80 Hotels und Resorts genau richtig. Das angenehme Ambiente, ein Top-Service und unsere berühmte Gastronomie garantieren Erholung auf höchstem Niveau.

Ihr Gastgeber in Ägypten, Bahrain, Deutschland, Italien, Jemen, Jordanien, Katar, Kuwait, Libanon, Marokko, Mauritius, Niederlande, Saudi-Arabien, Schweiz, Tansania, Thailand, Tschechische Republik, Tunesien, Türkei und den Vereinigten Arabischen Emiraten.

Weitere Informationen erhalten Sie kostenlos unter 0800 89 99 99.

www.moevenpick-hotels.com
True Excellence in Swiss Hospitality.

MÖVENPICK
Hotels & Resorts

URLAUBSFREUDEN HOCH VIER

Premiere für das große Duell der Sprachregionen: Vier Regionalpatrioten treten an – um Sie für die eigene Heimat zu gewinnen. Erlaubt sind nur liebevollste Empfehlungen

Zum Abtauchen: In den Becken von Leukerbad liegen Sie garantiert richtig. Mehr Thermalwasser hat europaweit kein Kurort zu bieten

DEUTSCHE SCHWEIZ

ANDREAS HOFMANN
lebt und arbeitet in Wettingen im Kanton Aargau. Als Filmemacher kennt er vor allem die ungewöhnlichen Perspektiven in seiner Sprachregion

Wer den größten und bevölkerungsreichsten Landesteil auf einen Nenner bringen will, der wird schnell auf Widerstand stoßen – und zwar unisono aus allen Regionen. Berner, Basler, Zürcher, Ostschweizer, Innerschweizer und Oberwalliser verweisen stolz auf ihre jeweilige Eigenständigkeit und illustrieren diese gern wahlweise mit dem Hinweis auf einzigartige Berge, herausgeputzte Städte, Sehenswürdigkeiten, Historie, Fasnacht oder Käsesorten. Ein

Nachhaken bezüglich einer allumfassenden Identifikation als Deutschschweizer ist vergebens und dürfte höchstens ein gepresstes Nein hervorrufen, im jeweiligen Dialekt wohlgemerkt – denn das Schwyzerdütsch hat weit mehr Dialekte als die Deutschschweiz Kantone. Das alles haben wir so eingerichtet, damit unsere Übermacht nicht zu erdrückend wird.
MEIN PLÄDOYER: Die Fläche der Deutschschweiz macht über die Hälfte unseres Landes aus – 56 Prozent, um so penibel zu sein, wie man es uns immer nachsagt. Klar, dass wir mit Abstand die meisten Sehenswürdigkeiten zu bieten haben. Das sollte also nicht mehr strittig sein.
DAS KÖNNEN WIR AM BESTEN: Steuern hinterziehen, Einfamilienhäuschen bauen und den Rasen davor akkurat mähen.
MACHEN WIR NICHT GERN: Hochdeutsch sprechen. Obwohl

es Amtssprache ist, haben wir dabei stets Hemmungen.
DIE DEFINITIV SCHÖNSTE ECKE: dort, wo unser Nationalheld einst seine Armbrust ölte: am **Vierwaldstättersee**. Auf Wilhelm Tells Spuren und um den Südteil des Sees führt der 35 Kilometer lange **Weg der Schweiz**: www.weg-der-schweiz.ch. Wer nicht laufen will: Mit dem **Tell-Pass** sind öffentliche Verkehrsmittel, also auch die Schiffe, günstig zu nutzen; www.tell-pass.ch, 158 CHF für sieben Tage.
GANZ TYPISCH: Kneipen auf dem Land, die Namen wie Rössli, Hirschen oder Bären tragen, zum Beispiel das urige **Rössli** in Schüpbach, mitten im Emmental, dem Urspungsort des berühmten Käses: Tel. 034/497 11 32, www.roessli-schuepbach.ch. Die Kontaktaufnahme mit den zumeist jassenden Einheimischen dürfte jedoch schwierig werden. Selbst am Nachbartisch werden sie durch den dicken Rauch ihrer Villiger-Stumpen, den Zigarillos einer traditionsreichen Schweizer Firma, selten auszumachen sein.
EIN BERG MIT WEITBLICK: der **Bürgenstock**! Fahren Sie mit dem Schiff 11 ab Bahnhofsquai Luzern bis zur Anlegestelle Kehrsiten-Bürgenstock. Von dort in die Standseilbahn, schießlich bringt Sie der spektakulär frei stehende Hammetschwand-Lift (geöffnet ab Juni) auf eine der ältesten Aussichtsplattformen der Schweiz. Eine Ahnung, was Sie oben erwartet, bietet der unter www.buergenstock.ch herunterladbare Prospekt.

WAS DIE ANDEREN NICHT HABEN: so viele bizarre Dialekte. Selbst für den Großteil der Deutschschweizer schwer zu verstehen ist ein Idiom rund um Leukerbad im Oberwallis. Wer vom Zuhören erschöpft ist, kann sich in den dortigen **Thermalbädern** erholen: Tel. 027/472 71 71, www.leukerbad.ch.
WER NOCH NIE BEI UNS WAR, SOLLTE: unbedingt mit öffentlichen Verkehrsmitteln die Region erkunden. Die Distanzen sind generell kurz, das Netz aus Zug, Bus, Tram und Schiff ist engmaschig und perfekt geknüpft. Besonders zu empfehlen: der **Swiss Pass**, www.swisstravel system.ch, zum Beispiel für vier Tage, 260 CHF pro Person. Er gewährt freie Fahrt im gesamten ÖV-Netz, auch für die Panorama-Züge Glacier- und Berninaexpress.
AUCH FÜR KENNER NOCH UNBEKANNT: Der berühmte **Sherlock Holmes** hat sein Leben beim Sturz in den Reichenbachschlund ausgehaucht, www.reichenbachfall.ch. Die tosenden Fälle bei Meiringen im Haslital sind deshalb ein Muss für Krimifans. Passende Reiseliteratur sind die **Mordsspaziergänge**, Rotpunktverlag, 24 €. Für sie haben Autoren die berühmtesten Fälle der Schweizer Kriminalliteratur nochmals aufgerollt. Mit Audio-CD und Wandertipps.
BITTE PROBIEREN: Gletscherwasser und Sprüngli-Pralinés, also reine Natur und die Krönung der Veredelung. Das Wasser schöpfen

Sprachgebiete:
französisch
deutsch
italienisch
rätoromanisch

Quelle: Bundesamt für Statistik

Beige? Rosé? Grün? Oder blau? Egal für welche der Sprachregionen Sie sich entscheiden: Sie treffen selten die falsche Wahl

Für Hochgefühle: der Hammetschwand-Lift auf dem Bürgenstock

Sie am besten am **Aletsch-Glet-scher**, dem mit 23 Kilometern längsten der Alpen. Zu erreichen von Betten im Wallis per Luftseilbahn zur **Bettmeralp**, Tel. 027/928 60 60, www.bettmer alp.ch. Pralinés im stilvollen Rahmen gibt es in der Hauptfiliale der 1836 gegründeten **Confiserie Sprüngli**, Paradeplatz in Zürich, 044/224 47 40, www.spruengli.ch. Star des Jahres ist das „Luxemburgerli", das seit einem halben Jahrhundert verkauft wird.

HIER LERNT MAN UNS KENNEN: beim **25. Gurtenfestival** vom 17. bis zum 20. Juli 2008 auf dem Berner Hausberg: www.gurten festival.ch. Fast 50 000 Musikfans zieht die spektakuläre Kulisse an.

DAS BESTE ARGUMENT ZUM SCHLUSS: Wir haben die längste Höhle Europas. Das knapp 200 Kilometer lange **Hölloch** im Muotathal ist eines der wildesten Höhlensysteme überhaupt: www.hoelloch.ch. Nur mit Führung besichtigen! Besucher, die sich selbst in der fantastischen Welt aus Stalagmiten und Stalagtiten nicht von der Deutschschweiz überzeugen ließen, sollen auch schon vergessen worden sein – völlig unbeabsichtigt, natürlich.

FRANZÖSISCHE SCHWEIZ
▼

FABIENNE LAGIER arbeitet im Eidgenössischen Ministerium für Entwicklung und Zusammenarbeit in Bern, lebt aber »aus Prinzip« in Lausanne. Für ihre Region entflammt, tat sie sich schwer, überhaupt auszuwählen. Schließlich tagte der Familienrat

Der Röschtigraben, der die französische von der Deutschschweiz trennt, ist fast unsichtbar – und doch immer präsent. Denn der Westschweizer definiert sich vor allem in Abgrenzung zu seinem Nachbarn im Osten, weshalb er umso ausgelassener südländischem Lebensgefühl frönt. Dass aber nur der damit einhergehende Konsum lokaler Erzeugnisse – also beispielsweise des hervorragenden Weißweins – die Liebe der Westschweizer für ihre Region befeuert, gilt als böse Behauptung der Deutschschweizer. Denn selbst diese müssen bei einer ihrer seltenen Durchreisen gestehen: Ob Jura- oder Walliserberge, Neuenburger- oder Genfersee – die formenden Naturgewalten →

Mehr Lebensfreude
mit Finnamic

Finn Comfort
Made in Germany

Der *Fitness*-Schuh von FinnComfort.

• Schonend sanft auftreten und abrollen
• Sicher und entspannt gehen und stehen
• Kreislauf und Stoffwechsel anregen
• Weiches FinnComfort-Wohlfühlbett
• Geeignet für Maßeinlagen

Modell **YUMA**

Fordern Sie jetzt unseren Katalog an!
Waldi Schuhfabrik GmbH • Postfach 1653 • D-97433 Haßfurt/Main • www.finncomfort.de

haben es mit der Westschweiz besonders gut gemeint.

MEIN PLÄDOYER: Eine Legende besagt, dass jeder Zugreisende sein Rückfahrticket wegwirft – sobald er aus dem Cornallaz-Tunnel zwischen Freiburg und Lausanne kommt. Der Genfersee, der dann zu sehen ist, glitzert zu schön. Selten war eine Legende besser zu verstehen.

Wein? Gut! Und mit Sicherheit traurig im Abgang: die Region Lavaux

DAS KÖNNEN WIR AM BESTEN: stolz unsere lateinische, nach Süden ausgerichtete Kultur ausleben.

MACHEN WIR NICHT GERN: die Ergebnisse der Volksabstimmungen studieren, bei denen wir meist von den Deutschschweizern überstimmt werden.

DIE DEFINITIV SCHÖNSTE ECKE: ohne Zweifel die Region **Lavaux**, mit ihren Weinbergen zwischen Lausanne und Montreux: www.lavaux.com. Kürzlich hat sie es sogar ins UNESCO-Weltkulturerbe geschafft.

GANZ TYPISCH: La Gruyère. In dieser Gegend bekommen Sie neben dem sämigsten Fondue auch die süßesten Meringues mit Doppelrahm. Tipp: die **Auberge de la Halle** in Gruyères, Tel. 026/ 921 21 78, www.chalet-gruyeres.ch. Hier wird Ihnen ein Mahl kredenzt, das Sie zu einem ausgedehnten Verdauungsspaziergang rund um das mittelalterliche Städtchen

motivieren wird. **La Gruyère Tourisme**, Tel. 084/842 44 24, www.la-gruyere.ch.

EIN BERG MIT WEITBLICK: der **Dent de Jaman**, oberhalb von Montreux. Nehmen Sie die Zahnradbahn ab Montreux Bahnhof Richtung Rochers-de-Naye – bis zur Station Jaman. Zwei Stunden Fußmarsch sind es von hier zum Gipfel, aber die lohnen. Die Fernsicht über den Genfersee hinaus ist grandios. Nur für Schwindelfreie!

WAS DIE ANDEREN NICHT HABEN: so viele **Sterneköche** wie wir. Der berühmteste ist **Philippe Rochat**. Der Drei-Sterne-Koch gilt als Nachfolger der französischen Kochlegende Paul Bocuse: 1, Rue d'Yverdon, Crissier, Tel. 021/ 634 05 05, www.philippe-rochat.ch, Mehrgangmenü ab 295 CHF.

WER NOCH NIE BEI UNS WAR, SOLLTE: sich auf die Terrasse des altehrwürdigen **Hotel Majestic** in Montreux setzen und den ein- und ausfahrenden Schiffen zuschauen: 45, Avenue des Alpes, Tel. 021/966 33 33, www.suisse-majestic.ch. Auch für Nicht-Hotelgäste! Wer nach zehn Minuten nicht in völliger Entspanntheit dahinschwelgt, ist selbst schuld.

Stars auf Tuchfühlung: das Jazz-Festival von Montreux

AUCH FÜR KENNER NOCH UNBEKANNT: die neue SAC-Berghütte **Cabane du Trient**. Mit dem majestätischen Gletscher als Nachbar schläft es sich selbst über 3000 Metern wie ein Stein. Ab Champex per Sessellift, danach vier Stunden zu Fuß. Reservierungen und genaue Wegbeschreibung bei **Hüttenwartin Fatima Amaudruz**, Tel. 027/ 783 14 38. Die Übernachtung inklusive Halbpension kostet 64 CHF.

BITTE PROBIEREN: die Kreationen der **Confiserie Ladurée**: Rue du Bourg, Lausanne, Tel. 021/ 312 79 00, www.laduree.fr. Die Luxuskette ist zwar aus Frankreich, aber Richtung Westen fällt es uns leichter, großzügig zu sein.

HIER LERNT MAN UNS KENNEN: Einzigartig ist das traditionsreiche **Montreux-Jazz-Festival**, 2008 vom 4. bis zum 19. Juli: www.montreuxjazz.com. In der Konzerthalle des mondänen Seestädtchens geben sich sogar Stars besonders Mühe – und tauchen zu später Stunde im für alle frei zugänglichen **Jazzcafé-Club** im Keller des Gebäudes auf. Prince tat's im vergangenen Jahr.

DAS BESTE ARGUMENT ZUM SCHLUSS: Zur Apéro-Zeit, also dann, wenn der Westschweizer werktags direkt nach der Arbeit seinen Aperitif nimmt, lässt er sich in die Tiefen seiner Seele blicken, heißt es. Gut nachprüfbar zum Beispiel im **Keller der**

Winzer-Kooperative in der Altstadt von Lutry: Grand-Rue 23, Tel. 078/661 26 25.

ITALIENISCHE SCHWEIZ
▼

DAMIANO MATTEI arbeitet beim Tessiner Fernsehen und lebt in Cureglia bei Lugano. Er mag italienischen Fußball, ansonsten aber steht er 100 Prozent zum Tessin

Eine Zahl neiden uns Bewohner anderer Landesteile stets sehr: die 2026 Sonnenstunden pro Jahr auf der Piazza von Lugano. Zum Vergleich: Zürich bringt es gerade einmal auf 1770 Sonnenstunden pro Jahr. Die 2812 Quadratkilometer große Südspitze der Schweiz, von San Bernardino und Gotthard gut vor Regenwolken geschützt, ist Italianità. Diese mediterrane Verheißung lockt viele an die Gestade von Lago Maggiore oder Lago di Lugano. Neben den drei Seestädten Ascona (schmuck), Locarno (international, dank des Filmfestivals) und Lugano (mondän) besitzt die italienische Schweiz aber auch eine ruhige Seite: zahlreiche Seitentäler, dicht bewaldet und von kilometerlangen Wanderwegen durchzogen. Ein jedes ein Paradies von beinahe entrückter Schönheit. Auch das

Tor zum Süden: Lugano, die größte Stadt im Tessin

ist das Tessin. Nur wissen das nicht alle.

MEIN PLÄDOYER: Unser Kanton wird auch die Sonnenstube der Schweiz genannt. Das sagt doch alles.

DAS KÖNNEN WIR AM BESTEN: das Leben mit der nötigen Leichtigkeit genießen. Wir lassen uns nicht stressen – selbst von den zahlreichen Deutschschweizern nicht, die unseren Kanton im Sommer bevölkern.

MACHEN WIR NICHT GERN: Im Gegensatz zu den Italienern stehen wir ungern im Zentrum der Aufmerksamkeit. Deshalb sprechen wir auch leiser.

DIE DEFINITIV SCHÖNSTE ECKE: der **Golf von Lugano**. Mit seiner Bergkulisse nennt man ihn auch „Kleines Rio de Janeiro". Meraviglioso! Die Panorama-Schifffahrt von Lugano bis nach Morcote ist zu empfehlen: **Società Navigazione Lago di Lugano**, Tel. 091/971 52 23, www. lakelugano.ch.

GANZ TYPISCH: das **Valle Verzasca**. Beim Ponte dei Salti im romantischen Dörfchen Lavertezzo kann man in den kristallklaren Fluss Verzasca springen: www.verzasca.com, ab Tenero mit Bus 63 erreichbar.

EIN BERG MIT WEITBLICK: Ich biete gleich zwei! **San Salvatore** und **Monte Brè**, oberhalb von Lugano; per Standseilbahn direkt vom Bahnhof Lugano erreichbar. An klaren Tagen lässt sich mit etwas Fantasie von dort aus gar

die Madonnina auf dem Mailänder Dom erahnen. So nah sind wir Italien!

WAS DIE ANDEREN NICHT HABEN: die Dichte an wundervollen Schlössern in **Bellinzona**, www. bellinzonaturismo.ch: die mittelalterlichen **Castelli di Bellinzona**, das **Castello di Montebello** inklusive archäologischen Museums. Und schließlich das Schönste: **Castelgrande**. In seinen Innenhof fährt man direkt von der Piazzetta della Valle mit einem Lift.

WER NOCH NIE BEI UNS WAR, SOLLTE: unbedingt die Palmen anschauen, zum Beispiel in **Lugano**. Davon gibt es so viele, dass Sie sich nicht weiter nach Süden wünschen müssen. Wer früh reserviert, kann gar in einem Palmenpark übernachten: **Hotel Montarina**, Via Montarina 1, Lugano, Tel. 091/ 966 72 72, www.montarina.ch, ab 25 CHF pro Person im Mehrbettzimmer.

AUCH FÜR KENNER NOCH UNBEKANNT: Von der Staumauer im Verzasca-Tal springt man mit dem Bungee-Seil 220 Meter in die Tiefe. Hier wurde die erste Szene des James-Bond-Films „Golden Eye" gedreht. Reservierung nötig: **Trekking Team Schweiz**, Tel. 091/780 78 00, www.trekking.ch.

BITTE PROBIEREN: Neben Minestrone darf natürlich unsere eigentliche Spezialität nicht fehlen: **Costine**, Rippchen vom Grill. In Perfektion zu haben im **Grotto Morchino**, Via Carona 1, Pazallo, 091/994 60 44, www.morchino.ch.

HIER LERNT MAN UNS KENNEN: Von unserer besten Seite? Ohne Übertreibung: Das **Internationale Film-Festival** von Locarno, 6. bis 16. August 2008, ist das schönste der Welt, www.pardo.ch. 190 000 Besucher und über 1000 Journalisten können nicht irren.

DAS BESTE ARGUMENT ZUM SCHLUSS: Wir haben zahlreiche stille Seitentäler. Eines der verwunschensten ist das **Valle Muggio** bei Mendrisio: Tel. 091/646 57 61, www.mendrisiotourism.ch. Ein spannender, lebensnaher Einblick in die ursprüngliche Lebensweise von uns Tessinern.

$\rightarrow$

SCHWEIGEN IST EBEN DOCH NICHT GOLD.

GRETHER'S PASTILLES. BEI HEISERKEIT, RAUEM HALS UND TROCKENEM MUND.

FEINE PASTILLEN FÜR HALS UND STIMME.

Blackcurrant Grether's Pastilles

SCHMECKT SO GUT, WIE'S TUT. SEIT 1850.

HANDGEMACHT IN DER SCHWEIZ

ROMANISCHE SCHWEIZ

ISABELLE JAEGER
arbeitet bei »Radio e Televisiun Rumantscha« und lebt mit Mann, Tochter und Pferd in Scuol. »Keine zehn Pferde«, sagt sie, brächten sie von dort weg

Ganz außen, im östlichsten Zipfel des Landes, liegt sie, die romanische Schweiz. Beliebte Bündner Skigebiete wie Samnaun, Savognin oder Laax gehören dazu, ebenso das mondäne St. Moritz und natürlich das weitläufige Engadin mit dem einzigen Nationalpark des Landes. Ohne feste Grenze hält sie das Rätoromanische zusammen, der sprachliche Klebstoff. Und selbst der taugt nur bedingt als Bindemittel – bei fünf Idiomen. Viel kleinteiliger geht's nicht mehr. Knapp 35 000 Schweizer sind des „Rumantsch" noch mächtig – Tendenz leider sinkend. Deshalb: Machen Sie sich für uns stark. Aber keine Almosen, bitte. Der Rätoromane gilt als Bergler mit ausgeprägt stolzem Charakter.

MEIN PLÄDOYER: Tgi che sa rumantsch sa dapli – wer Romanisch kann, weiß mehr! Denn Rätoromanisch ist der Schlüssel zu allen weiteren neolateinischen Sprachen. Also nicht lächeln, wenn Sie unsere Ortsschilder sehen.

DAS KÖNNEN WIR AM BESTEN: Wir sind die einzigen Schweizer, die alle vier offiziellen Landessprachen beherrschen. Nämlich Rumantsch, Deutsch, Italienisch und Französisch.

MACHEN WIR NICHT GERN: Da das Rätoromanische, wie gesagt, aus fünf Idiomen besteht, sprechen wir nur im schlimmsten Fall auch mal Deutsch, um uns zu verstehen.

DIE DEFINITIV SCHÖNSTE ECKE: ein Schatz der alpinen Natur ist die rund 1950 Meter hoch gelegene **Alp Flix** mit ihren blumenstrotzenden Matten, www.schatz inselalpflix.ch. Zu erreichen über Tiefencastel mit Bus 121 bis Sur. Von dort führt die einzige (im Winter geschlossene!) Straße hinauf. Eine Stunde Fußmarsch.

GANZ TYPISCH: Hoch über dem Inn, nah am Dreiländereck Schweiz – Italien – Österreich, liegt **Tschlin**, ein original Engadiner Dorf: Tel. 081/866 33 03, www.tschlin.ch. Die Häuser sind zum Teil nicht mehr ganzjährig bewohnt, aber die Tschliner haben sich mit **Bun Tschlin** eine Zukunft geschaffen. Unter diesem Namen vermarkten sie vielfältigste Produkte. Das bekannteste: „la biera engiadinaisa" – mit Bergquellwasser gebrautes Bier, www.buntschlin.ch. Zu erreichen über Scuol-Tarasp.

EIN BERG MIT WEITBLICK: Die Diavolezza-Bahn bringt lauffaule Bergfans direkt zur Spitze. Auf

Einen Bogen machen! Mit der Rhätischen Bahn, hier bei Filisur

der sonnigen Terrasse des Bergrestaurants, mit Blick auf **Piz Palü** und **Piz Bernina**, lässt es sich herrlich schlemmen: Tel. 081/839 39 39, www.diavo lezza.ch.

WAS DIE ANDEREN NICHT HABEN: „Il uors" – den Bären. Im vergangenen Jahr wurden zwei gesichtet. Anwesenheitsgarantie gibt es nicht, aber Informationen, ob und wo sich ein Bär aufhält: www.nationalpark.ch.

WER NOCH NIE BEI UNS WAR, SOLLTE: im Winter zuerst die Winterreifen am Auto montieren. Eine Fahrt in unsere Region geht meist über den Autoverlad Vereina: **Rhätische Bahn**, www. rhb.ch. Tipp: Vor 9 Uhr und nach 17 Uhr ist es billiger, zudem sind die Wartezeiten dann kürzer.

AUCH FÜR KENNER NOCH UNBEKANNT: unser **Nationalpark**, obwohl die Schweiz ja, wie erwähnt, nur einen einzigen hat. Das neue Nationalparkzentrum in Zernez ist seit dem 31. Mai geöffnet: Tel. 081/851 41 41, www.national park.ch. Im Park liegt die schöne Blockhütte **Chamanna Cluozza**. Reservierung Ende Juni bis Oktober: Tel. 081/856 12 35, in der übrigen Zeit direkt beim Hüttenwartehepaar Tel. 081/856 16 89.

BITTE PROBIEREN: Aus der Surselva, dem Bündner Oberland,

stammen die **Capuns**: Krautwickel, die bei Muttern natürlich am allerbesten sind. Bei einigen Zehntausend Haushalten in Graubünden ergibt das unzählige beste Capunsrezepte. 129 von ihnen sind im Standardwerk **Capuns Geschichten** zusammengefasst: Charly Bieler, Bücher aus Graubünden-Verlag, 19,95 €.

HIER LERNT MAN UNS KENNEN: **Radio Rumantsch** hören, **Televisiun Rumantscha** schauen – und die tiefsten Einblicke in die romanische Seele sind garantiert! Außerdem: Inmitten der Berge der Val Lumnezia steigt am 25. und 26. Juli 2008 das heißeste Festival des Bündner Sommers. Rund 10 000 Besucher kommen meist mit Schlafsack und Zelt zum **Open Air Lumnezia**, www. openair-lumnezia.ch. Klein, aber fein. Ganz so wie wir.

DAS BESTE ARGUMENT ZUM SCHLUSS: Da gibt es mindestens so viele Argumente wie Bündner Täler – und davon haben wir über 150. Meine Favoriten: **Engadin**, **Münstertal** und **Val Lumnezia**. Wer sich informieren will: **Graubünden Ferien**, Tel. 081/ 254 24 24, www.graubuenden.ch.

Stimmensammler Yann Cherix, 31, ist bestens als neutraler Schiedsrichter geeignet: Der Sohn eines welschen Vaters und einer Deutschschweizerin fährt gern im Tessin Wasserski.

Nichts für Jäger, aber viel für Sammler: die Alp Flix

Gratis zur Wahl!

Rosenzweig & Schwarz, Hamburg

Heftpaket: GEO Special »Deutsche Nordsee« und »Leipzig, Dresden, Weimar«

Deutsche Nordsee. Steckbriefe: von Amrum bis Wangeroog, Nordseeküsten-Radweg, Wundertier Nordseekrabbe, was im Schlick alles lebt. Nicht ohne meine See: Küstenbewohner aus Leidenschaft erzählen u.v.m.

Leipzig, Dresden, Weimar. Dresdner Perspektiven, das »weiße Gold« von Meißen, »Tatort«-Kommissar Ehrlicher und das Bekenntnis zur Eigenart, Wirbel an Dresdens Semperoper.

Maniküreset

Enthält alles, was Sie für schöne Nägel brauchen: Feile, Zange, Hautschieber, Nagelknipser, Pinzette und je eine Nagel- und Hautschere. Etui: ca. 10,7 x 14,5 x 3 cm.

Reiserollentasche

Zuverlässiger Begleiter aus wetterfestem Polyester, mit Zahlenschloss, Teleskopgriff und zwei Tragegriffen sowie Außenfach mit Reißverschluss. Maße: ca. 55 x 26 x 35 cm.

GEO Special lesen, 13 % sparen –
und dazu erhalten Sie ein attraktives Geschenk!

Ihre GEO Special-Abo-Vorteile

- Dankeschön zur Wahl gratis!
- 13 % Ersparnis!
- Lieferung frei Haus!
- Nach 6 Ausgaben jederzeit kündbar!
- Geld-zurück-Garantie für zu viel bezahlte Hefte!

Abonnenten-Service Österreich
Tel.: 0820/00 10 85
Geo-Special@abo-service.at

Leser-Service Schweiz
Tel.: 041/329 22 20
Geo-Special@leserservice.ch

Bitte Bestellnummer aus dem Vorteilscoupon angeben.

Verlag: Gruner+Jahr AG & Co KG, Dr. Gerd Brüne, Am Baumwall 11, 20459 Hamburg. AG Hamburg, HRA 102257.
Vertrieb: DPV Deutscher Pressevertrieb GmbH, Dr. Olaf Conrad, Düsternstr. 1, 20355 Hamburg. AG Hamburg, HRB 95 752.

*14 Cent/Min. aus dem deutschen Festnetz, Mobilfunkpreise können abweichen.

GEO Special-Vorteilscoupon

Ja, ich möchte GEO Special selbst lesen oder verschenken für zzt. nur € 6,95 je Ausgabe statt € 8,– (D)/zzt. € 8,10 statt € 9,– (A)/zzt. Fr. 13.60 statt Fr. 15.80 (CH). Als Dankeschön für meine Bestellung erhalte ich ein Geschenk meiner Wahl nach Zahlungseingang gratis. Nach einem Jahr kann ich jederzeit kündigen. GEO Special erscheint zzt. 6x jährlich. Alle Preise inkl. Zustellung und MwSt.

Mein Geschenk: ☐ Heftpaket, ☐ Maniküreset oder ☐ Reiserollentasche (bitte nur ein Kreuz)

Meine Adresse: Bitte auf jeden Fall ausfüllen!

Name, Vorname

Geburtsdatum 19

Straße/Nr.

PLZ   Wohnort

Telefonnummer   E-Mail-Adresse

☐ Ja, ich bin damit einverstanden, dass GEO Special und Gruner+Jahr mich künftig per Telefon oder E-Mail über interessante Angebote informieren.

Ich zahle bequem per Bankeinzug (D: halbjährlich € 20,85):

Bankleitzahl   Kontonummer

Geldinstitut

☐ Ich zahle per Rechnung, D: jährlich € 41,70

Widerrufsrecht: Die Bestellung kann ich innerhalb der folgenden zwei Wochen ohne Begründung beim GEO Special Kunden-Service, 20080 Hamburg, in Textform (z. B. Brief oder E-Mail) oder durch Rücksendung der Zeitschrift widerrufen. Zur Fristwahrung genügt die rechtzeitige Absendung.

X

Datum   Unterschrift   587056

Adresse des Geschenkempfängers: Nur ausfüllen, wenn Sie GEO Special verschenken möchten!

Name

Vorname   Geburtsdatum 19

Straße/Nr.

PLZ   Wohnort

Dauer der Geschenklieferung:
☐ unbefristet (mindestens 1 Jahr) ☐ 1 Jahr (6 Ausgaben)   587057

374

 Vorteilscoupon einsenden an: GEO Special, Kunden-Service, 20080 Hamburg

📞 **Oder anrufen unter:** 01805/861 80 00*

@ **Einfach per E-Mail:** GeoSpecial-Service@guj.de

Gerstensuppe, Bauernrösti und Älplermakkaroni werden hier auf höchstem Niveau serviert: das Drehrestaurant Allalin

EIN EXTREMES VERGNÜGEN

Treiben Sie es in der Schweiz auf die Spitze! Denn Großartiges und Einzigartiges findet sich hier auf kleinstem Raum. Eine »Tour de Suisse« der Superlative

❶ DIE BEDEUTENDSTE IRIS-SAMMLUNG EUROPAS

Botanischer Garten in Brüglingen, Münchenstein bei Basel, Kanton Baselland
Rund um das ultramoderne Fußballstadion St. Jakob-Park herrscht stets Hektik. Vier Gehminuten entfernt aber liegt ein 13 Hektar großer Hort der Besinnlichkeit: der Botanische Garten. Unzählige Iris, angeordnet in langen Reihen, blühen violett, cremig-weiß, pfirsichrot, blassblau und in sattem Gelb, 1500 Sorten insgesamt. Von der Anhöhe präsentiert sich das Blütenmeer am eindrucksvollsten. Ein weiterer Tipp: Im nahen Steingarten wachsen etwas versteckt 120 teils seltene Schwertlilien-Wildarten. Gräfin Helene von Stein-Zeppelin war es, die mit einer Schenkung 1969 den Grundstein der einzigartigen Sammlung legte, die seither dauernd vergrößert wird.
■ **Merian Park,** *Vor der Brüglingen 5, Tel. 061/319 97 80, www.bogabrueglingen.ch.*

Geöffnet: 8 Uhr bis Einbruch der Dunkelheit; Eintritt: frei; beste Zeit: Ende Mai/Anfang Juni. Anfahrt: Tram 14 ab Barfüsserplatz bis St. Jakob

❷ DER BERÜHMTESTE WASSERFALL EUROPAS

Staubbachfall, Lauterbrunnental, Kanton Bern
Der Seerenbachfall am Walensee ist mit seinen 305 Metern der höchste frei stürzende Wasserfall des Landes. Dahinter folgt mit 297 Metern der berühmteste: der Staubbachfall im Lauterbrunnental. Er inspirierte Goethe zu seinem Gedicht „Gesang der Geister über den Wassern" und gehörte schon vor über 200 Jahren ins Programm von Bildungsreisenden. Bei forschem Wind benetzt die weiße Gischt einzelne Häuser des nahen 861-Seelen-Dorfes, das dem Tal den Namen gab. Der Staubbachfall ist der Star unter den 72 Wasserfällen, die zwischen Lauterbrunnen und Stechelberg über die Felswände tosen.

■ **Lauterbrunnen Tourismus,** *Tel. 033/856 85 68, www.lauterbrunnen-tourismus.ch, info@lauterbrunnen.ch. Anfahrt: von Interlaken nach Lauterbrunnen*

❸ DER ERSTE WITZWEG DER WELT

Heiden–Wolfhalden–Walzenhausen, Kanton Appenzell Ausserrhoden
Der Appenzeller-Witz ist landesweit berühmt, die Landschaft dieses Kantons ein Postkartenidyll. Der Witzweg verbindet beides. Er führt am sanft ansteigenden Berghang den Bodensee entlang und gibt den Blick frei auf Rheindelta, Rorschacher Bucht und die ferne Hügellandschaft Süddeutschlands. Von Heiden gelangt man auf der alten Landstraße nach Wolfhalden – und schließlich nach Walzenhausen. Vorbei an Blumenwiesen, sattgrünen Weiden und mehr als hundert Witztafeln. Kostprobe: „Fräulein, Fräulein", ruft ein Gast, „in meinem Bier ist eine Fliege!" „Nur keine Sorge, guter Mann", sagt die Bedienung, „die trinkt nicht viel."
■ **Witzweg,** *www.witzweg.ch, Anfahrt: über St. Gallen und Rorschach mit der Rorschach-Heiden-Bergbahn zum Ausgangspunkt in Heiden. Länge: ca. 6 km; reine Wanderzeit: ca. 2,5 Std.*

❹ DAS HÖCHSTGELEGENE DREHRESTAURANT DER WELT

Allalin, Saas Fee, Kanton Wallis
Mit der Gebirgs-U-Bahn „Metro Alpin", der weltweit längsten unterirdischen Standseilbahn,

gelangt man in vier Minuten unter den Eismassen des Chessjen-Gletschers hindurch zur 3500 Meter hohen Bergstation Mittelallalin, wo das Drehrestaurant liegt. Bei Saaser Hauswurst kann man in einer Stunde das 360-Grad-Panorama mit Allalin, Alphubel, Mischabelgruppe, Berner Alpen und den italienischen Alpen an sich vorbeiziehen lassen. Auch bei Sturm, denn der Rundbau trotzt Winden bis über 200 km/h. Sehenswert ist auch die weltgrößte Eisgrotte nebenan: *www.eispavillon.ch.*
■ **Restaurant Allalin,** *Tel. 027/957 17 71, www.drehrestaurant-allalin.ch. Geöffnet: täglich 8–16 Uhr. Anfahrt: über Saas Fee*

❺ DER ÄLTESTE ALPENGARTEN EUROPAS

La Thomasia, Le Pont de Nant, Bex, Kanton Waadt
Das Vallon de Nant liegt am Fuß des barhäuptigen Grand Muveran in den Waadtländer Alpen. Es ist eingekeilt von steilen, mit Fichten, Lärchen und Ahorn bewaldeten Berghängen. Die wahre Attraktion aber entdeckt man am Eingang des Tales: der 1891 gegründete, einen Hektar große, terrassierte Alpengarten. Bächlein durchfließen hier Miniaturberge, auf denen über 3000 Gebirgspflanzenarten wachsen: Herkulesstauden aus dem Kaukasus, Edelweiß aus dem Himalaya, Iris aus den Pyrenäen, einheimische Steinnelken und Bergflockenblumen.
■ **Office du Tourisme de Bex,** *Tel. 024/463 30 80, www.bex-tourisme.ch (franz.). Geöffnet: Mai bis Oktober, täglich ab* →

In floraler Vielfalt schwelgen: Alpengarten La Thomasia

Jetzt im Handel

Zeigen Sie Ihren Kindern die Gesichter der Welt.

GEOlino – das Monatsmagazin für junge Entdecker: spannende Berichte über Menschen, Tiere, Natur, Technik und tolle Extras zum Spielen, Rätseln oder Sammeln.

www.geolino.de

GEOlino. Wissen macht Spaß

11 Uhr; beste Zeit: Juni/Juli.
Anfahrt: von Lausanne via Bex
nach Les Plans sur Bex und
Le Pont de Nant

**6 DIE EINZIGEN HORNUSSEN-
MEISTERSCHAFTEN DER WELT**
Kantone Aargau, Bern,
Solothurn, Zürich
Jeweils an den Sommer-Wochen-
enden kämpfen die Hornusser
auf gemähten Wiesen und Stop-
pelfeldern im Mittelland um die

In die Töpfe gucken:
Gletschergarten Luzern

Meisterschaft. Im Zentrum des
urschweizerischen Spiels steht
der „Hornuss", ein rundes,
78 Gramm schweres Flugobjekt
mit einem Durchmesser von
62 Millimetern. Mit einem langen
elastischen „Stecken" (Schlag-
gerät) wird es mit Wucht vom
„Böckli" geschlagen und muss von
der gegnerischen Mannschaft mit
„Schindeln" (großen Abfangbret-
tern) gestoppt werden, bevor es
ins „Ries" (Spielfeld) fällt.
■ *Die genauen Daten und Orte
der einzelnen Spiele werden
jeweils in der Vorwoche auf der
Homepage des Eidgenössischen
Hornusserverbandes bekannt
gegeben: www.ehv.ch (dort unter
„Menu", „Meisterschaft" oder
„Links", wo alle 95 Hornusser-
gesellschaften zu finden sind).
Das Meisterschafts-Final ist
am 9. August 2008*

**7 DAS GRÖSSTE PERMANENTE
LABYRINTH DER WELT**
Evionnaz, Kanton Wallis
Die Bergflanke oberhalb von
Evionnaz gibt den Blick frei auf
die Ebene zwischen Martigny
und St.-Maurice. Hier liegt der
Irrgarten, dessen äußere Umrisse das Wallis darstellen. Mit
18 000 mannshohen Thuja-
büschen sind labyrinthische
Wege angelegt, die symbolisch
durch den Kanton führen, mit
dem Rhône-Tal als Hauptstrang
und Tälern, die manchmal in Sack-
gassen enden. Verirrten wird mit
Orientierungstafeln geholfen.
■ *Labyrinthe Aventure, Tel. 027/
766 40 10, www.labyrinthe.ch
(franz.). Geöffnet: Mitte März bis
Mitte November, 10–18 Uhr; Eintritt: 16 CHF. Anfahrt: Bahnstation Evionnaz, 5 Min. zu Fuß*

**8 DIE GRÖSSTEN
SAURIERSPUREN DER WELT**
Courtedoux, Kanton Jura
Vor 152 Millionen Jahren tram-
pelten gigantische Riesenechsen
durch den Jura. Das bezeugen die
Saurierspuren, die man 2002
oberhalb des Dorfes Courtedoux
entdeckte. Allein im vergangenen
Jahr wurden weitere 800 Dino-
saurierabdrücke und 70 Fährten
ausgegraben, darunter über ein
Meter große Spuren von 30 Meter langen Sauropoden.
■ *Besichtigungen auf Voranmeldung: www.palaejura.ch, Tel. 032/
420 84 28. Anfahrt: Bahnstation
Courtedoux, mit dem Auto über
Pruntrut (Porrentruy) auf der A 16*

**9 WELTWEIT EINZIG-
ARTIGER REGENWALD IN
EINEM ZOO**
Masoala im Zoo Zürich
Masoala heißt die von Regen-
wäldern bewachsene Halbinsel im
Nordosten von Madagaskar. In
Zürich hat man unter einem 30 Meter hohen transparenten Bogen-
dach auf 11 000 Quadratmetern
dieses tropische Ökosystem
nachgebaut: ein künstliches Paradies mit Wasserfall und Bächen,

**In geschützter Natur wandern:
Nationalpark Zernez**

etwa 17 000 Pflanzen und unzähli-
gen Tieren, darunter Riesenschild-
kröten, Lemuren und Roten Varis.
Masoala ist das Prunkstück des
Zoos und Teil eines Projektes,
mit dem die bedrohte Artenviel-
falt auf Madagaskar geschützt
werden soll.
■ *Zoo Zürich, Tel. 044/254 25 05,
www.zoo.ch. Geöffnet: täglich
10–18 Uhr; Eintritt: 22 CHF*

**10 DIE GRÖSSTEN
GLETSCHERTÖPFE EUROPAS**
Gletschergarten, Luzern
Unter dem transparenten Zelt-
dach im Gletschergarten blickt
man in bis zu neun Meter tiefe,
polierte Riesenlöcher. Die sogenannten Gletschertöpfe entstanden durch Schmelzwasser,
das den Felsen erodierte; sie
sind Zeugen der letzten Eiszeit,
als die Innerschweiz von Gletschern bedeckt war.
■ *Tel. 041/410 43 40, www.
gletschergarten.ch. Geöffnet:
ganzjährig, im Sommer 9–18 und
im Winter 10–17 Uhr; Eintritt:
12 CHF. Unweit des Bahnhofs*

**11 DER GRÖSSTE
UNTERIRDISCHE SEE EUROPAS**
Saint-Léonard, Kanton Wallis
Reblaub überdeckt die Höhle, in
der sich der 6000 Quadratmeter
große unterirdische See wie ein
gezackter Wurm über 300 Meter
erstreckt. In einem Ruderboot
gleitet man durch die geheimnis-
volle Grotte, unter einer Decke
aus verwittertem Gips, vorbei

an Schieferplatten und von
Kalkadern durchzogenen Marmor-
gebilden. Eine Legende besagt,
dass junge, heiratsfähige Mädchen auf dem Wasserspiegel das
Abbild ihres zukünftigen Gatten
sehen können.
■ *Lac Souterrain, Tel. 027/
203 22 66, www.lac-souterrain.
com (franz.). Geöffnet: Juni bis
September: 9–17.30 Uhr; Eintritt:
10 CHF. Anfahrt: Bahnstation
Saint-Léonard (1 km zu Fuß) oder
Autobahn A9 von Lausanne,
Ausfahrt Sitten-Ost*

**12 DER ÄLTESTE NATIONALPARK
DER ALPEN**
Zernez, Münstertal, Kanton
Graubünden
Der 1914 gegründete Gebirgs-
park erhebt sich am südöstlichen
Zipfel der Schweiz bis über
3000 Meter. Wuchtige Felsforma-
tionen, Nadelwälder und pflan-
zenreiche Alpenmatten prägen
die 170 Quadratkilometer große
Alpenwelt, in der 80 Kilometer
Wanderwege angelegt sind. Rot-
hirsch, Steinbock, Murmeltier,
Steinadler und Bartgeier leben in
diesem Reservat.
■ *Tel. 081 851 41 41, www.
nationalpark.ch. Geöffnet: 1. Juni
bis 31. Oktober täglich 8.30–
18 Uhr; Eintritt: 7 CHF; beste Zeit:
Juni/Juli*

*Autor **Hannes Bertschi** ist Spe-
zialist für Superlative, er hat
„CH-Tops. Das Buch der Schweizer Rekorde" geschrieben.* ■

GEO berichtet in exklusiven und aktuellen Reportagen über die wichtigen Themen unserer Zeit. Erscheint 12x im Jahr.

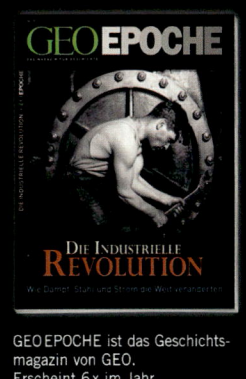

GEO EPOCHE ist das Geschichtsmagazin von GEO. Erscheint 6x im Jahr.

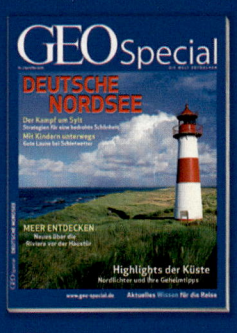

GEO Special berichtet jeweils über ein Land, eine Region oder eine Stadt. Erscheint 6x im Jahr.

Gratis

Taschen-Brockhaus »Das Wissenspaket«

Die kleine Enzyklopädie mit großem Inhalt: ca. 10.000 Stichworterklärungen und über 1.000 durchgehend farbige Fotos, Illustrationen, Zeitleisten, Infokästen und Tabellen. Über 500 Seiten.

GEO SAISON zeigt die schönsten Reiseziele rund um den Globus. Erscheint 12x im Jahr.

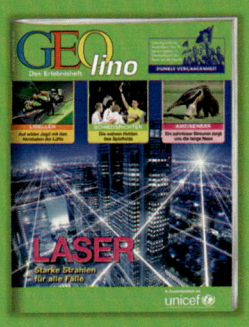

GEOlino ist das Erlebnisheft für Kinder von 8 bis 14 Jahren. Erscheint 12x im Jahr.

GEOkompakt ist monothematisch und widmet sich den großen Fragen der Allgemeinbildung in außergewöhnlicher visueller Opulenz. Erscheint 4x im Jahr.

Ihre Lieblingszeitschrift frei Haus – bis zu 14 % Ersparnis + Geschenk!

Ihre Vorteile:

- Bis zu 14 % sparen!
- Taschen-Brockhaus gratis!
- Lieferung frei Haus!
- Nach einem Jahr jederzeit kündbar!
- Geld-zurück-Garantie für zu viel bezahlte Hefte!

Abonnenten-Service Österreich
Tel.: 0820/00 10 85
Geo-Special@abo-service.at

Leser-Service Schweiz
Tel.: 041/329 22 20
Geo-Special@leserservice.ch

Bitte Bestellnummer aus dem Vorteilscoupon angeben.

Verlag: Gruner+Jahr AG & Co KG, Dr. Gerd Brüne, Am Baumwall 11, 20459 Hamburg. AG Hamburg, HRA 102257.
Vertrieb: DPV Deutscher Pressevertrieb GmbH, Dr. Olaf Conrad, Düsternstr. 1, 20355 Hamburg. AG Hamburg, HRB 95 752.

*14 Cent/Min. aus dem deutschen Festnetz, Mobilfunkpreise können abweichen.

Rosenzweig & Schwarz, Hamburg

Vorteilscoupon GEO-Familienangebot

Ja, ich bestelle die angekreuzten Zeitschriften. Zum Dank für meine Bestellung erhalte ich **den Taschen-Brockhaus »Das Wissenspaket«** nach Zahlungseingang **gratis**. Die Lieferung aller Hefte erfolgt frei Haus. Ich gehe kein Risiko ein, denn ich kann nach einem Jahr jederzeit kündigen. Das Geld für bezahlte, aber nicht gelieferte Ausgaben erhalte ich zurück. Die Preise gelten in Deutschland und Österreich. Auslandspreise auf Anfrage.

GEO (12 Hefte) für mich, Bestell-Nr. ☐ **587072**, als Geschenk ☐ **587073**
Erscheint 12x jährlich zum Preis von zzt. € 5,30 (D)/€ 6,– (A) pro Heft.

GEO EPOCHE (6 Hefte) für mich, Bestell-Nr. ☐ **587076**, als Geschenk ☐ **587077**
Erscheint 6x jährlich zum Preis von zzt. € 7,50 (D)/€ 8,15 (A) pro Heft.

GEO Special (6 Hefte) für mich, Bestell-Nr. ☐ **587061**, als Geschenk ☐ **587062**
Erscheint 6x jährlich zum Preis von zzt. € 6,95 (D)/€ 8,10 (A) pro Heft.

GEO SAISON (12 Hefte) für mich, Bestell-Nr. ☐ **587074**, als Geschenk ☐ **587075**
Erscheint 12x jährlich zum Preis von zzt. € 4,20 (D)/€ 4,90 (A) pro Heft.

GEOlino (12 Hefte) für mich, Bestell-Nr. ☐ **587080**, als Geschenk ☐ **587081**
Erscheint 12x jährlich zum Preis von zzt. € 2,75 (D)/€ 3,05 (A) pro Heft.

GEOkompakt (4 Hefte) für mich, Bestell-Nr. ☐ **587078**, als Geschenk ☐ **587079**
Erscheint 4x jährlich zum Preis von zzt. € 7,25 (D)/€ 8,15 (A) pro Heft.

☐ Ja, ich bin damit einverstanden, dass GEO und Gruner+Jahr mich künftig per Telefon oder E-Mail über interessante Angebote informieren.

Widerrufsrecht: Die Bestellung kann ich innerhalb der folgenden zwei Wochen ohne Begründung beim GEO Special Kunden-Service, 20080 Hamburg, in Textform (z.B. Brief oder E-Mail) oder durch Rücksendung der Zeitschrift widerrufen. Zur Fristwahrung genügt die rechtzeitige Absendung.

Datum   Unterschrift

Meine Adresse: (Bitte auf jeden Fall ausfüllen.)

Name

Vorname   Geburtsdatum

Straße/Nr.

PLZ   Wohnort

Telefon-Nr.   E-Mail-Adresse

Ich zahle bequem per Bankeinzug:

Bankleitzahl   Kontonummer

Geldinstitut

Anschrift des Geschenkempfängers: (Nur ausfüllen, wenn Sie einen GEO-Titel verschenken möchten.)

Name

Vorname   Geburtsdatum

Straße/Nr.

PLZ   Wohnort

Dauer der Geschenklieferung:
☐ unbefristet (mindestens 1 Jahr)   ☐ 1 Jahr

✉ Vorteilscoupon einsenden an:
GEO Special, Kunden-Service, 20080 Hamburg

☎ Oder anrufen unter:
01805/861 80 00*

@ Einfach per E-Mail:
GeoSpecial-Service@guj.de

375

*(14 Cent/Min. aus dem deutschen Festnetz, Mobilfunkpreise können abweichen.)

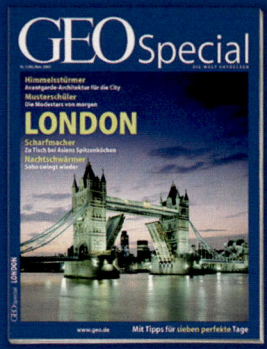

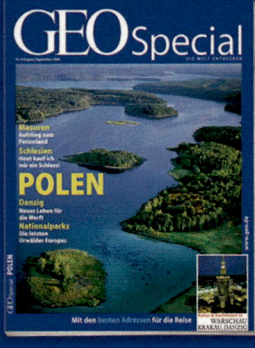

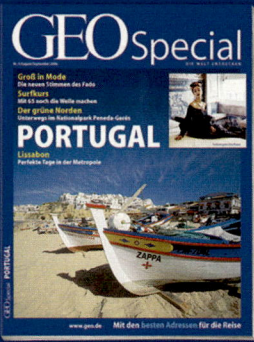

In 20 Ausgaben um die

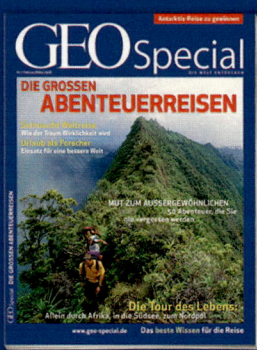

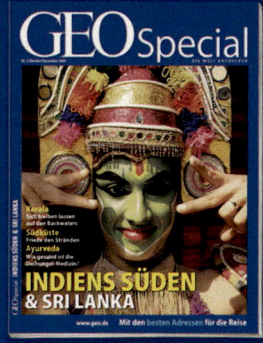

Welt. Mit GEO Special.

Jetzt im ausgesuchten Buch- und Zeitschriftenhandel. Falls Sie eines dieser Hefte verpasst haben, bieten sich jetzt folgende Möglichkeiten: Sie können zum Zeitschriftenhändler Ihres Vertrauens gehen und danach fragen. Sie können sich direkt an GEO wenden – Tel. 01805 / 86 18 003* oder Fax 01805 / 86 18 002*. Sie können im Internet unter www.geoshop.de nachschauen. Oder Sie können sich auf das neue Heft freuen. Und wenn das alles immer noch nicht zum Ziel Ihrer Träume führt, dann können Sie auch hinfahren.

Die Welt entdecken mit GEO

GEO-Reisecommunity.de
MITMACHEN. ENTDECKEN. PLANEN.

IHR FOTO IN GEO SPECIAL

SIE HABEN NOCH DIE SCHÖNSTEN URLAUBSERINNERUNGEN IM KOPF? Dann erzählen Sie allen davon – in der Reisecommunity von GEO. Warum haben wir diese Informationsbörse ins Leben gerufen? Weil Sie uns immer wieder wundervolle Fotos und Berichte Ihrer Reisen zugesandt haben. Nun können Sie Ihre Erlebnisse selbst unter www.geo-reisecommunity.de veröffentlichen. Drei Reise-Fans, die das bereits getan haben, stellen wir Ihnen vor: Es sind die Gewinner unseres Fotowettbewerbs. Thema? Selbstverständlich »Schweiz«

Herr Arendt, bei Ihrem Siegerfoto vom Fälensee im Appenzell stellt sich sofort die Frage: Wie lange dauerte die Nachbearbeitung am Computer?
Nicht länger als normal: ein bisschen nachschärfen, aufhellen, Tonsatzkorrektur. Das Übliche eben.
So einfach ist es, diesen malerischen Effekt hinzubekommen?
Der Trick ist: Es gibt frühmorgens und – wie in diesem Fall – bei Sonnenuntergang Momente, in denen die Natur selbst für magisches Licht sorgt. Mit einem Verlauffilter, der unterschiedliche Belichtungen ausgleicht, entsteht dann leicht ein „Gemälde".
Sie klingen wie ein Profi.
Nein, nein, ich bin Koch. Fotografieren ist seit fünf Jahren mein Hobby, allerdings das wichtigste. Ferien und Wochenenden verbringe ich meist in der Natur – mit einer fünf Kilogramm schweren Fotoausrüstung auf dem Rücken...
...die Sie auch jetzt dabeihaben. Oder weshalb keuchen Sie gerade so?
Erwischt! Ich bin im Augenblick wieder unterwegs, auf Fototour im baden-württembergischen Taubertal. Leider war das Licht heute morgen um fünf Uhr schlecht – seither warte ich. Nicht so schlimm: Es ist sowieso eher ein relaxter Tagesausflug mit der Freundin.
Wie sieht denn ein „unrelaxter" Ausflug bei Ihnen aus?
Ich bin dann gleich mehrere Tage und allein unterwegs – wie bei der Tour durchs Appenzeller Alpsteingebiet.
Über die Sie als „stefan-arendt" in der Community berichten.
Ja, es gab viel zu fotografieren. Denn in der Schweiz war das Licht im entscheidenden Moment stets so, wie es sein muss: magisch.

Schilthorn, Berner Oberland ▲
Als Schweizkenner ist mir ausgeprägtes Sicherheitsdenken vertraut. Und trotzdem war ich baff: auf 2600 Metern ein Stöckel-schuh-Verbot! Warum das Schild dort steht, verrate ich als „Kartoffel" in der Reise-community. *Bernhard Steinberg*

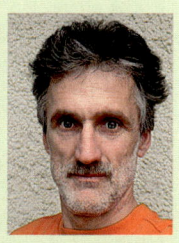

Fasnacht, Basel ▲
Während die Narren beim Cortège, einem traditionellen Umzug am Montagnachmittag, eine Suppe löffelten, habe ich mir ihre Masken vorgenommen. Viel Zeit war nicht, denn hätten die mich erwischt, wäre ich sicherlich mit ganz viel Räppli, also Konfetti, vertrieben worden. *Reiner Aichholz*

Fotowettbewerb
Das nächste GEO Special entführt nach **Kanada**, und auch dieses Mal rufen wir passend zum Heftthema einen **Fotowettbewerb** aus. Sie sind per Camper durch Nova Scotia gefahren? Auf dem Yukon River gepaddelt? Oder haben ein Karibu gesehen? Schicken Sie Ihre besten Urlaubsbilder ins Rennen! Die Siegerfotos veröffent-lichen wir gegen Honorar in **GEO Special Kanada**. Fotos einreichen können Sie unter **www.geo-reisecommunity.de/ wettbewerb/geo-special** bis zum 25. Juni 2008.

ADAC-ReiserücktrittsVersicherung

Reisetraum geplatzt? Wir helfen weiter.

Schutz für ein volles Jahr: Wir übernehmen Ihre Stornokosten bzw. zusätzliche Rückreisekosten. Weltweit gültig – auch für Reisen in Deutschland.

Schon ab 30,65 € im Jahr.

Weitere Informationen: ☎ 0 180 5 10 11 12*
www.adac.de/versicherungen und überall beim ADAC

*14 Cent/Min. aus dem Festnetz der T-Home; ggf. abweichende Preise aus Mobilfunknetzen

ADAC

Besser drin. Besser dran.

VERSICHERUNG · TOURISTIK · FINANZDIENSTLEISTUNG · MOBILITÄT

Kantone
mit Hauptorten

Schaffhausen
Schaffhausen
Basel-Stadt
Basel
Basel-Landschaft
Liestal
Thurgau
Frauenfeld
Aargau
Aarau
Zürich
Zürich
St. Gallen
Herisau
Appenzell
Jura
Delémont
Solothurn
Zug
Zug
Schwyz
Schwyz
Glarus
Glarus
Neuchâtel
(Neuenburg)
Solothurn
Luzern
Luzern
Sarnen
Stans
NW
Unterwalden
OW
Uri
Altdorf
Fribourg
(Freiburg)
Graubünden
(Grischun)
(Grigioni)
BERN
Bern
Chur
Vaud
(Waadt)
Lausanne
Ticino
(Tessin)
Genève
(Genf)
Genève
Sion
Bellinzona
Valais
(Wallis)

Abkürzungen:
Appenzell
AA = Außerrhoden
AI = Innerhoden
Unterwalden
NW = Nidwalden
OW = Obwalden

Baden-
Schwarzwald

Haut-Rhin

Rhein

Heimvorteil ab Seite 55

Fondation Beyeler

Im Kleinen ganz groß Seite 6

Rhein

BASEL ① Riehen Rheinfelden
Binningen Muttenz Laufenburg
Merian Park Pratteln Stein
Reinach Liestal Windisch
Boncourt Aesch
Ruinen von Morimont Laufen Aarau
Lenzburg
Saurierspuren ⑧ Porrentruy Waldenburg Olten
Widmer wandert ab Seite 112 St-Ursanne Delémont Balsthal Oftringen
Damvant *Doubs* Reinach

J u r a

Moutier Niederbipp Langenthal Sursee
Saignelégier 1395 Hornussen- Meisterschafts-final 2008
Sammlung Sigg Sempacher-see

FRANKREICH

Franches Montagnes (Freiberge) Grenchen Solothurn ⑥ **Ober Aargau** Huttwil
Biel (Bienne) *Aare* Burgdorf Wolhusen
Die Uhr-Schweizer ab Seite 66 La Chaux-de-Fonds Nidau Lützelflüh Entlebuch
Le Locle Lyss Langnau i. E. Schüpfheim
Neuchâtel *Bielersee* Zollikofen 1408
(Neuenburg) *Küstenfunkstelle* Ittigen Schüpbach **Alles Heidi?** Seite 36
Peseux *Bernradio* Worb *Emmental* Wiggen
La Brévine **BERN** ⓦ Münsingen **Älggi-Alp** (geograf. Mittelpunkt der Schweiz)
Doubs Köniz *Alpines Museum*
Les Verrières St-Aubin **Heimvorteil** ab Seite 61 Schüpbach
Lac de Morat Seftigen Steffisburg Brienz
(Murtensee) **Der Schweizkomplex** Seite 28 Oberried
Grandson *Lac de Neuchâtel (Neuenburgersee)* Fribourg Thun Interlaken **Reichen-bachfall**
Yverdon-les-Bains (Freiburg) *Sense* *Thunersee*
Aare Spiez *Brienzersee*
Vallorbe Romont 1719 2190 **Der Berg rutscht** ab Seite 90 Grindel-wald
Orbe *Regionalmuseum Greyerzerland* *Lac de la Gruyère* 2362 **Bäregg-Hütte**
Vallée de Joux Echallens Jaun *Simmental* Frutigen *Staubbachfall* ② "Eiger 3970 4274
1679 Corcelles-le-Jorat Bulle *Freiburger Alpen* 2389 Zweisimmen Kandersteg *Oeschinen-see* Jungfrau 4158 3785 Aletschhorn 4195
Lac de Joux Gruyères Saanen *Oberland* Scheiteltunnel Bettmeralp Fiesch
Prilly Dent de Jaman Lötschberg Basistunnel Betten
Renens 1875 3709 (NEAT) Naters
Morges **LAUSANNE** Vevey *Pays d'Enhaut* L'Etivaz Gsteig 3709 *Rhône* Brig
St-Prex Pully Lutry Montreux *Rochers de Naye* Wildhorn Leukerbad *Simplon-Tunnel*
1532 Villeneuve 3248 Susten *Gletscher* Simplon-
La Cure Gland *Lac Léman (Genfersee)* St-Gingolph **Schläfes Bruder** ab Seite 82 Aigle Les Diablerets Sierre (Siders) pass 2005 3553
Nyon Vionnaz 3210 *Lac Souterrain* Raron Visp Gondo
A i n Versoix Monthey ⑤ ⑪ 3025 **Interview** Seite 162 Stalden
Vernier *La Thomasia* Granges Stalden 4017
Lancy St-Maurice ⑦ (Alpengarten) Sion Zinal
GENÈVE (GENF) *Labyrinthe Aventure* Vernayaz (Sitten) Weisshorn 4545
Carouge Saxon 4505 Saas Fee
Chancy Dents du Midi 3257 *Rhône* Dent Blanche 4357 ④ **Restaurant Allalin**
Die Uhr-Schweizer ab Seite 66 **Heimvorteil** ab Seite 58 Martigny *Matertal* 4199
Fionnay Zermatt
Berghütte "Cabane du Trient" Champex Matterhorn 4478 **Neue Monte Rosa-Hütte**
Haute-Savoie Bourg-St-Pierre Grand Combin 3714 La Singla **Dreampeak** Dufourspitze 4634
Aig. d'Argentière 3901 Grosser St. Bernhard 2469 *Theodul-Gletschersee* Monte Rosa
Valle d'Aosta
Aosta (Aoste)

20 km

SCHWEIZ

Im Kleinen ganz groß
Seite 7

Schaffhausen
Neuhausen
Büsingen
Ramsen
Stein a. Rh.
Steckborn
Ossingen
Eschenz
Kreuzlingen
Bodensee
Kaiserstuhl
Eglisau
Seuzach
Frauenfeld
Weinfelden
Romanshorn
Arbon
Bülach
Sammlung Reinhard
Amriswil
Rorschach
Baden
WINTERTHUR
Wil
Wettingen
Kloten
Villa Flora
Uzwil
St. GALLEN
Witzweg
Regensdorf
Gossau
Herisau
Textil-museum
Altstätten
Dietikon
Heimvorteil
ab Seite 52
Dübendorf
1133
Trogen
ZÜRICH
9
Masoala im Zoo
Uster
Appenzell
Sammlung Bührle
Wetzikon
Vorarlberg
Adliswil
Küsnacht
Wattwil
Wald
Säntis
2502
Widmer wandert
ab Seite 114
Horgen
Meilen
Stäfa
Rüti
Jona
Wildhaus
Gams
Wädenswil
Uznach
Buchs
LIECHTEN-STEIN
Cham
Baar
Freien-bach
Weesen
2306
ÖSTERREICH
Zug
Einsiedeln
Sihlsee
Wägitalersee
Walensee
Näfels
Flums
Sargans
Rätikon
Emmen
Stiftung Rosengart
Klöntalersee
Glarus
Bad Ragaz
Heidialp
Alles Heidi?
ab Seite 32
Maienfeld
Silvretta Gr.
Tirol
Gletschergarten
Schwyz
2914
Hölloch
Samnaun
Fluchthorn
3399
Tschlin
LUZERN
Kriens
Bürgen-stock
Vierwald-stättersee
Muotathal
Linthal
Linth
Piz Buin
3312
Ramosch
Rütli
Dossier
ab Seite 119
Altdorf
1948
3247
Flims
Tamins
Chur
Dorf
Klosters-
Platz
Vereina-Tunnel
3411
Scuol
(Schuls)
Ftan
Unterengadin
3205
Engelberg
Unterwaldner
Erstfeld
Tödi
3614
Caumasee
Laax
Ilanz
Domat/Ems
Davos-Platz
Schatzalp
Arosa
Glaris
2383
Susch
Zernez
Blockhütte
Chiozza
Ofenpass
3205
Südtirol
Alto Adige
Alpen
Amsteg
3328
Disentis
(Mustér)
Surselva
Rhein
Tschuggen
Bergoase
Rätische Alpen
3063
Nationalpark
3154
12
2149
Müstair
(Münster)
Sustenpass
2224
Oberalp-pass
2044
Sedrun
Vals
Andeer
3418
Albulapass
2312
Zuoz
Val Müstair
(Münstertal)
Sta. Maria
Göschenen
Schöllenen-schlucht
Andermatt
Im Jahrhundert-Loch
ab Seite 72
Widmer wandert
ab Seite 110
Savognin
3378
Alp Flix
Celerina
Umbrail-pass
2501
Stilfserjoch
2757
3630
Furkapass
2429
Gotthard
Tunnel
1916
Lukmanier-pass
Olivone
Hinterrhein
Splügen
Nufenen
Alpen
3402
San-Bernardino-Pass
2065
2113
Splügen-pass
3392
Chesa Futura
St. Moritz
Pontresina
Furka-Tunnel
2108
St. Gotthard-Pass
Airolo
3211
Adula
Bregalga-Tal
2284
Diavolezza-Bahn
Berninapass
2328
2478
Nufenen-pass
Fusio
3072
Biasca
Augio
Schlafes Bruder
ab Seite 82
Maloja
3131
Juf
Soglio
P. Bernina
P. Palü
4049
3900
Val Poschiavo
3374
3274
S. Carlo
Bodio
3025
3308
V. Bregaglia
Bernina Gruppe
Tessiner
Bignasco
Biasca
Claro
Grono
Widmer wandert
ab Seite 108
Brusio
2792
Lavertezzo
2442
Bellinzona
Alpen
Mággia
Tegna
Locarno
Giubiasco
Ascona
Tenero
S. Nazzaro
1962
Cureglia
Lombardia
Piemonte
Lugano
Lago Maggiore
Campione d'Italia
Lago di Como
1701
Morcote
Valle Muggio
Mendrisio
ITALIEN
Chiasso

Legend

■ **BERN**   über 100 000 Einwohner
□ **LUZERN**   50 000 – 100 000 Einw.
○ Chur   20 000 – 50 000 Einw.
○ Davos   10 000 – 20 000 Einw.
● Laufen   5 000 – 10 000 Einwohner
• Nufenen   unter 5 000 Einwohner

Eisenbahn
Autobahn/Schnellstraße
Fernverkehrsstraße
Hauptstraße
Tunnel
Pass
Flughafen

● Sehenswürdigkeit/Besonderheit
● "Freie Sicht aufs Meer" (ab Seite 14)
● "Hier baut sich was zusammen" (ab Seite 42)
● "Die hohe Kunst der Verschwiegenheit" (ab Seite 96)
● "Urlaubsfreuden hoch vier" (ab Seite 144)
① – ⑫ "Ein extremes Vergnügen" (ab Seite 150)

GEO-Grafik

Preisrätsel: Schweizer jubeln

Fast 3400 Einsendungen mit dem richtigen Lösungswort „South Georgia" haben uns für das „Große Abenteuerrätsel" erreicht – darunter wahre Kunstwerke (siehe unten). Herzlichen Dank dafür! Die 17-tägige Antarktisreise im Wert von 16 996 Euro haben Judith und Drew Crowley gewonnen.

Dass es damit Eidgenossen, noch dazu die Geschäftsleiterin einer Schaukäserei, getroffen hat, ist selbstverständlich Zufall. Die erste Reaktion der Siegerin: „Wir gehen momentan wie auf Wolken und sind völlig aus dem Häuschen. Jetzt werden wir uns natürlich schnell mit Literatur zu unserer Reise eindecken, damit wir vor den Pinguinen nicht dumm dastehen."

GEO Special Abenteuer (01/08)

Schon als ich 20 war – das ist nun leider 27 Jahre her –, las ich Ihre grandiose Zeitschrift mit Begeisterung. Mit dem Schriftbild, das sich in letzter Zeit in den Heften breitmacht, hätte ich damals wohl auch keine Probleme gehabt. Wenn Ihnen aber Leser über 20 wichtig sind, dann unterlassen Sie bitte Designer-Verliebtheiten wie hellblaue Schrift auf weißem Grund, wie in besagtem Heft gefunden. Ansonsten: Bitte weiter so!

— DR. CHRISTOPHER BUSCH
HAMBURG

GEO Special

Gruner + Jahr AG & Co KG, Druck- und Verlagshaus,
Am Baumwall 11, 20459 Hamburg.
Postanschrift für Verlag und Redaktion:
20444 Hamburg, Telefon 040/37 03-0, Telefax 040/37 03 56 48.
E-Mail: briefe@geo.de; Internet: www.GEO.de

CHEFREDAKTEUR: Peter-Matthias Gaede
STELLVERTR. CHEFREDAKTEUR: Christoph Kucklick
GESCHÄFTSFÜHRENDE REDAKTEURE: Meike Kirsch (Text), Ruth Eichhorn (Fotografie), Jutta Krüger (Art Direction)
ART DIRECTOR: Beate Meding
TEXTREDAKTION: Kirsten Bertrand, Stefan Schirmer, Markus Wolff
BILDREDAKTION: Juliane Berensmann; Hannah Möller (freie Mitarbeit)
VERIFIKATION: Mathias Unger, Andrea-Rebecca Flörke, Tobias Hamelmann (freie Mitarbeit)
KARTOGRAPHIE: Thomas Wachter, Rainer Droste
SEKRETARIAT: Dörte Nohrden, Elke Rehländer-Stöhr, Hella Strepp
HONORARE/SPESEN: Angelika Györffy
SCHLUSSREDAKTION: Antje Wischow; Jürgen Brüggemann, Brigitte Gajser, Dirk Krömer, Jan Pust, Karola Schulte, Ralf Schulte, Hinnerk Seelhoff (Leitung); Assistenz: Hannelore Koehl
TECHNISCHER CHEF VOM DIENST: Rainer Droste
MITARBEITER DIESER AUSGABE:
Dr. Susmita Arp, Hannes Berschti, Yann Cherix, Tom Dauer, Heike Faller, Paul Imhof, Nadja Klinger, Erwin Koch, Barbara Lich, Markus Mäder, Wolfram Meister, Hans-Joachim Müller, Gudrun Sachse, Eileen Stiller, Andreas Wenderoth, Thomas Widmer, Harald Willenbrock, Judith Wyder
BILDADMINISTRATION UND -TECHNIK: Stefan Bruhn
GEO-BILDARCHIV: Bettina Behrens, Gudrun Lüdemann, Peter Müller
VERANTWORTLICH FÜR DEN REDAKTIONELLEN INHALT:
Peter-Matthias Gaede

REDAKTIONSBÜRO NEW YORK: Nadja Masri (Leitung), Tina Ahrens, Christof Kalt (Assistenz)
535 Fifth Avenue, 29th fl., New York, NY 10017
Tel. 001/646-884 71 20, Fax 001/646-884 71 11, E-Mail: geo@geo-ny.com

VERLAGSLEITUNG: Dr. Gerd Brüne, Ove Saffe
ANZEIGENLEITER: Andre Freiheit
VERTRIEBSLEITERIN: Ulrike Klemmer/DPV Deutscher Pressevertrieb
MARKETING: Julia Duden (Ltg.), Anja Stalp
HERSTELLER: Oliver Fehling

ANZEIGENABTEILUNG
Anzeigenverkauf: Korinna Koschek,
Tel. 040/37 03 22 48, Fax 040/37 03 17 22 48
Anzeigendisposition: Marco Schütze,
Tel. 040/37 03 23 27, Fax 040/37 03 58 87
Es gilt die Anzeigenpreisliste Nr. 35 vom 1. Januar 2008
Bankverbindung: Deutsche Bank AG Hamburg,
Konto 0322800, BLZ 200 700 00
Druck: Prinovis Itzehoe GmbH & Co KG

GEO ist auf Papier gedruckt, das aus einem Drittel – ausschließlich chlorfrei gebleichtem – Zellstoff, aus einem Drittel Durchforstungsholz und einem Drittel Altpapier hergestellt ist. Printed in Germany

GEO Special (USPS no 0014523) is published Bi-monthly by GRUNER + JAHR AG & CO. Subscription price for USA is $ 60 per annum. K.O.P.: German Language Pub., 153 S Dean St, Englewood NJ 07631. Periodicals Postage is paid at Englewood NJ 07631 and additional mailing offices. Postmaster: Send Address changes to: GEO Special, GLP, PO Box 9868, Englewood NJ 07631.

GEO-SPECIAL-LESERSERVICE

Fragen an die Redaktion

Telefon: 040/37 03 20 73, Telefax: 040/37 03 56 48, E-Mail: briefe@geo.de

ABONNEMENT- UND EINZELHEFTBESTELLUNG

Abonnement Deutschland, Heftpreis im Abonnement: 6,95 €

- *Bestellungen:* DPV Deutscher Pressevertrieb, GEO-Kundenservice, 20080 Hamburg, Telefon: 01805 / 861 80 01*
- *Kundenservice allgemein* (persönlich erreichbar) Mo bis Fr 7.30 bis 20.00 Uhr, Sa 9.00 bis 14.00 Uhr Telefon: 01805 / 861 80 01*, Telefax: 01805 / 861 80 02* 24-Std.-Online-Kundenservice: www.MeinAbo.de/service

Abonnement Österreich, Heftpreis im Abonnement: 8,10 €

- *GEO-Special-Abonnentenservice,* Postfach 5, 6960 Wolfurt, Telefon: 0820 / 00 10 85, Telefax: 0820 / 00 10 86 E-Mail: geo-special@abo-service.at

Abonnement Schweiz, Heftpreis im Abonnement: 13,60 sfr.

- *GEO-Special-Leserservice,* Postfach, 6002 Luzern Telefon: 041 / 329 22 20, Telefax: 041 / 329 22 04 E-Mail: geo-special@leserservice.ch

Abonnement übriges Ausland, Heftpreis im Abonnement auf Anfrage

- *GEO-Special-Kundenservice,* Postfach, CH-6002 Luzern; Telefon: 041 / 329 22 20, Telefax: 041 / 329 22 04 E-Mail: geo-special@leserservice.ch

BESTELLADRESSEN FÜR GEO-BÜCHER, GEO-KALENDER, SCHUBER ETC.

Deutschland

- *GEO-Versand-Service,* Werner-Haas-Straße 5, 74172 Neckarsulm, Telefon: 01805 /06 20 00*, Telefax: 01805 /08 20 00* E-Mail: service@guj.com

Schweiz

- *GEO-Versand-Service 50/001,* Postfach 1002, CH-1240 Genf 42

Österreich

- *GEO-Versand-Service 50/001,* Postfach 5000, A-1150 Wien

Bestellungen per Telefon und Fax für alle Länder

Telefon: 0049/1805-06 20 00, Telefax: 0049/1805-08 20 00
E-Mail: service@guj.com

ISBN 978-3-570-19808-7 ISSN 0723-5194

*14 Cent/Min. aus dem deutschen Festnetz, Mobilfunkpreise können abweichen

Fotovermerke nach Seiten. *Anordnung im Layout: l. = links, r. = rechts, o. = oben, m. = Mitte, u. = unten*

TITEL: GEO-Montage: ullstein bild/Imagebroker.net: l.; Reporters/laif: r.

SEITE 3: Philipp Rohner: o.; Bernd Dinkel: u.

SEITE 4: Heinz Julen: l. o.; Andri Pol: r. o.: Thomas Ernsting/Bilderberg: l. u.; Christian Heeb/laif: r. u.

SEITE 5: Robert Huber/Lookatonline: l.; ullstein bild/Imagebroker.net: r. o.; Keystone Schweiz/IBA-Archiv/STR: r. m.; Josef Polleross/Anzenberger: r. u.

KOMPASS: Andri Pol: 6 o.; ex-press.ch: 6 l. u.; www.edelweiss.ch: 6 r. u.; Seite 7: www.switzerlandshop.ch außer: http://swiss-shop.missbach.com: r. (3. v. o.), www.badeenten.ch: u. (2. v. l.), www.klangundkleid.de: u. (3. v. r.); Picture-Alliance („pa")/Keystone/Gaetan Bally: 8 l. o.; Norbert Eisele-Hein/Visum: 8 r. o.; Ralf Gantzhorn: 8 l. u.; Ingolf Pompe/LOOK-foto: 8 m.; Rainer Martini/LOOK-foto: 8 r. u.; Wikipedia/Public Domain: 10 l. o.; Pascal Sigg/Agroscope ACW: 10 r.; Keystone/Photopress/Rivella: 10 l. m. o.; www.swiss-spice.com: 10 l. m. u.; Reise Know-How Verlag: 10 l. u.; www.kuhleasing.ch: 12 l.; Keystone/Photopress/Wenger: 12 r.

FREIE SICHT AUFS MEER: Andri Pol: 14–30; Rolf Ulrich/www.paragliding-jungfrau.ch: 31

ALLES HEIDI, ODER WAS?: Robert Huber/Lookatonline: 32/33, 34–36 o. (6); pa/Keystone/Sandro Campardo: 34 l. m.; Muriel Steiner: 34 r. m; pa/Keystone/Alessandro della Bella: 34 l. u.; pa/Keystone/Peter Schneider: 34 r. u.; David Allemann/Vitra: 35 l. u.; Guadeloupe Ruiz/Das Magazin: 35 r. m.; Zeljko Gataric: 35 r. u.; pa/Keystone/Eddy Risch: 36 l. m.; swiss-image.ch/E. T. Studhalter: 36 r. m.; Kloster Fahr: 36 l. u.; pa/Keystone/Martin Ruetschi: 36 r. u.

GUTE NACHBARN, SCHLECHTE NACHBARN?: Infografik: illuteam43.de/Birte Wagner und Juliane Richter: 38–39

HIER BAUT SICH WAS ZUSAMMEN: Heinz Julen: 42; Herzog & de Meuron: 45; Studio Monte Rosa, Prof. Andrea Deplazes, D-ARCH, ETHZ, 2006: 46/47; Max Galli/laif: 48; Tschuggen Grand Hotel: 49 o.; Björn Lux/LUXWACHE: 49 u.

KLARER FALL VON HEIMVORTEIL: Fred Merz/Rezo.ch: 50/51; Georg Knoll/Bilderberg: 52/53, 54; Emanuel Ammon/AURA: 55, 64; Bildagentur Huber/Eigstler: 56/57; Bernd Jonkmanns/laif: 58/59; pa/Keystone/Stephan Torre: 60; Roland Gerth: 61; Max Schmid: 62/63; Illustrationen (Fußball): illuteam43.de/Birte Wagner und Juliane Richter: 51–64

DIE UHR-SCHWEIZER: Philipp Rohner: 66–71

IM JAHRHUNDERT-LOCH: Thomas Ernsting/Bilderberg: 72–75; Wikipedia/Public Domain: 78 l.; Keystone/Photopress-Archiv/STR: 78 r., 79; akg-images: 80; Illustration: Rainer Droste/Quelle: Alptransit (www.neat.ch): 76/77

SCHLAFES BRUDER: Konrad Wothe/LOOK-foto: 83; ullstein bild/Imagebroker.net: 84

DENKMÄLER AUF DEM TELLER: ullstein bild/Caro/Hoffmann: 86 l., 87 r. , 88 r. o.; Kulinarisches Erbe der Schweiz/Ursula Sprecher: 87 l., 88 l. o. und u.: pa/Keystone/Jean-Christophe Bott: 89 l.; Bäckerei Schwyter, St. Gallen: 89 r. o.; Andri Pol: 89 r. u.

DER BERG RUTSCHT: Bruno Petroni: 90, 93; Hansruedi Burgener/www.baeregg.com: 91; pa/Keystone/Yoshiko Kusano: 92, 94; ullstein bild/histopics: 95 l. o.; Ted Levine/Corbis: 95 r. o.; Sammlung Gesellschaft für ökologische Forschung: 95 l. u. und r. u.

DIE HOHE KUNST DER VERSCHWIEGENHEIT: Stiftung Sammlung E. G. Bührle, Zürich: 96, 97 l. o. und r. o.; © VG Bild-Kunst, Bonn 2008: 97 l.o. (Georges Braque, Stillleben, 1924; Pablo Picasso, Stillleben, 1941 © Succession Picasso; André Derain, Der Tisch (Stillleben in Interieur), 1904); Dräher, Zürich/Stiftung Sammlung E. G. Bührle, Zürich: 97 u.; akg-images: 98 l., 101 r. o., 103 r.; Stefan Sahm/laif: 98/99 (© VG Bild-Kunst, Bonn 2008: Alberto Giacometti, 4 Werke); pa/Keystone/Gaetan Bally: 100 l. o.; Stiftung Rosengart/©VG Bild-Kunst, Bonn 2008: 100 m. o. (Portrait Angela Rosengart, 1958, © Succession Picasso), l. u. (Pablo Picasso, Fillette au Bateau (Maya) 1938 © Succession Picasso), r. u. (Paul Klee, Bergdorf (herbstlich), 1934, Ölfarbe auf weißer Grundierung auf Leinwand auf Sperrholz, 71,5 x 54,4 cm, Privatbesitz Schweiz); Emanuel Ammon/AURA: 100 r. o.; Sammlung Oskar Reinhard „Am Römerholz": 101 l. o.; Max Schmid: 101 u.; Peter Engler/Villa Flora, Winterthur: 102/103; Heiko Klaas: 104 o.; Sammlung Sigg: 104 l. u., r. o.; pa/Keystone/Martin Ruetschi: 104 r. u.; Thomas Kunz: 105

WIDMER WANDERT: Adriano Heitmann/Immagina.ch: 106/107, 108 u., 109 o., 110 l. o., 113 o., 114 o., 115 u., 116; pa/Keystone/Arno Balzarini: 108 o., 109 u.; Maurizio Storni: 110 r. o., 110/111 u.; Gaby Wojciech/Visum: 111 o.; Zooey Braun/artur: 111 r. u.; pa/Keystone/Sandro Compardo: 112 o.; Schweiz-Tourismus/Christof Sonderegger: 112/113 u.; Imagebroker.net/Mauritius Images: 114 u.; pa/Keystone/Regina Kuehne: 115 o.

DOSSIER: Keystone/IBA-Archiv/STR: 119, 120 o., 121 l.o.; Keystone/Photopress-Archiv/STR: 120 m.; pa/Keystone/Laurent Gillieron: 120 u.; pa/Keystone/Alessandro della Valle: 121 r. o.; Leo Seidel/Wolfgang Reiher: 121 u.; pa/Keystone/Lukas Lehmann: 122; pa/Keystone/Salvatore di Nolfi: 123; travelstock44/LOOK-foto: 124; pa/Keystone/Martin Ruetschi: 125 o.; www.käsereifritzenhaus.ch: 125 u.; Didier Givois/Jupiterimages: 126 o.; DHM25©swisstopo.ch: 127; Illustration: Rainer Droste: 126 u.

SERVICE: Ingolf Pompe/LOOK-foto: 129; pa/Keystone/Arno Balzarini: 131; Frank Blaser: 132 o.; www.levante.ch: 132 u.; www.restaurantrigiblick.ch: 136 l.; www.thedoldergrand.ch: 136 r.; www.acquabasilea.ch: 137; Massimo Borchi/Atlantide: 138 o.; www.teufelhof.com: 138 u.; www.kursaal-bern.ch: 140 o.; www.della-casa.ch: 140 u.; pa/Keystone/Lukas Lehmann: 142 l.; pa/Keystone/Martin Ruetschi: 142 r.; www.parcdeseauxvives.ch: 143; Josef Polleross/Anzenberger: 144 o.; Andreas Hoffmann: 144 u.; pa/Keystone/Urs Flueeler: 145 o.; Fabienne Lagier: 145 u.; Andri Pol: 146 l. o.; Damiano Mattei: 146 r. o.; pa/Keystone/Laurent Gillieron: 146 r. u.; Bildagentur Huber/Gräfenhain: 147; Isabelle Jaeger: 148 l. o.; Max Galli/laif: 148 r. o.; Reiner Klingholz/Agentur Focus: 148 u.; travelstock44/LOOK-foto: 150 o.; Musée et Jardins Botaniques Cantonaux: 150 u.; Emanuel Ammon/AURA: 152 l.; Schweiz-Tourismus/Robert Boesch: 152 r.

GEO-REISECOMMUNITY: Stefan Arendt: 156; Bernhard Steinberg: 157 o. und m.; Reiner Aichholz: 57 l. u. und r. u.

VORSCHAU: Mark Peterson/Redux/laif: 161 l. o.; Karsten Heuer/www.necessaryjourneys.ca: 161 l. u.; Richard Johnson: 161 r. u.

INTERVIEW: Kurt Schorrer/www.foto-net.ch: 162 o.; pa/Keystone/Martin Ruetschi: 162 u.

KARTEN: Thomas Wachter: 14–30, 43, 84, 105, 106–114, 144, 158/159

Für unverlangt eingesandte Manuskripte und Fotos übernehmen Verlag und Redaktion keine Haftung.

© GEO 2008, Verlag Gruner + Jahr, Hamburg, für sämtliche Beiträge. Einem Teil unserer Auflage liegen Prospekte für Djoser, Studiosus und Gruner & Jahr AG und Co KG bei.

KANADA

DAS WILLKOMMEN-PROJEKT: Einwanderer und ihre kanadischen Paten. **MONTRÉAL, TORONTO, VANCOUVER:** Liebeserklärungen an Kanadas spannendste Städte. **MISS UND MISTER KANADA:** Was den Durchschnittskanadier bewegt. **WOHNSINN AUF VIER RÄDERN:** Mit Camper und Kindern durch Nova Scotia. **OUTDOORDIPLOM:** Wo Lebensretter ihr Handwerk lernen. **THE SNOW MUST GO ON:** Wetterchaos bei den Inuit von Nunavut. **ABENTEUER YUKON:** Hochzeitsreise mit Karibus. **AHORNSIRUP:** Unbekanntes über den besonderen Saft. **RENDEZVOUS MIT DER EINSAMKEIT:** Was Serge Pare, einen der letzten Leuchtturmwärter von British Columbia, noch an das Glück glauben lässt. **FLUCHTEN IN DIE NATUR:** Die berauschendsten Nationalparks, die abgelegensten Hotels.

Große Wasser: Paddeln im Ottawa Valley. Große Weiße: Karibus im Yukon Territory. Große Wandlung: Ontario College of Art & Design in Toronto

▶ **DIE ZULETZT ERSCHIENENEN AUSGABEN:**

▶ **DIE FOLGENDEN AUSGABEN:**

• Namibia und Botswana
• Magische Orte
• Kuba

6/2007   1/2008   2/2008

DAS **GEO SPECIAL KANADA**
ERSCHEINT AM 30. JULI 2008

Wie lebt es sich eigentlich als ...

... Fußballer in der Höhenluft?

WOLFGANG FURRER, 29, ist Präsident des FC Gspon im Oberwallis – und Gipfelstürmer: Auf dem höchstgelegenen Fußballplatz Europas kickt er 1980 Meter über dem Meer

Herr Furrer, Sie spielen Fußball auf höchstem Niveau – und haben trotzdem immer wieder mit Ballverlusten zu kämpfen ...
Tatsächlich, rund 20 Bälle pro Jahr bleiben spurlos verschwunden. Die meisten anderen finden wir irgendwo unten wieder. Dafür gibt es beim Training feste Regeln: Wer den Ball ins Aus schießt, muss ihm sofort nachlaufen – ein Extra-Training. Passiert das bei einem Spiel, suchen die Junioren. Damit niemand zu oft laufen muss, haben wir an der Talseite des Platzes ein Netz gespannt. Aber das nützt, wie gesagt, nicht immer.
Der Platz Ihres Vereins liegt auf fast 2000 Höhenmetern und ist damit der wohl höchstgelegene Fußballplatz Europas. Kommen gegnerische Mannschaften gern zu Ihnen?

Manche schimpfen, schon allein wegen der Anfahrt. Erst müssen sie mit dem Auto bis Staldenried fahren. Dann umsteigen in die Seilbahn, die sie – immer in Gruppen von vier Spielern – von circa 1100 auf 1899 Höhenmeter nach Gspon bringt. Das restliche Stück ist ein steiler Fußweg: Unser Platz liegt erhöht über dem Dorf.
Klarer Heimvorteil für Sie: Die Gegner sind schon außer Atem, wenn sie ankommen!
Das kann passieren. Und die Luft ist hier oben wirklich dünner als im Tal. Das merken wir selbst – bei den ersten Trainingseinheiten der Saison. Aber man gewöhnt sich schnell daran. Auch an den Belag: Wir spielen auf einem 32 mal 65 Meter großen Holzhäxelfeld.
Auf einem ... was?
Einem Holzhäxelfeld. Also auf kleinen Holzstücken, die mit Sand vermischt werden. Hier und da gibt es Mulden, und der Ball springt anders als auf Rasen. Deshalb müssen wir den Platz vor jedem Spiel mit einem Traktor ebnen. Dann mit Wasser besprenkeln. Gras sprießt leider nicht besonders.
Welche fußballerischen Tricks wenden Sie auf dem Belag an?
Eigentlich keine. Man muss halt trainieren, trainieren, trainieren. Na ja, ehrlich gesagt, machen wir das auch nur zweimal die Woche, dienstags und donnerstags. Wir sind Feierabendkicker – und schätzen das Feierabendbier im Anschluss.
Bleiben Sie dabei eigentlich in der Familie? Auf der Liste der 1. Mannschaft stehen 16 Spieler – mit nur vier Nachnamen.
Nein, wir sind nicht alle verwandt. Staldenried hat nur 596 Einwohner. Da gibt es nicht so viele verschiedene Familiennamen, aber ähnliche Leidenschaften: Fußballverrückt sind fast alle Staldenried-Gsponer.
Und die Bergdorf-Europameisterschaft ist für Sie in diesem Jahr der besondere Kick?
Natürlich! Dabei treten vom 23. bis zum 25. Mai acht internationale Mannschaften gegeneinander an! Wir spielen für die Schweiz, die anderen Teams kommen aus den Bergen von Österreich, Italien, Frankreich, Spanien, Deutschland und Schweden. Es gibt nur eine Flachland-Ausnahme: Niederlande. Alle Ergebnisse unter www.fc-gspon.ch.

INTERVIEW: BARBARA LICH

Wenn sie gewinnen, dann immer hoch:
Wolfgang Furrer (hinten links) und Mitspieler,
die per Seilbahn zum Spiel anreisen müssen